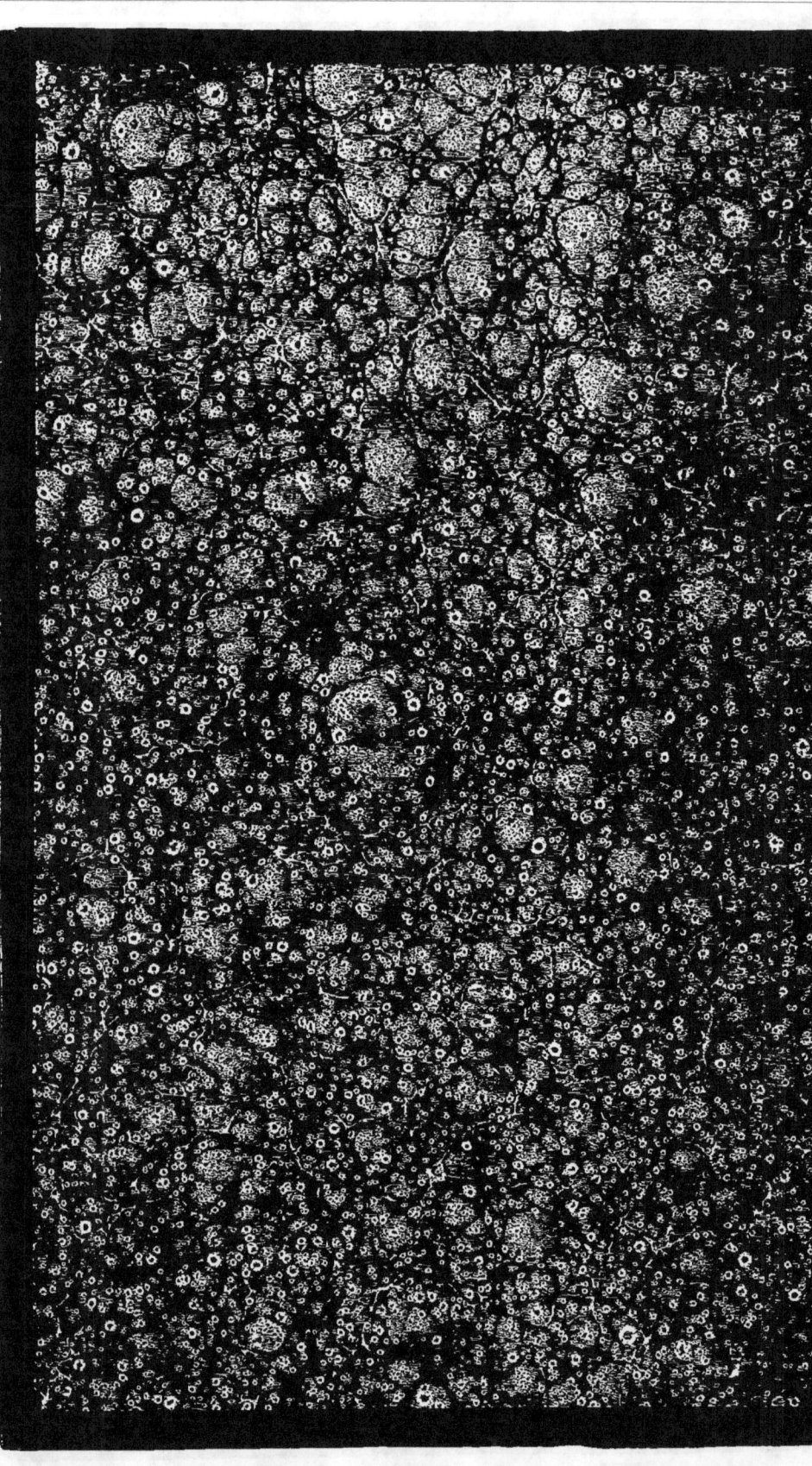

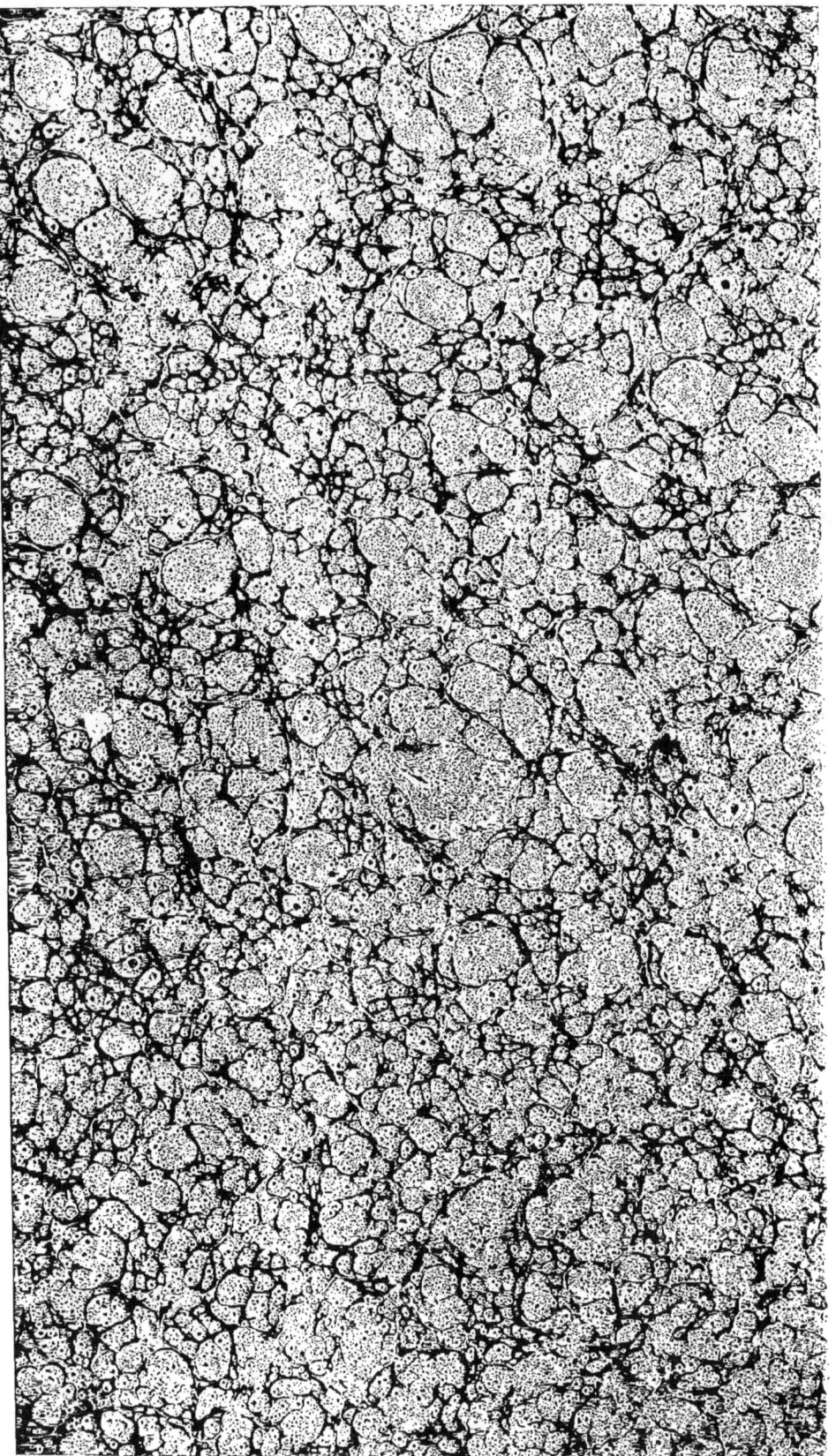

LA TRENTE-DEUXIÈME DEMI-BRIGADE.

CHRONIQUE MILITAIRE

DU TEMPS DE LA RÉPUBLIQUE.

IMPRIMERIE DE LACHEVARDIERE,
RUE DU COLOMBIER, N° 30.

LA 32ᵐᵉ Demi-Brigade.

CHRONIQUE MILITAIRE
DU TEMPS DE LA REPUBLIQUE.

PAR A. BARGINET,
DE GRENOBLE.

« Vous rentrerez alors dans vos foyers, et vos
» concitoyens diront en vous montrant : *Il était de*
» *l'armée d'Italie !* »

BONAPARTE.

A PARIS,

LIBRAIRIE DE MAME-DELAUNAY,
RUE GUÉNÉGAUD, N° 25.

1832.

A MES LECTEURS.

Le *Grenadier de l'île d'Elbe* commençait une série de romans politiques, dont la révolution de juillet interrompit la publication.

Je viens, après un long silence, solliciter de nouveau la bienveillance dont le public a environné mes premiers essais. Peut-être suis-je dans une position qui doive exciter quelque intérêt en ma faveur, indépendamment de celui que des personnes indulgentes veulent bien accorder à mes écrits. Je n'aurai ni l'orgueil, ni la fausse modestie, qui pourraient me déterminer à ne point me prévaloir de ces circonstances.

La vie d'un écrivain, dont les travaux ont eu un but politique, appartient au public. La mienne a commencé sous ce rapport en 1814, et je le dis avec quelque fierté, ma première pensée a été patriotique, mon premier ouvrage fut un acte courageux; j'en appelle à cet égard aux souvenirs de mes compatriotes. Depuis lors j'ai lutté constamment contre la misère qui tue le génie, et contre le pouvoir qui opprimait ma patrie. Fidèle aux convictions de ma jeunesse enthousiaste et passionnée, j'ai résisté avec ma conscience aux malheurs qui m'ont accablé, comme aux persécutions dont je fus honoré. Libre ou dans les fers, j'ai toujours déposé dans tous mes écrits la pensée d'espérance et de gloire que la révolution de juillet réalisa un moment suivant moi.

Cette erreur, qui a été celle de la France, a long-temps trompé ma raison; la révolution seule m'apparaissait comme une réalité, ses suites douloureuses comme un songe; c'est le contraire aujourd'hui. Dans ces premiers jours d'illusion, où l'aspect du drapeau tricolore, glorieuse promesse pleine d'avenir, remplissait les cœurs patriotes d'une religieuse émotion, je fus successivement appelé, par le choix de mes concitoyens, à des fonctions populaires. Il y avait alors un juste orgueil en moi, car j'étais fier d'une vie qui m'avait mérité ces honneurs. Enfin, le gouvernement m'accorda cette distinction que la pensée de Napoléon avait créée pour récompenser tous les dévouemens à la cause nationale. Il m'avait semblé que mon nom disait mes titres à cette faveur; quelques hommes austères, et dont je respecte les principes, m'ont reproché de l'avoir acceptée. Je ne puis me soumettre aux conséquences rigoureuses de cette opinion. Voici la mienne :

L'institution de la Légion-d'honneur est attaquée par de déplorables abus ; honte à ceux-là qui portent sur elle des mains profanes ! mais elle restera une institution grande et généreuse. Les pouvoirs qui passent sous nos yeux ne sont que les dépositaires de cet héritage national, et le citoyen qui est admis dans ses rangs, s'il a le noble sentiment de ses droits et de ses devoirs, ne contracte d'engagement qu'envers son pays.

A cette époque on pensa que je pourrais être utile en appliquant à l'administration cette activité d'imagination, et, s'il faut le dire, les talens qu'on me supposait. Par une contradiction assez bizarre, je fus attaché en qualité d'inspecteur-général à un service peu d'accord avec la spécialité de mes études et de mes goûts. J'ai rempli néanmoins ces modestes et utiles fonctions avec tout le zèle qui était en moi. Étranger par cette position au mouvement politique, et tout entier à mes devoirs, j'avais cessé de mêler ma voix à celle de mes amis. J'ai souvent gémi sur mon inaction ; j'ai souvent maudit les chaînes que le fâcheux état de ma fortune ne me permettait pas de briser. Mais, témoin des intrigues et des abus qui dégradent les administrations publiques, je suis devenu tout-à-coup, par mon opposition, un frondeur trop dangereux. Alors un homme de comptoir, froidement servile, sans talent, sans renommée, dont le hasard et le caprice ont fait une sorte de magistrat, m'a brutalement destitué. Cette croix d'honneur que j'ai payée de tant de nuits laborieuses, de tant de jours d'esclavage ; cette écharpe municipale qui avait été confiée à mon énergie dans des temps orageux, sont maintenant ma seule fortune. Objets chers et sacrés ! ils me rappellent seuls encore qu'une révolution populaire a grondé parmi nous, et que son soleil a éclairé de nobles espérances.

Rendu à moi-même et à l'indépendance de mes opinions, j'ai repris avec une nouvelle ardeur ces travaux littéraires, qui seront désormais comme autrefois ma seule ressource et ma seule consolation. Si des haines et des préventions fâcheuses, que je ne comprends pas, s'obstinent encore à troubler ma vie solitaire et pénible, je me consolerai en songeant que sans doute quelques cœurs généreux sympathisent avec mes pensées comme avec mes infortunes.

Il me reste à ajouter quelques mots relativement à cet ouvrage. J'ai expliqué mon but dans l'Introduction qui le précède ; mais des patriotes sages et éclairés, à qui j'ai soumis cette partie importante de mon travail, ont pensé que les principes politiques que j'y expose pouvaient donner lieu à des interprétations malheureuses.

Je m'explique donc. Il y a dans tout système, dans toute appréciation d'une combinaison politique, deux choses essentielles à distinguer, l'opinion et le sentiment. Je défends la Convention nationale et le gouvernement révolutionnaire avec une entière conviction. Je pense que ce gouvernement a sauvé la France, et que le Comité de salut public a droit à l'hommage religieux de tout ce qui porte un cœur français et patriote. Mais on ne peut tirer de cette opinion, qu'on retrouvera dans tous mes écrits, la conséquence que je regarde ce gouvernement comme un système social qu'on doive appliquer encore à la France. Le gouvernement révolutionnaire n'est point une théorie politique qui puisse entrer dans les prévisions d'un homme de sens. Ce fut une pensée terrible, mais grande et patriotique, qui, je le répète, a sauvé la France, et qui ne saurait être opposée qu'aux faits et aux circonstances du sein desquels elle s'élança toute-puissante. Mais on ne refait ni les hommes, ni les temps.

A. BARGINET (de Grenoble)

Paris, ce 15 mai 1832.

INTRODUCTION.

LA CONVENTION NATIONALE.

> Son souvenir est demeuré terrible, mais pour elle il n'y a qu'un fait à alléguer, un seul, et tous les reproches tombent devant ce fait immense : elle nous a sauvés de l'invasion étrangère. Les précédentes assemblées lui avaient légué la France compromise ; elle légua la France sauvée au Directoire. . . . .
> . . . . En repoussant l'invasion des rois conjurés contre la république, la Convention a assuré à la révolution une action non interrompue de trente années sur le sol de la France, et a donné à ses œuvres le temps de se consolider et d'acquérir cette force qui leur fait braver l'impuissante colère des ennemis de l'humanité.
>
> A. Thiers, *Histoire de la révolution française.*

Quand la tête d'un Stuart tomba sous la hache du bourreau, toute l'Europe, épouvantée de ce coup hardi, s'émut de douleur et d'indignation ; on aurait dit que quelque présage effrayant venait de se montrer au monde comme un signe précurseur des vengeances de Dieu. La foi monarchique existait encore dans le cœur des sociétés ; une pensée religieuse en vironnait les trônes. Les querelles sanglantes occasionées par la réforme avaient répandu parmi les populations des idées fausses sur le pouvoir des rois. Suivant quelques textes des Écritures, dont la sublimité mystique avait exalté les cerveaux malades des hommes de ce temps, les rois étaient vénérés comme les représentans de Dieu même, comme les *oints* du Seigneur.

Néanmoins ce furent des hommes religieux qui osèrent les premiers porter les mains sur l'un de ces êtres privilégiés, sur un Stuart, que des traditions nationales, et des préjugés fortement enracinés, défendaient contre l'austère frénésie des sectaires anglais. Cet évènement fut heureux pour l'humanité; il brisa à la face du monde l'arme la plus redoutable du despotisme, l'inviolabilité royale, et astreignit la royauté à toutes les conditions des autres contrats sociaux. Jusque là le poignard ou le poison avaient seuls soumis les rois à la loi commune; le parlement anglais, en condamnant Charles Stuart, résolut légalement ce problème.

L'Angleterre ne recueillit aucun des avantages que ce grand évènement aurait dû lui conquérir ; c'est que le fanatisme religieux s'était révolté seul contre la royauté, et qu'aucune idée d'amélioration politique ne prit part à la lutte. L'aristocratie anglaise, ignorante alors comme les matelots de la Tamise, mais fière, séditieuse et impitoyable, avait laissé succomber l'homme dont le caractère tyrannique et ferme avait paru menacer son omnipotence féodale; elle ne tarda pas à comprendre que le roi n'était pas la royauté, et qu'en frappant cette institution elle avait retourné le poignard contre elle. Elle employa dès lors son immense influence au rétablissement de la monarchie, parce qu'elle était un des abus qu'elle entraîne avec elle; et quand la mort eut fait plier le bras de fer qui s'était emparé du pouvoir parlementaire, l'Angleterre ajouta à son histoire les pages honteuses de la restauration de Charles II.

Sous plusieurs rapports la nation anglaise, revenue de l'enthousiasme farouche qui l'avait animée quelque temps, pouvait, en renonçant à son émancipation, prendre en pitié le fils de son ancien roi. La constitution britannique, qui aujourd'hui même est loin d'être clairement formulée, n'était alors qu'un assemblage informe de textes incertains et de vagues traditions. Rien ne démontrait donc que Charles Stuart eût en effet violé les lois du pays, et outrepassé ses droits constitutionnels.

Et maintenant, peuple d'Angleterre, qui conservas dans ton sein le germe de tant de maux, débats-toi dans les langes féodaux qui t'enserrent de leurs tissus de fer! Secoue la boue de ta fastueuse misère, rugis aux portes des palais de tes nobles, et semblable à la bête fauve qui dévore enfin la main dont elle recevait la nourriture, répands-toi sur cette terre où tu vis libre comme le forçat dans l'espace que sa chaîne lui permet de parcourir! Tu as faim... le riche aristocrate écrase sous les roues de son char tes populations misérables. Tu as des rêves de liberté... le noble lord te ferme les portes du sanctuaire, et il se rit de tes criailleries insensées indignes d'hommes libres et fiers. Après avoir contribué à l'oppression de l'Europe, il est juste, peuple d'Angleterre, que tu brûles de la fièvre que tes lords temporels et spirituels voulurent éteindre au prix de ton or et de ton sang.

Ce n'est point ainsi que s'avance dans l'histoire et dans l'avenir cette grande assemblée française qui fit aussi tomber la tête d'un roi.

C'est en vain que la calomnie s'est attachée à son nom, et que de génération en génération elle a essayé de peser sur son grand souvenir : la Convention nationale forme le premier anneau d'une chaîne immense, et le point de départ d'un ordre social à qui le monde est promis!

Dites-nous, poètes de cour, rapsodes de la trésorerie, ce que votre pays serait devenu, si la Providence n'avait pas fait surgir tout-à-coup du sein des convulsions populaires cette réunion immortelle d'hommes patriotes qui se dévouèrent pour son salut?

En 1789, comme aujourd'hui, les hommes intéressés au maintien des abus ne voulaient pas comprendre que la société française, fatiguée, haletante, ne pouvait plus vivre que d'une vie nouvelle, et que le mal dont elle était dévorée touchait à toutes les parties de son organisme. La destruction de la noblesse, et l'égale répartition des charges publiques, fut sans doute un grand pas de fait vers cette amélioration sociale que le peuple français demandait aux lois d'une monarchie féodale ; mais, quelque sage et éclairée qu'eût été l'assemblée constituante, il était impossible que son grand et admirable ouvrage ne restât pas imparfait.

Aussi la constitution de 1791 ne put-elle être appliquée aux faits qui lui avaient donné naissance. Les législateurs populaires dont elle était l'ouvrage croyaient à la bonne foi de la cour, à la générosité des privilégiés, à la mansuétude du peuple qu'ils avaient émancipé; enfin, à la sincérité d'une fusion fraternelle de toutes les volontés, et de tous les efforts dans l'intérêt de la patrie. Cette généreuse erreur a coûté bien du sang, bien des larmes, et reculé d'un demi-siècle l'émancipation complète de la France.

Le roi et sa cour conspirèrent ouvertement contre la nouvelle constitution; les privilégiés quittèrent en foule la France, et allèrent armer les étrangers contre elle; alors le peuple indigné se souleva comme les flots de l'Océan: implacable dans sa juste colère, sur quelques points de la France, il dépassa son œuvre par de mémorables sévérités.

La fuite de Varennes amena le 10 août, comme les orgies de Versailles avaient amené le 6 octobre. La trahison du roi était patente, plusieurs lettres autographes de ce prince imprudent, conservées par la diplomatie, ou recueillies par l'histoire, attestent ses indignes menées, et ses protestations perpétuelles contre un ordre de choses qu'à la face de Dieu et de la nation française il avait juré de maintenir. L'assemblée législative prononça sa déchéance, et appela le pays à manifester sa volonté souveraine en élisant une Convention, qui reçut le mandat de prononcer sur le sort de Louis.

Il faut ici en appeler à sa raison, et se défendre de tout préjugé. Ou la nation fut coupable de se révolter contre le droit féodal, ou ce fut le droit féodal qui devint criminel en se révoltant contre l'ordre établi par la volonté nationale. Le caractère personnel du roi peut mériter à sa mémoire quelques regrets, mais il ne saurait le faire absoudre de ses tergiversations et de son évidente mauvaise foi comme magistrat.

Quand la Convention nationale fut appelée à dominer la tempête populaire qui devait changer la face de la France, et imprimer à l'Europe un mouvement nouveau, la constitution monarchique n'existait plus; toutes les forces de l'Etat, comme celles de l'administration, étaient paralysées; des mouvemens séditieux, organisés par les nobles et les prêtres, éclataient sur divers points du pays; la trahison, debout sur nos frontières, appelait l'étranger, et une coalition puissante se préparait à écraser la jeune république. La Convention, dont l'enthousiasme sublime pour la patrie et la liberté se réchauffait encore de l'enthousiasme du peuple, jeta à la coalition, et aux traîtres de l'intérieur, la tête du roi parjure.

Cet acte audacieux et sévère a été apprécié de diverses manières, suivant la tendance des pouvoirs qui ont successivement pesé sur la France. Mais l'Europe, plus éclairée qu'au temps de Stuart, ne vit, dans le supplice d'un Bourbon, qu'un accident politique, qui décelait une puissance nouvelle, énergique, dangereuse, terrible. Elle craignit pour son indépendance, et les rois pour leur autorité. Ceux-ci se firent solidaires de la cause de l'un d'entre eux, et exploitant habilement l'opinion encore incertaine des peuples, ce fut d'abord avec l'assentiment général qu'ils déclarèrent follement la guerre à des principes, dont la guerre était le seul moyen de manifester la puissance.

Si l'on considère la catastrophe de Louis de Bourbon sous le point de vue purement humain, on donnera quelques larmes à son sort, car l'homme en doit à toutes les infortunes. Mais sous le point de vue politique, comme en droit rigoureux, cet exemple terrible de l'omnipotence nationale était juste et nécessaire. La mort de Louis ne fut point un régicide ; ce mot ne peut s'entendre que d'un assassinat. Récusez les faits, soutenez l'innocence du condamné, j'y consens ; mais ne dites pas que le premier magistrat d'une nation libre peut être impunément traître et prévaricateur, et reconnaissez la légalité de l'arrêt suprême qui le frappa. Un roi constitutionnel est inviolable tant que ses actes ne sortent pas des limites et de l'esprit de la constitution ; mais s'il brise lui-même le contrat, de quel front viendrait-on l'invoquer en sa faveur ? Charles X n'était pas un plus méchant homme que Louis XVI : le bannissement qu'il subit n'est-il pas la suite d'un plébiscite extra-constitutionnel ?

On ne saurait donc trop le répéter aux hommes timides que fait trembler de nos jours le fantôme de la république, lorsque la Convention se fit pouvoir et appliqua sa terrible énergie à la société qu'elle avait résolu de refaire, un orage formidable s'était levé sur la France. La guerre rugissait à ses frontières, et la trahison qui l'avait soulevée avait réussi à détacher du sein de la république diverses contrées de l'intérieur. Sur trois points éloignés de l'empire, qui forment comme un grand triangle calculé pour étendre les lignes de bataille de la révolte, à Lyon, à Toulon, dans la Vendée, le drapeau de la monarchie fut un moment relevé. Les arsenaux étaient vides, le crédit public n'existait pas ; un grand nombre de départemens qui n'étaient point insurgés étaient travaillés par la crainte et le découragement. C'est en présence de ces faits accablans que la majorité de la Convention nationale, embrassant l'autel de la patrie, mit la terreur à l'ordre du jour. La TERREUR !... c'est ce mot formidable qui imposa à l'étranger et aux traîtres de l'intérieur, et qui détermina cette grande et sainte insurrection nationale, devant laquelle s'humilia l'orgueil des rois, et qui enfanta des prodiges dont l'histoire du monde n'offre aucun exemple dans son passé de quarante siècles !...

Oh ! comment ne s'agenouille-t-on pas devant votre mémoire, pères de la patrie ! hommes sacrés, dont le bras fort et puissant se jeta entre l'invasion, la guerre civile, et la France palpitante de colère et d'enthousiasme! Où sont les autels que la reconnaissance nationale vous a consacrés ! où donc est le temple coulé en fer comme vos âmes patriotes, où le citoyen, en présence de votre grand souvenir, puisse aller puiser des pensées de courage, de dévouement et d'amour pour le pays? Rien ! A vous la honte et l'infamie ! à votre mémoire la calomnie et la haine professées dans nos écoles, reproduites dans nos livres! et il ne se lèvera pas un homme au milieu de notre génération, qui s'en va mendiant la liberté à la porte des rois qu'elle a faits, pour protester contre une telle profanation !

La Convention nationale, en organisant la résistance et en appelant aux armes la population, fut obligée de déléguer à des généraux le pouvoir dont ses fortes mains faisaient fonctionner avec tant d'habileté l'irrésistible levier. Elle trouva d'abord des hommes dévoués à ses principes et pleins de respect pour sa majesté terrible. L'assemblée voulut assister aux marches militaires à la tête de ses armées, et remplir le champ de bataille de sa présence imposante, ainsi qu'elle se manifestait à l'intérieur par ses décrets et son éloquence brûlante. Jalouse d'une autorité dont seule elle connaissait bien le secret et la puissance, elle voulut qu'un représentant du peuple accompagnât les chefs de chacune de ses armées, comme dépositaire de sa pensée. C'est ce sentiment politique, dont les évènemens ne tardèrent pas à prouver la justesse et la haute portée, qui la rendit sévère, impitoyable même, pour les erreurs ou seulement pour l'hésitation de quelques uns de ses généraux. Elle punissait de mort une défaite comme une trahison, et la hache de sa justice prévoyante abattait la tête du coupable que de récens lauriers couronnaient encore et ne pouvaient préserver.

Ce système, qu'il n'est réservé qu'aux esprits supérieurs de bien comprendre, était l'œuvre de la vertu et du patriotisme. Il est possible que l'exécution de la grande pensée, d'où il s'était élancé, n'ait pas toujours été confiée à des hommes dignes d'une telle mission. Il est possible que des passions funestes, que des êtres vils, méprisables, aient exploité les lois sévères de cette époque. Il est possible que des tigres à figure humaine, qui aiment à avoir les pieds dans le sang, oubliant la sainteté des magistratures républicaines, aient dégradé par d'inutiles cruautés la justice du peuple... La Convention nationale ne peut être responsable de ces malheurs politiques. Néanmoins le système de la terreur pesait moins encore sur la France que sur les étrangers; il fit des héros des soldats de la république, et imprima dans l'esprit des armées de la coalition une épouvante mystérieuse qui glaça souvent leur courage. Que devaient penser en effet ces hommes du Nord, que la discipline parque sur les champs de bataille, quand ils voyaient s'élancer contre eux ces jeunes soldats à demi vêtus, qui accouraient à la guerre en chantant, prenaient des villes et remportaient des victoires aux jours et aux heures prescrits par les décrets de la Convention?...

Mais la guerre qui servit d'abord à la manifestation de la force révolutionnaire, dut devenir pour ce gouvernement, qui semble trop électrique, trop nerveux, pour l'humanité débile, un principe de corruption et de mort. L'esprit militaire devait se développer au sein de grandes armées, réunies long-temps sur le même point, et remplacer l'esprit national. Le dévouement au chef qui les conduisait à la victoire devait nécessairement aussi l'emporter à la longue dans l'esprit des soldats sur l'enthousiasme pour des principes théoriques, comme ceux de la liberté et de l'égalité, qui, physiquement parlant, ne peuvent exister même dans une armée républicaine.

Si telle est la misère de toutes les institutions humaines, qu'elles doivent enfin s'user comme la vie individuelle, la Convention nationale eut du moins la prévision de cette fatale destinée réservée à son système. Il est même permis de penser que si la faux sanglante des réactions n'avait pas moissonné sitôt les hommes illustres qui laissèrent ainsi leur mission inachevée, et qui refaisaient leur siècle à leur image, le spectacle de la chute du gouvernement révolutionnaire n'aurait pas été donné aux générations qui le virent grandir et éclater comme un orage.

Sous ce rapport, la célèbre campagne de l'an IV et de l'an V m'a toujours frappé par ses immenses résultats politiques. L'admiration s'épuise sans doute à suivre cette poignée de héros, guidés par un jeune homme de vingt-six ans, qui se jouèrent des Alpes, comme les géans de l'antiquité religieuse, traversèrent d'immenses fleuves, dévorèrent trois grandes armées, escaladèrent des citadelles imprenables, créèrent des républiques, humilièrent les rois et imposèrent la paix à l'Europe! Ces grands souvenirs nous écrasent, nous donnent des vertiges d'orgueil et de regrets. Mais voyez s'effacer dans cette gloire ce qui restait de l'énergie conventionnelle ; voyez naître au milieu de ces triomphes une idole qui doit devenir colossale et convertir à son culte tous ces nobles courages, tous ces cœurs si purs, si dévoués à la patrie! voyez la liberté triompher à Montenote, à Lonato, à Lodi, à Arcole, sur le plateau de Rivoli, pour s'enivrer de sa victoire, pour se prostituer au jeune héros qui combattait pour elle...

C'est cette transformation de l'énergie révolutionnaire en enthousiasme militaire, que j'ai eu le dessein de peindre dans cet écrit. Mais en relisant ces lignes et les pages qu'elles précèdent, j'ai reconnu avec douleur que j'étais resté au-dessous de mon sujet. Il n'en pouvait être autrement, les conditions d'un drame qui s'adresse à toutes les imaginations, m'imposaient l'obligation d'en circonscrire l'intérêt dans le cercle de l'action tracé dans ma pensée. Et d'ailleurs, que peut créer un homme en présence de tels faits? Quand la réalité se déploie comme une épopée merveilleuse, quelle imagination de poète peut venir se jeter dans cette lave brûlante sans se dévouer à la mort?

Vétérans de la grande armée d'Italie! si du moins cette esquisse imparfaite de l'immense tableau où la postérité vous verra si grands, peut réveiller dans vos cœurs attristés quelques souvenirs de votre héroïque jeunesse, son succès aura dépassé mes espérances.

LA TRENTE-DEUXIEME DEMI-BRIGADE.

CHAPITRE PREMIER.

LA TERREUR EN DAUPHINÉ.

> Veillons au salut de l'empire,
> Veillons au maintien de nos droits !
> *Chant patriotique.*

C'était à la fin d'une sombre journée du mois de frimaire, en l'an II de la liberté. Les citoyens de Valence, ayant à leur tête les magistrats du département et les officiers municipaux, étaient sortis de la ville et marchaient processionnellement sur la route de Romans. La rigueur du froid était extrême; un vent glacial et violent soufflait dans toute l'étendue de l'immense et riche vallée de la Drôme. Les montagnes élevées qui occupent une des anses de ce bassin étaient couvertes de neige, et le Rhône, qui le ferme au sud et à l'ouest, charriait d'immenses glaçons, dont les frottemens accidentels produisaient comme les sons de plusieurs milliers de voix fortes qui s'élevaient du sein du fleuve. Ce bruit vague et tumultueux se confondait avec les chants républicains que faisaient entendre, comme dans un jour de fête, les braves gens qui, pour un motif que nous connaîtrons bientôt, avaient quitté le coin du feu par un temps si peu convenable à la promenade.

La scène était grave et imposante. De larges flocons de nuages grisâtres roulaient dans le ciel, et ressemblaient à des nappes d'eau dirigées en divers sens, comme les flots des torrens que la fonte des glaces engendre spontanément, dans les montagnes des Alpes, aux premiers rayons du soleil du printemps. La neige, durcie par la gelée, criait sous les pas nombreux des individus qui composaient le cortége dont on vient de parler. Jamais les noms poétiques que l'imagination de Rhomme avait imposés aux mois républicains n'avaient paru plus d'accord avec la marche uniforme et graduelle des saisons.

Mais les rigueurs de la température, quoiqu'elles fussent un rare évènement dans cette partie du Dauphiné, où l'olivier mûrit avec tous les fruits savoureux du Midi, n'avaient pu comprimer l'enthousiasme des citoyens de Valence, à cette époque d'héroïsme et de grandeur populaires. On avait appris dans la journée qu'un détachement peu nombreux de volontaires du pays, qui avaient formé en partie la trente-deuxième demi-brigade, devait arriver de l'armée des Alpes. Ces braves enfans de l'Isère et de la Drôme, qui avaient déjà acquis une immense renommée à leur drapeau, dans les combats de géans où ils l'avaient déployé sous les ordres de Kellermann et de Masséna, revenaient à Valence pour y prendre de nouveaux volontaires, qui étaient dirigés sur cette ville de tous les cantons limitrophes, et destinés à remplir les vides que la guerre avait faits dans leurs rangs.

En première ligne de l'ambassade civique qui allait au-devant des défenseurs de la patrie pour leur faire ainsi les honneurs du foyer natal, on distinguait le maire et les officiers municipaux revêtus de l'écharpe tricolore, insigne légal de leur pouvoir pacifique. Ces magistrats marchaient environnés d'un assez grand nombre de citoyens et d'artisans, membres de la société populaire, et qui se faisaient remarquer par l'énergie et la force de leurs poumons, en répétant le chœur de l'hymne sublime des Marseillais. Ils étaient suivis par un détachement assez considérable de jeunes volontaires, dont la marche fière et déterminée était assez bizarrement réglée par le son d'un tambour en mauvais état, dont des mains novices rendaient encore l'accompagnement moins conforme aux habitudes militaires. Le cortége était terminé par une foule curieuse, composée de femmes, d'enfans et de citoyens que le scrutin électoral n'avait encore appelés à aucune fonction.

De temps en temps des députations des villages peu éloignés de la route venaient grossir les rangs du cortége, qui s'avança ainsi jusqu'à une demi-lieue des murs de la ville. Enfin les honorables municipaux, après avoir consulté avec une sorte d'anxiété l'état du ciel, décidèrent qu'on ferait halte à une grande hôtellerie, située à peu de distance de l'endroit où l'on était parvenu.

Un incident en apparence insignifiant, mais

qui n'est pas sans importance pour quelques uns des évènemens que nous nous proposons de décrire, occasiona dans la partie du cortége qui était composée de fonctionnaires publics, un mouvement d'inquiétude et d'agitation, qui échappa néanmoins au plus grand nombre des personnes à portée d'en apprécier la cause.

L'attroupement était sur le point d'arriver à un de ces embranchemens de route auxquels dans une grande partie de la France on donne le nom de *patte-d'oie*, lorsqu'un individu, armé d'un fusil de chasse, sortit de l'un des petits sentiers qui aboutissaient au grand chemin. Il était probablement dans l'intention de le traverser, car il fit plusieurs pas en avant, et l'on ne saurait dire si une crainte involontaire, ou une sympathie bien prononcée pour les opinions des patriotes qui composaient le cortége, le fit renoncer tout-à-coup à sa première idée. Si l'âge et l'extérieur remarquable de ce personnage ne permettaient guère de supposer qu'il se trouvât dans la première de ces hypothèses, la conduite qu'il tint dans cette circonstance ne justifie pas complètement la seconde. Il s'appuya sur son fusil, et soit qu'il eût l'intention de dérober ses traits aux regards inquiets qui s'étaient portés sur lui, soit qu'il obéît alors à une habitude instinctive de chasseur, il se mit à caresser un chien de belle race qui l'accompagnait, sans avoir l'air d'attacher aucune importance au spectacle dont le hasard le faisait témoin.

C'était un jeune homme d'une taille élevée, d'une physionomie douce et d'une beauté qui nuisait par son extrême régularité à l'opinion qu'on pouvait se faire de sa force et de sa vigueur. Ce n'était pas qu'il y eût dans l'expression de ses traits quelque chose d'efféminé, mais il était trop facile d'y lire l'histoire d'une vie peu habituée à la fatigue et aux privations, comme la simplicité de ses vêtemens aurait pu l'annoncer.

Quoi qu'il en soit, au moment où le groupe des volontaires défila devant lui, sa présence fut accueillie par le cri de vive la république ! Le jeune homme ne prononça aucune parole, il se contenta de porter la main précipitamment à son bonnet de chasse, mouvement qu'on put interpréter comme un signe d'assentiment au cri national qu'il entendait proférer.

— Encore une imprudence, murmura-t-il

quand le cortége fut assez éloigné pour lui permettre de continuer sa route; je crois que cet enragé maréchal m'a reconnu... Toujours craindre !... Ah ! une pareille existence n'est pas supportable. A moi, Hector ! en avant ! ajouta-t-il en traversant rapidement le chemin.

— Citoyen Giraud, dit un membre de l'assemblée populaire en frappant assez rudement sur l'épaule du maire, vous voyez bien que la commission départementale ne fait pas son devoir.

— Et à propos de quoi lui adressez-vous un pareil reproche, citoyen ? répondit le maire.

— Regardez-moi ce gaillard-là, j'ai ferré les chevaux de son père assez long-temps pour le reconnaître. C'est un ci-devant, un fils d'émigré, rien que ça.

— Voisin Gauthier, dit le maire à voix basse à l'officier municipal auquel il donnait le bras, l'observation de Jean Robert est-elle conforme à la vérité ?

— Je le crains, citoyen maire, répondit le municipal ; cette figure ne m'est pas inconnue, et je crois que l'homme en question est un Saint-Vallier....

— Il faut qu'il parte. Nous ne pourrons long-temps préserver notre pays de tout excès si nous souffrons les infractions aux lois, mon digne voisin; nous sommes des patriotes purs et bien intentionnés, mais ne perdons pas la confiance du peuple par une tolérance de ce genre.

— Allez donc, municipaux, chuchotez pour sauver un ci-devant, un conspirateur, et le diable m'emporte mille fois si je ne vous dénonce à la société populaire!

Cette imprécation, quoique prononcée à voix basse par Jean Robert, fut entendue des magistrats à qui elle s'adressait.

— Citoyen, dit le maire d'un ton grave, m'a-t-on jamais vu ménager les ennemis du peuple? n'ai-je pas fait la guerre au fédéralisme, n'ai-je pas applaudi à la mesure du 31 mai? Non, non, personne ne peut dire le contraire, mes trois enfans servent la république sur la frontière, et je la sers de mon mieux parmi mes concitoyens qui m'ont honoré de leur choix.

— Allons donc, citoyen maire! répliqua le maréchal ferrant, car le citoyen Jean Robert exerçait cette utile profession. Un modéré ne vaut guère mieux qu'un chien ou qu'un Girondin, mais l'œil du peuple est ouvert. Vive la sainte Montagne !

— Vive la Montagne ! vive Robespierre ! vive la république ! s'écrièrent à la fois plusieurs membres de la société populaire, stimulés par le zèle exagéré de leur collègue.

— Écoute, Jean Robert, reprit le maire avec un sentiment d'indignation qu'il s'efforçait de maîtriser, et en saisissant fortement le bras du maréchal, qu'il contraignit ainsi à marcher un moment à ses côtés, je sais que tu es un brave homme dont la tête ne vaut guère mieux que celle d'une oie. Veux-tu donc que dans notre pays si patriote, si dévoué à la république, on voie s'élever des échafauds, comme à Orange, comme à Avignon ? Veux-tu qu'on dise : les gens de Dauphiné ne savent pas être libres sans répandre le sang ?

— Non, sacredié, je ne le veux pas, s'écria le patriote Robert avec une vive émotion ; mais que faut-il faire des traîtres, et qui paiera le compte à la fin ? n'est-ce pas le peuple ? La terreur et la justice sont à l'ordre du jour.

— Le peuple est grand, il doit être juste parce qu'il est fort, mon brave Robert, reprit le généreux magistrat; il faut punir les traîtres, mais seulement les véritables traîtres. Crois-moi, la Convention veut frapper de terreur les coupables et non pas les malheureux. N'oublie pas que la première vertu d'un républicain c'est l'amour de l'humanité.

— Si ça peut s'arranger avec la liberté et l'égalité, je le veux bien, citoyen maire; mais le glaive de la loi doit punir les conspirateurs, je ne sors pas de là. Ce Saint-Vallier était garde-du-corps du tyran, il a bu avec lui, il a dansé avec la femme du tyran... O tas de gredins!

— Allons! chut, Jean Robert! je te donne ma parole de sans-culotte et de municipal qu'on prendra des mesures contre lui, et qu'on saura ce qu'il fait ici. La loi suivra son cours.

— Eh bien! à la bonne heure, voilà qui est parler; mais tous ces ci-devant, ces complices de Pitt et de Cobourg, que le tonnerre les écrase! Vive la république toujours!

— Oui, toujours, ajouta le maire; la liberté ou la mort! Sois prudent, Jean Robert, si tu ne veux pas entraver le zèle des autorités constituées.

— Bon, bon, répliqua le maréchal en levant l'index de la main droite; je comprends... une visite domiciliaire. Empoignez-moi le garde-du-corps du tyran, et nous serons bons amis.

Jean Robert reprit alors la place qu'il avait momentanément quittée, et le cortége s'arrêta à l'endroit qui avait été indiqué. On avait à peine jeté quelques fagots dans la large cheminée de l'hôtellerie, et vidé quelques pots de vin, que le bruit du tambour annonça dans le lointain l'arrivée des volontaires. Nous profiterons de cette halte pour suivre le personnage qui a donné lieu à la conversation que nous avons rapportée.

Si le régime de la terreur, qui a jusqu'à nos jours servi de prétexte aux ennemis de la liberté pour calomnier la république, n'avait porté dans toute la France d'autres fruits qu'en Dauphiné, il est probable qu'aujourd'hui le citadin en bonnet à poil n'éprouverait pas des convulsions aussi belliqueuses à la seule idée du retour des grandes institutions qui ont sauvé la patrie. On sait quelle part immense les états-généraux du Dauphiné eurent à la révolution; sa marche progressive fut adoptée dans ce pays avec un enthousiasme sincère; mais aucun de ces mouvemens désordonnés qu'on a flétris sous le nom d'excès n'y fut commis par le peuple préparé depuis long-temps, par sa haute civilisation et ses anciennes mœurs, à recevoir des institutions libres. Néanmoins les lois d'ordre public et de sûreté générale portées par la Convention nationale y reçurent une entière exécution ; mais on est heureux de répéter que la justice du peuple n'eut point à se servir de son glaive redoutable.

Il y eut bien, dans ce pays comme ailleurs, quelques hommes exaltés qui essayèrent souvent de pousser le char majestueux de la révolution dans la route sanglante où sur d'autres points une résistance coupable l'avait engagé. Cependant le bon esprit des populations, le patriotisme éclairé des magistrats, ne cessèrent pas d'y maintenir le cours régulier des lois, comme dans des temps plus tranquilles; il était réservé à la restauration d'ensanglanter ces heureuses contrées.

Le jeune homme dont il a été question plus haut marcha long-temps dans un chemin bordé de mûriers et qui conduisait à une ferme importante, située au pied d'une colline boisée, dominée alors par un château dont les tours crénelées attestaient l'origine féodale. Il jeta sur ce vieux monument un regard triste et mélancolique, comme si de tendres souvenirs eussent été réveillés dans son cœur à l'aspect de ces tours grisâtres, dont le silence n'était plus troublé que par les cris assourdissans d'une volée de corneilles qui tournoyaient sur leur toiture. Une voix douce, quoiqu'elle annonçât une assez vive émotion, vint le tirer tout-à-coup de la rêverie dans laquelle il fut un moment plongé.

— Arthur ! vous ne me voyez pas, vous ne m'entendez pas. Vous ne songez point aux peines que vous causez.

— Est-ce donc vous, Thérèse, qui m'adressez un si cruel reproche? Eh! non... pardon, ne vous éloignez pas, votre voix est toujours consolante, vous êtes un ange pour moi, Thérèse.

— Mon père vous a déjà demandé plusieurs fois, à son retour de la ville ; il paraissait inquiet, agité. Sommes-nous donc, Arthur, menacés d'un nouveau malheur? Arthur, vous êtes pâle....

— Je n'ai qu'un malheur à craindre, Thérèse, c'est l'évènement qui me séparerait de vous sans me tuer.... Mais j'aime à m'arrêter aux pieds de ces tours où mes ancêtres ont commandé. O Thérèse, connais-tu un supplice plus cruel sur cette terre que d'errer comme un étranger, comme un proscrit, non loin du toit où l'on reçut le jour....

— Vous m'aviez promis d'oublier vos souvenirs de grandeur, Arthur! songez à tout ce que j'ai oublié pour vous. J'ai de bien tristes pressentimens.... votre main est froide.... Arthur, m'aimez-vous encore?

— Oh! ne blasphème pas, ma Thérèse, n'outrage pas tout ce que l'amour a de solennel et de sacré, ce sentiment qui survit à l'infortune, qui jette encore un peu de joie dans un cœur triste et brisé. Je t'aime... tu es maintenant ma vie, tu es le charme qui m'enchaîne au berceau de mes pères.

En achevant ces mots prononcés avec l'accent de l'enthousiasme et de la passion, le jeune homme étreignit dans ses bras la taille de la personne à laquelle il venait de s'adresser. C'était une femme d'une beauté remarquable, mais la profonde douleur empreinte dans ses traits pâles et amaigris la faisait paraître d'un âge plus avancé que celui auquel elle était parvenue. Ses cheveux bruns se confondaient sur son front avec la dentelle noire de son bonnet provençal ; elle était enveloppée d'une mantille de couleur sombre qui ne laissait deviner qu'une partie de ses formes.

Ils marchèrent un moment ainsi rapprochés l'un de l'autre, mais ils se séparèrent à l'entrée de la ferme; Thérèse se dirigea vers une partie de la maison où l'appelaient probablement des soins domestiques, et le jeune homme entra dans une vaste salle basse, où pétillait un feu dont l'air vif et piquant de frimaire rendait l'aspect fort agréable. Un homme d'un âge mûr, mais qui paraissait encore fort et vigoureux, était seul assis auprès du foyer ; il s'était plus d'une fois levé avec agitation, et avait appliqué son oreille à la porte ; elle s'ouvrit enfin pour lui montrer la personne qu'il attendait avec anxiété. Il fit un geste d'impatience et de satisfaction en apercevant le jeune homme.

— Arthur, monsieur Arthur.... dit-il avec effort. Le sentiment pénible qui l'agitait l'empêcha d'achever cette phrase.

— Vous vous apprêtez à me gronder, père Gilbert, répondit Arthur en se débarrassant de son fusil et de sa gibecière ; un mot d'explication, et vous me pardonnerez.

Il s'approcha du fermier, le salua avec respect, et lui tendit une main que celui-ci serra avec expression.

— Père Gilbert, continua-t-il, je vous ai causé de l'inquiétude, et c'est une faute que vous ne pourriez me reprocher avec plus de force que je ne le fais moi-même. Hector a trouvé une trace qui nous a menés loin, malheureusement je n'ai gagné à cette longue course qu'un appétit dont vous me ferez compliment.

— Que Dieu vous bénisse! répondit le fermier d'un ton persuasif qu'il chercha vainement à rendre sévère; vous savez bien que je suis fait pour me conformer à votre bon plaisir, monsieur; ainsi ce n'est point de l'inquiétude que vous pouvez me causer qu'il s'agit, c'est de votre sûreté.

Le jeune homme croisa ses bras sur sa poitrine, et murmurant quelques paroles qu'on ne put entendre, prêta l'oreille avec une attention douloureuse.

— J'ai été à Valence aujourd'hui, continua le fermier; les ordres du comité de salut public se succèdent de jour en jour, et prescrivent de nouvelles rigueurs. Je vous aime trop, monsieur Arthur, pour approuver des mesures que des gens sages trouvent cependant utiles au pays... mais laissons cela. Aujourd'hui j'ai remarqué dans la ville une agitation inaccoutumée ; ce qu'on raconte de Marseille, d'Orange, me fait frémir. J'ai vu plus de quatre cents personnes sortir de Valence au bruit du tambour, je suis accouru, vous étiez absent. Au nom du ciel, monsieur, voulez-vous donc par votre imprudence ruiner le seul espoir qui me reste...? Eh bien! vous ne me répondez pas?

— J'ai tort sans doute, dit Arthur d'une voix sombre; à mon âge être contraint de me cacher, de me déguiser comme un criminel! Que me veulent-ils? mon bras est-il assez fort pour briser leur république? Ah! qu'ils me donnent une épée... oui, une épée et de l'air! de la liberté! Gilbert, c'est un besoin pour la jeunesse, je le sens, je ne puis plus vivre ainsi.

— Sans doute, sans doute, reprit le fermier, je sais tout ce qu'il doit vous en coûter pour mener une vie aussi triste. Si Jacques, mon fils aîné, était ici, monsieur Arthur, je serais moins alarmé : c'est votre frère de lait, ma pauvre défunte vous a élevés dans le même berceau; il veillerait sur vous, je serais tranquille. Cependant mon civisme est connu, ajouta-t-il après une pause assez longue durant laquelle Arthur avait gardé le silence, on ne viendra pas, je l'espère, fouiller la maison d'un patriote comme Antoine Gilbert; mais, au nom de celui que nous pleurons tous deux, monsieur Arthur, soyez plus prudent à l'avenir. Votre noble père vous a défendu d'émigrer, il avait ses préjugés, sans doute, mais c'était un bon Français...

— Oui, s'écria chaleureusement Arthur, et ils l'ont tué, ils l'ont fait mourir d'une mort horrible... Gilbert, ne me parle plus de mon père... Oh! les infâmes... Pauvre France!

— Hélas! dit le fermier, dans les temps où nous vivons combien d'innocentes victimes sont mortes comme votre père, à qui Dieu fasse paix!... Mais, silence, nous reprendrons plus tard cette conversation. Pas un mot, monsieur Arthur, pas un seul mot, à Thérèse surtout, car elle vous aime, ma pauvre fille, elle vous aime autant que moi....

— Oui, répondit le jeune homme en étouffant un soupir, je le crois; et un sourire triste éclaira ses nobles traits.

Thérèse entra alors dans la salle où tout parut se disposer pour le repas du soir, auquel vinrent prendre part quelques domestiques mâles et femelles attachés à la ferme, suivant une ancienne coutume dauphinoise qui se trouvait d'accord avec les nouvelles mœurs républicaines.

Les trois principaux convives avaient à peine pris place au haut bout de la table que le bruit inaccoutumé du pas cadencé d'un cheval retentit sur le pavé de la cour. Peu d'instans après la porte s'ouvrit, et le citoyen Gauthier, officier municipal de la commune de Valence, décoré de l'écharpe de sa magistrature, entra dans la salle.

CHAPITRE II.

L'OFFICIER MUNICIPAL.

> Le magistrat chargé de l'intérêt public doit allier la douceur à la force, l'insinuation à l'autorité.
>
> Servan.

La présence de l'honorable magistrat produisit sur les habitans de la ferme un effet peu agréable, qui n'échappa point à sa sagacité, et qui malheureusement, confirma les soupçons que la grossière et violente remarque de Jean Robert avait fait naître dans son esprit et dans celui de son collègue.

On s'est plu à déverser le ridicule et la calomnie sur les magistrats municipaux de la grande et immortelle époque dont nous essayons de retracer quelques évènemens. Quand on a coiffé un savetier d'un bonnet rouge, et qu'on a mis dans sa bouche les juremens les plus obscènes, qu'on lui a fait commettre les bévues les plus stupides, on s'imagine avoir peint avec fidélité un fonctionnaire du temps glorieux de la république. C'est au profit du pouvoir et de la corruption monarchique que ces révoltans mensonges ont été mis en circulation. Gens de cour et bourgeois, vaudevillistes et gazetiers, se sont rués sur cette idée ; mais gens de cour et bourgeois n'auraient eu, ni la probité, ni l'énergie, ni le dévouement de ces hommes du peuple qui aidèrent la Convention à sauver la patrie.

Le citoyen Gauthier était un de ces hommes simples et de mœurs sévères, que l'élection populaire avait tiré d'une douce et paisible obscurité. Il avait acquis, après de longs travaux, une fortune modeste dans le commerce des grains. Comme l'intérieur de son ménage était passablement gouverné par la citoyenne Gauthier, le digne municipal n'ayant que peu ou point d'affaires à traiter chez lui, avait été doublement flatté du choix de ses concitoyens qui l'élevait à des fonctions où du moins il pourrait trouver des occupations que l'opposition conjugale ne traverserait pas. C'était un homme d'environ quarante-cinq ans, de petite taille, et à laquelle ne nuisait pas l'obésité dont elle était surchargée. Il avait le teint frais et vermeil, et portait une perruque bien poudrée, à la conventionnelle. Malgré le cynique rigorisme de l'époque, il était vêtu comme cela convenait à un citoyen aisé. Son habit brun à boutons d'or était garni de manchettes, et un large galon du même métal était attaché au collet de son manteau de voyage.

Le municipal connaissait parfaitement la personne que l'enthousiaste Robert avait désignée à l'animadversion de l'autorité; mais il ne pensait pas que ce jeune homme fût resté en France après l'affreux évènement qui l'avait privé de son père. Il se souvenait très bien d'avoir fait des affaires avec le seigneur de Saint-Vallier, mais son civisme ne lui conseillait pas de perdre le fils de l'aristocrate avec lequel il avait eu des relations d'intérêt et de bon voisinage; aussi se chargea-t-il, de concert avec son collègue le citoyen maire, d'arranger cette affaire de manière à satisfaire à la fois l'implacable haine des clubistes, les devoirs de l'humanité et la sévérité de la loi. C'était dans ces honorables sentimens de conciliation qu'il se présenta le soir même à la ferme de Gilbert, dont le propriétaire lui était connu depuis long-temps.

— Salut et fraternité, dit-il en déposant son

manteau. Eh bien! pourquoi me regarder tous ainsi avec des yeux effarés? Est-ce que tu ne me reconnais pas, Antoine Gilbert?

— Parfaitement, citoyen, reprit le fermier qui se remit le premier de l'émotion que la présence inattendue du municipal avait occasionée; mais je te vois décoré de ton écharpe, et je ne sais si tu viens ici au nom de la loi, ou seulement comme un ami et un ancien voisin.

— Ah! c'est ma foi vrai, je n'y avais pas pris garde; c'est que nous venons d'assister à une cérémonie où il était nécessaire que les magistrats municipaux y parussent décorés de cet insigne légal. Au surplus, voisin Gilbert, suppose que je viens te voir comme magistrat, j'espère que nous ne cesserons pas pour cela d'être bons amis.

— Le citoyen n'acceptera-t-il pas quelque chose? dit Thérèse à demi-voix.

— Beaucoup de choses, ma jolie citoyenne; car il fait un vent du nord qui est loin d'ôter l'appétit, et si vous avez un verre d'ermitage après souper, je l'accepterai également. Vous voyez tous que j'agis sans façon, et j'espère que ma présence ne contrarie personne ici, ajouta-t-il en tendant la main au fermier.

On s'empressa de placer un couvert devant l'officier municipal, qui déploya sa serviette et l'attacha à son cou avec ces formes lentes et symétriques qui annoncent un homme habitué à se mettre à son aise. Il s'occupa ensuite, avec le même calme et la même quiétude, à faire honneur au souper de son hôte.

Le pressentiment fâcheux qui, au premier moment, s'était emparé des habitans de la ferme à l'aspect du magistrat, ne tarda pas à se dissiper; néanmoins Arthur seul ne partageait pas entièrement la confiance de ses amis; il ne connaissait point l'honnête citoyen Gauthier, et la franchise de ses manières ne put dissiper aussitôt les craintes que le caractère dont il était revêtu avait pu lui suggérer. Il était silencieux et inquiet, et tournait de temps en temps et involontairement la tête du côté où il avait déposé son fusil. Thérèse, plus pâle encore que de coutume, jetait sur lui des regards pleins de tristesse et d'amour, et semblait le conjurer de ne pas compromettre son sort par quelques uns de ces actes irréfléchis auxquels il pouvait se livrer dans la fougue et l'ardeur de son caractère. Quant au fermier, bien qu'il ne s'expliquât pas parfaitement la présence dans sa maison de son ancien ami, il paraissait complètement rassuré sur les suites que pouvait avoir sa visite, et il se contentait de tenir dans un honnête état d'abondance le verre de son convive, ce qui ne laissait pas d'être une occupation assez importante.

Rien de tout cela n'échappait au municipal, dont les regards, pleins d'intelligence et de finesse, se promenaient autour de lui. Il souriait de temps en temps en faisant entendre des hem! prolongés, et cherchait à ranimer la conversation languissante.

— Sûrement, disait-il en lui-même, c'est bien là le jeune homme, un vrai Saint-Vallier, qui s'est gâté à la cour. Au surplus, pourquoi le pauvre garçon serait-il puni parce qu'il est le fils de son père? Mais que diable fait-il ici? Ah! que je suis innocent avec mes pourquoi: parce qu'il y a ici deux jolis yeux; et je crains bien de ne m'être pas trompé, la pauvre fille en perd la tête.

— Encore un morceau de cet excellent gigot, citoyenne, s'il te plaît, ajouta-t-il tout haut; en vérité, on a raison de dire que les meilleures fêtes sont celles auxquelles on ne s'attend pas. Mais il paraît que tout le monde ne pense pas ici comme moi. Voilà un jeune gaillard qui ne me tiendrait pas tête; ah! à son âge ni une partie de plaisir, ni un bon souper ne m'auraient pris au dépourvu.

Arthur tressaillit.

— Pardon, monsieur, dit-il avec embarras, je suis préoccupé... Mais que dit-on des affaires publiques?

— Ah, ah! voici le coq qui se réveille, mais s'est pour chanter sur un singulier air. C'est très bien, citoyen, de s'inquiéter des affaires publiques; mais il y a des formules que la loi défend d'employer, il ne faut pas l'oublier.

Thérèse et le fermier jetèrent à la fois sur Arthur un regard inquiet.

— Au surplus, ajouta le municipal, je te fais mon compliment, voisin Gilbert, c'est sans doute le second de tes fils que voilà... Oui, tu m'as dit dans le temps que tu l'envoyais à l'école de Tournon, tu comprends bien ce que je veux dire, c'est pour cela que nous ne nous connaissons pas.

Le fermier serra vivement la main de son hôte en le regardant avec expression.

— C'est bien, c'est très bien, continua le municipal; ne t'ai-je pas dit que si je venais te voir comme magistrat, nous serions toujours de bons amis? Laisse-moi faire, ajouta-t-il en souriant d'une manière toute particulière, j'ai l'idée que cette soirée finira bien pour tout le monde. Enfans, remplissez vos verres, mieux que cela... à la bonne heure : A la prospérité de la république française une et indivisible !

Les domestiques portèrent cette santé avec enthousiasme aussi bien que le fermier ; mais la répugnance d'Arthur fut visible, et le bon Gilbert fut obligé de le rappeler à une conduite plus prudente, en choquant son verre contre le sien avec plus de force que ne l'exige cette démonstration fort en honneur en Dauphiné.

— Il paraît, jeune homme, dit le municipal avec plus de froideur, qu'on ne t'a pas appris à Tournon à te montrer bon patriote quand la circonstance l'exige. Ce n'est pas ta faute, c'est celle de ton éducation ; mais tu ne devrais pas oublier que le fils d'Antoine Gilbert ne peut sans se compromettre, et toute sa famille avec lui, tourner les yeux vers un passé qui ne reviendra pas.

— Mais, citoyen...

— C'est bien, ne cherche pas à te justifier ;

si je t'ai fait cette observation amicale, je crois que mon âge m'en donnait le droit.

— Et je dois t'en remercier, voisin, dit le fermier; mais, vois-tu, ce pauvre Arthur a malheureusement été élevé bien contre ma volonté, car j'espère que mon civisme est connu; mais, enfin, il a été élevé dans des idées...

— Élevé dans des idées... Arthur! allons donc, voisin, où diable as-tu été prendre ce nom d'aristocrate? Je croyais que ton fils s'appelait Georges, et c'est un nom honnête qu'on peut porter sans se compromettre, quoique les saints ne soient plus en crédit. Tu comprends, Gilbert.

— Sans doute, répondit le fermier qui saisissait parfaitement les honorables intentions du municipal, c'est en effet Georges que je voulais dire; car c'est ainsi que mon fils s'appelle... c'est que, vois-tu, on a malgré soi des souvenirs... A la santé des représentans du peuple!

— Oui, puissent-ils achever leur noble entreprise, malgré les ennemis de l'intérieur et de l'extérieur.

— Et à ce propos, citoyen, reprit Arthur avec plus d'assurance, car il sembla un moment oublier la répugnance qu'il éprouvait pour satisfaire sa curiosité, vous nous aviez, je crois, promis des nouvelles.

— Et je suis homme à tenir ma parole, répondit le municipal, quoique la loi le permette, je ne suis pas de ceux qui rendent du papier pour l'argent qu'ils ont reçu. Les rebelles de la Vendée sont repoussés, chassés, battus de toutes parts; l'invincible garnison de Mayence va achever de rétablir dans ce pays les lois de la république. Le tyran d'Espagne a reçu une leçon assez forte pour l'engager à respecter le peuple souverain. Sur le Rhin nos affaires vont bien, et l'armée des Alpes se couvre de gloire. Mais la république ne doit pas se contenter de repousser ses ennemis, il faut que le char de la révolution passe sur le corps de tous les tyrans; en conséquence un nouveau décret de la Convention appelle cinq cent mille volontaires sous les drapeaux, et, je pense, jeune homme, que tu imiteras le dévouement civique de ton frère Jacques, et que la patrie aura en toi un bon défenseur de plus.

En achevant ces paroles, que le digne municipal prononça avec quelque emphase, il sourit d'une manière remarquable en clignant des yeux, et parut fort satisfait de ce morceau d'éloquence emprunté aux journaux et aux discours des clubistes de ce temps. Le nuage qui obscurcissait le front d'Arthur sembla se dissiper, l'idée qu'avait eu l'intention de lui suggérer le citoyen Gauthier remplit son cœur d'une nouvelle espérance, et il comprit que le moyen qui lui était offert de se ravir aux dangers qui le menaçaient, était en effet le plus sûr qu'il pût adopter.

— Et à propos de Jacques, voisin, reprit le municipal en buvant à petites gorgées le vin de l'Ermitage que Thérèse venait de lui servir, n'avez-vous donc pas de ses nouvelles?

— C'est un sujet d'affliction pour moi, voisin, répondit le fermier; depuis son départ avec les premiers volontaires nous ne savons pas ce qu'il est devenu.

— Tu es un bon père et un bon patriote, voisin. Oh! pour le coup, je te remercie, Thérèse. Diable! un second verre, tu te feras des affaires avec la citoyenne Gauthier, si elle s'aperçoit que j'ai outrepassé mes habitudes. Comme je le disais, voisin Gilbert, continua le municipal en donnant à son sourire habituel une expression plus prononcée d'importance et de mystère, tu es un bon père, et la république te doit des actions de grâces pour le sacrifice que tu lui as fait. Mais quelque chose me dit que Jacques Gilbert, grenadier de la trente-deuxième demi-brigade, n'est peut-être pas très loin d'ici... Allons, allons, du calme, doit-on recevoir une bonne nouvelle comme une mauvaise ?

— Jacques ! mon fils ! mon garçon ! s'écria le fermier en se levant avec émotion, cela est-il possible ? Dieu permettra-t-il que je le revoie, ne fût-ce qu'un moment ?

— Mon frère ! dit Thérèse ; citoyen Gauthier, ne nous trompez-vous pas ?

— Je n'ai jamais trompé personne, citoyenne, répondit le municipal ; mais le voisin a raison, et je vois cela avec plaisir, de s'attendre à ne retrouver son fils aîné qu'un moment, car le digne garçon ne doit pas faire ici un long séjour... Paix, écoutez.

On entendit distinctement une voix forte et sonore qui répétait un refrain patriotique ; la voix se rapprocha bientôt de la ferme, et trois coups fortement frappés à la porte principale retentirent dans la rustique habitation.

Thérèse s'était précipitée hors de la maison, ainsi que plusieurs des garçons de ferme, qui avaient allumé à la hâte des lampes en usage dans le pays.

— C'est lui, père! c'est bien lui! Que Dieu soit loué! s'écria la jeune fille.

Le fermier était retombé sur son siége, la sueur coulait de son front, ses yeux étaient humides; et le digne municipal se frottait les mains avec satisfaction, tandis qu'Arthur, vivement ému, en proie à une foule de pensées que trahissait son agitation, se promenait à grands pas dans la salle.

Le grenadier, qu'on avait déjà débarrassé de ses armes et de son fourniment, dont les gens de la ferme portaient avec orgueil chacun une partie, entra triomphalement avec cette escorte, un bras passé autour de la taille de sa sœur, qui pleurait de joie la tête appuyée sur son sein.

Jacques Gilbert était un garçon fort et robuste; sa haute taille, ses traits hâlés par le soleil et la fatigue, les larges favoris qui occupaient la plus grande partie de son visage et s'unissaient à deux longues moustaches, en le faisant paraître plus âgé qu'il ne l'était en effet, lui donnaient l'apparence de dureté d'un de ces hommes de guerre qui deviennent enfin étrangers aux plus douces affections de la nature. Et cependant un cœur tendre et généreux battait sous l'uniforme à demi usé de Jacques Gilbert, et cette physionomie mâle et sévère cachait une âme capable du plus pur dévouement!

Le soldat républicain s'arrêta à peu de distance du fauteuil en bois de noyer dans lequel son père était retombé, accablé par le sentiment de sa joie, comme sous le poids d'une funeste nouvelle.

— Père, dit Jacques avec émotion, j'espère que vous vous portez bien, et que Dieu en soit béni!... Père, n'ouvrirez-vous pas vos bras à votre fils?...

— Oh! s'écria le fermier, que la joie fait de mal! Viens, viens, mon Jacques!... Et il le tint long-temps étroitement embrassé. — Pardon, ajouta-t-il, voisin Gauthier; mais quoique j'aie donné mon fils à la république, je sens qu'il est toujours à moi.

— Ne vous gênez pas, voisin. La nature, mon vieil ami, est plus forte que les lois des hommes et même que les décrets de la Convention, sauf le profond respect qu'on leur doit. D'ailleurs c'est à nous autres, magistrats avant tout, qu'il appartient de donner l'exemple du stoïcisme républicain... En achevant ces mots, le digne municipal se surprit à essuyer ses yeux humides, et pour cacher une faiblesse humaine qui démentait ses paroles, il s'approcha d'un jeune garçon, et lui ordonna à voix basse de seller son cheval.

Le fermier avait profité de ce mouvement pour prévenir Jacques de la présence d'Arthur. Les deux frères de lait s'embrassèrent avec transport, bien que Jacques eût manifesté quelque étonnement de revoir le fils de l'ancien seigneur du pays sous le costume où il le trouvait ; Thérèse mit un doigt sur ses lèvres, et Jacques garda le silence.

— Allons, dit le municipal, qu'on tue le veau gras demain ! réjouissez-vous ! mais la journée d'après-demain appartient à la patrie. Tu as besoin d'être seul avec tes enfans, voisin, et comme j'ai à peu près rempli ma mission, je vais retourner au logis, où mon absence doit inquiéter la citoyenne Gauthier. Cependant, il faut encore que je dise quelques mots à l'oreille de Jacques... Viens ici, mon brave défenseur de la patrie!

Ils causèrent un moment au fond de la salle, et l'on remarqua que Jacques jeta aussitôt des regards inquiets sur Arthur de Saint-Vallier. Mais il paraît que la communication du municipal était d'une nature honorable; car le grenadier de la trente-deuxième serra avec expression les mains de cet honnête homme, et sembla le remercier avec toute l'effusion d'un cœur qui sent le prix d'un bienfait.

— Voilà l'affaire, mon beau grenadier, ajouta le citoyen Gauthier assez haut pour être entendu; nous aurons tous rempli notre devoir, et alors, si l'oiseau s'envole, ma foi, Jacques, tant pis! on ne nous aura pas donné la cage en garde. Mais je vois qu'on m'attend, et que mon cheval est sellé; adieu, mes voisins! salut et fraternité! Eh bien! citoyen Gilbert, n'avais-je pas dit que cette soirée finirait bien?

Nous baisserons le rideau sur cette scène d'intérieur. Les institutions politiques d'un peuple peuvent avoir immédiatement de l'influence sur ses manières, c'est-à-dire sur les relations de la société; mais ce n'est qu'après un long règne qu'elles peuvent changer ses mœurs. Le foyer domestique opposera toujours le mur d'airain de ses traditions pieuses à l'envahissement des lois et des révolutions. Il est de ces douces affections de l'âme, il est de ces évènemens de la vie de famille que la plume ni le pinceau ne peuvent retracer; et quand l'écrivain est amené par la marche de son drame à décrire une de ces scènes que des mots reproduisent mal, il doit se taire, et laisser son lecteur en présence de ses souvenirs. Heureux celui qui, après une longue absence, vient s'asseoir au foyer près duquel il grandit, et y retrouve les objets sacrés de ses tendres et premières affections! Hélas! cette joie ne fera plus battre mon cœur; et lorsque, soldat obscur de la cause du peuple, usé par les veilles et l'infortune, j'irai pour la dernière fois saluer ma terre natale, c'est à peine si quelques compagnons de mon enfance se souviendront de mon nom, quand avec un soin religieux je chercherai, parmi des tombes oubliées, celle qui renferme la cendre de mon père!

CHAPITRE III.

LES VOLONTAIRES.

> Vous êtes vaillans, nous le sommes ;
> Guidez-nous contre les tyrans !
> Les républicains sont des hommes,
> Les esclaves sont des enfans !
> M.-J. Chénier.

La journée du lendemain s'était écoulée dans la joie à la ferme d'Antoine Gilbert. Les garçons du voisinage, qui brûlaient d'imiter le dévouement de Jacques à la cause nationale, étaient venus le visiter. Les chants patriotiques, les sons aigre-doux du violon, tous ces bruits joyeux qui accompagnent une fête au village, s'étaient même prolongés fort avant dans la nuit ; mais enfin le plus profond silence régnait dans cette maison, enveloppée dans l'ombre que projetaient sur elle les tours grisâtres de Saint-Vallier. Une seule lumière pouvait s'apercevoir à la croisée d'une chambre qui faisait face au vieux château. Cette pièce était meublée avec plus de soin et de luxe que les autres parties de la ferme, quoique Antoine Gilbert fût un fermier aisé. C'est là qu'à cette heure solitaire le jeune Arthur de Saint-Vallier s'abandonnait à l'amertume des pensées que la situation critique dans laquelle il se trouvait soulevait dans son âme. Mais peut-être était-il moins préoccupé des soins qu'exigeait sa sûreté personnelle, que d'une autre circonstance, inconnue à l'homme généreux qui l'avait abrité dans son exil, consolé dans son infortune. Il y a toujours des passions et de l'amour au fond de tous les maux qui peuvent briser le cœur d'un jeune homme; et c'était aussi une passion funeste, un amour qui était devenu coupable, qui portait enfin ses fruits et déchirait l'âme d'Arthur.

Ceci exige de courtes explications. Le comte de Saint-Vallier avait voué à la famille de Gilbert une affection sincère, que la probité du fermier et le dévouement héréditaire de sa famille à cette ancienne maison justifiaient complètement. La mère de Jacques avait été la nourrice du jeune Arthur, l'amour de ses parens et l'espoir de leur race, dont il était le dernier rejeton.

Thérèse n'avait que dix ans quand elle perdit sa mère. Antoine Gilbert, dans la profonde affliction où le plongea cette catastrophe, reçut de M. de Saint-Vallier, alors son seigneur, autant de consolations et de marques d'intérêt que les préjugés du temps et la distance qui les séparait pouvaient le permettre. La comtesse emmena Thérèse à Paris et se chargea de son éducation, et quand elle fut arrivée à un âge qui lui donna la faculté de reconnaître par ses services les bienfaits qu'elle avait reçus, elle fut admise dans la domesticité intime de la noble dame. A cette époque, Arthur de Saint-Vallier avait fini son éducation ; il savait tout ce qu'un gentilhomme riche et titré était tenu de savoir à cette époque, c'est-à-dire que les gens du peuple n'étaient rien, que lui était beau, bien fait, et qu'il avait droit aux faveurs de la cour. Cette éducation déplorable avait à peu près corrompu l'excellent naturel d'Arthur. Il était vif, enthousiaste et généreux : ses maîtres ne surent tirer de ces dons précieux que des dispositions décidées à la vie de mousquetaire. En conséquence, Arthur entra dans la maison du roi en qualité de garde-du-corps, arme dans laquelle il eut de fréquentes occasions de mettre en pratique les théories de son éducation, et où il acheva de perdre le caractère dont la nature avait déposé le germe dans son âme.

Arthur voyait sa mère souvent, pour lui raconter ses folies et lui faire réparer les pertes que le jeu et les prodigalités de Versailles lui occasionaient. Faible, bonne et fière d'un fils que toutes les femmes trouvaient charmant, la pauvre comtesse ne refusait jamais rien. Il n'en était pas de même du comte de Saint-Vallier ; il y avait en lui du gentilhomme campagnard c'est-à-dire qu'aux principaux préjugés de sa caste, il unissait du moins une raison forte et des mœurs irréprochables.

La révolution vengeresse qui devait réprimer tant d'abus et imposer à l'esprit humain une marche nouvelle, commençait à s'annoncer par des déchiremens intérieurs, par des luttes entre les parlemens, les états-généraux de quelques provinces, et la cour. Rapides éclairs, avant-coureurs d'une formidable tempête, ces mouvemens partiels remuaient profondément l'esprit des masses, et le comte de Saint-Vallier prévit dès lors une partie des grands évènemens que les derniers jours du dix-huitième siècle devaient enfanter. Il faisait de fréquens voyages en Dauphiné, et ne voyait à Versailles et à Paris que les hommes graves qui s'occupaient des affaires publiques : il n'avait ainsi que peu d'occasions de surveiller la conduite de son fils.

Cependant Thérèse Gilbert était devenue une belle jeune fille, et Arthur ne tarda pas à la distinguer, non seulement parmi ses compagnes, mais même parmi les femmes d'une haute naissance que les salons de l'hôtel de Saint-Vallier réunissaient chaque soir. La conquête de l'humble camériste de sa mère ne parut point au jeune gentilhomme indigne de ses soins et de ses talens pour la séduction. Sans avoir d'abord dans le cœur d'autres sentimens que celui d'une préférence capricieuse, il offrit ses hommages avec cette légèreté impertinente qui faisait partie des belles manières du temps. Malheureusement la pauvre Thérèse, qui avait peu quitté la comtesse, femme honnête et attachée à ses devoirs, n'avait pas l'expérience qui lui eût été si nécessaire pour apprécier les assiduités d'Arthur. Elle l'écouta, et l'aima avec toute la force et tout l'abandon d'un cœur pur. Peut-être ne fut-elle sauvée alors que par un évènement désastreux, à la suite duquel elle fut ramenée sous le toit paternel. La comtesse de Saint-Vallier mourut subitement d'une maladie aiguë, qui fut occasionée par quelque imprudence à l'issue d'un bal au milieu de la nuit.

Le comte de Saint-Vallier, sincèrement attaché à la personne du monarque, favorisa sa fuite à Varennes, et fut arrêté au commencement de janvier 1793. Il put, du fond de sa prison, faire parvenir à son fils ses dernières volontés. Elles prescrivaient au jeune homme de se retirer à Saint-Vallier, où il ne pouvait manquer de trouver un asile chez l'honnête Gilbert; elles lui défendaient en même temps d'émigrer et de tirer jamais l'épée contre la France, quel que fût le gouvernement qui parviendrait à s'y établir. Arthur dut obéir aux volontés de son père, quand, après avoir vainement tenté de le sauver, il eut la douleur de lire son nom sur la liste des condamnés.

Ces grandes infortunes, ces évènemens qui dépassaient toutes les prévisions humaines, retrempèrent l'âme de ce jeune homme, déjà usée par une vie de plaisirs licencieux, déjà flétrie par l'abus des jouissances. La tristesse mélancolique qui s'empara de lui le disposa à comprendre la vertu, dont l'intérieur du fermier Gilbert, qui avait néanmoinns adopté avec enthousiasme tous les principes de la révolution, lui offrait une image fidèle et digne des respects d'un cœur généreux.

Mais Arthur revit Thérèse, et l'intimité dans laquelle il était forcé de vivre désormais avec cette famille devint bientôt pour lui une consolation, une joie qui adoucirent dans son esprit le sentiment douloureux de ses malheurs. Jacques partit pour l'armée au premier appel que la liberté fit entendre. Si les émigrés espéraient alors, dans leur aveugle confiance à la force étrangère, qu'ils n'auraient qu'à se montrer avec une armée prussienne pour enchaîner le lion populaire, les enfans de la France, ivres d'enthousiasme et de courage, ne pensaient pas non plus que la lutte entre eux et leurs ennemis pût être de longue durée. Aussi, bien que Jacques Gilbert fût le bras le plus fort qui pût conduire la charrue de son père, il n'hésita pas à grossir les rangs des premiers volontaires qui déployèrent sur les Alpes le drapeau tricolore.

Ainsi, la confiante et naïve Thérèse resta sans protection vis-à-vis d'un danger d'autant plus grand qu'elle n'en soupçonnait pas l'étendue. Son père, occupé des nombreux travaux qu'exigeait l'exploitation de sa ferme, ne pouvait la surveiller; et d'ailleurs l'honnête Gilbert, quoique sincère républicain, se serait refusé à tout soupçon qui aurait pu compromettre le nom et l'honneur du fils de son ancien seigneur.

Et cependant la pauvre Thérèse se trouvait continuellement en présence d'un jeune homme ardent et beau, qui le premier avait fait battre son cœur, dont le souvenir l'avait suivie sur sa terre natale; elle le revoyait embelli de tout l'intérêt qu'inspire le malheur; elle le revoyait fidèle aux aveux qu'elle avait reçus de lui dans d'autres temps. Elle aimait en lui ses bienfaiteurs, les souvenirs de sa jeunesse; elle souriait, elle pensait, elle vivait de son sourire, de sa pensée, de sa vie. L'imprudent Arthur, habitué à lire dans le cœur des femmes, fut séduit à son tour par le charme de tant d'amour, par cet abandon naïf, voluptueux, qui livrait à ses passions une jeune fille enthousiaste. Il devint coupable dans un moment de délire, où il croyait aimer avec sincérité, où il oubliait l'avenir, le passé, la religion sainte de l'hospitalité ; il trahit ainsi tous ses devoirs, et s'abandonna à l'ivresse d'un bonheur dont la main de fer du remords devait bientôt briser les joies passagères.

Telles étaient les pensées déchirantes qui remplissaient l'âme d'Arthur de trouble et de douleur, durant la nuit qui précédait le départ des volontaires. Pâle et agité, il se promenait à grands pas dans sa chambre solitaire ; il ne pouvait jeter un regard autour de lui sans qu'un remords plus poignant ne vînt ajouter aux angoisses de son désespoir. L'orgueil des préjugés se réveillait en lui avec le souvenir de la mort de son père, pour lui défendre de se cacher dans les rangs des soldats républicains ; et Thérèse !... oh ! cette idée était triste ! il fallait l'abandonner aussi ; la laisser seule avec le rêve douloureux, perpétuel, d'une faute irréparable. Une sueur froide coulait de son front ; mais au milieu de cette incertitude cruelle, une pensée affreuse vint assiéger l'esprit d'Arthur : ses pistolets, jetés par hasard sur son secrétaire, frappèrent ses regards ; il rit du rire du désespoir ; il allait se jeter sur ses armes, quand un léger coup fut frappé d'une main timide à la porte de sa chambre, et Thérèse, pâle, souffrante, à demi vêtue, lui apparut tout-à-coup.

— Vous Thérèse! à cette heure! s'écria-t-il en recevant dans ses bras la jeune fille tremblante.

— Ne vous occupez pas de moi, Arthur, répondit-elle d'une voix affaiblie, mais douce et suppliante; c'est à vous seul qu'il faut songer. Le bruit de vos pas pesait sur ma tête, j'ai deviné que vous souffriez, que vous étiez malheureux.... J'ai voulu vous revoir : me pardonnez-vous ?

— Et vous avez pensé, Thérèse, que votre présence calmerait l'agitation que j'éprouve! Vous avez pensé que l'aspect de ma victime rétablirait la paix dans mon âme....

— Votre victime! oh! ne prononcez plus de ces mots cruels, c'est moi seule qui fus coupable, si un crime existe entre nous. Mais, au nom de Dieu, au nom de cet amour qui m'a enivrée, moi fille de village qui étais aimée d'un jeune seigneur, ne vous laissez point aller à un désespoir qui me tue.

— Et c'est elle, s'écria Arthur avec douleur, c'est elle qui vient me parler de vivre! Vois-tu, Thérèse, ma tête brûle, mon cœur est serré...

Je ne puis consentir à suivre ton frère, je ne puis marcher sous le drapeau de la république; il me semblerait tous les jours que je suis complice du meurtre de mon père.

— Oh! grâce! grâce! Arthur, dit Thérèse frappée de terreur; pensez-vous donc que tant de jeunes garçons qui vont quitter leurs familles soient aussi coupables des maux de ce temps! Non, comme nous avons été entraînés tous deux par quelque chose d'inexplicable à commettre une faute que Dieu seul peut pardonner, ils partent pour la guerre avec un enthousiasme qui les enivre.

— Erreur, répliqua Arthur d'un ton grave, erreur qu'il faut que j'arrache de votre esprit quoi qu'il puisse m'en coûter. Je ne suis pas assez aveugle, dans le profond abaissement où je suis tombé, pour confondre des passions qui se ressemblent si peu. Ces jeunes hommes que je ne puis aimer, mais que j'admire, ne méritent pas une telle comparaison. Thérèse, il ne faut pas se faire illusion, leur devoir est de défendre la république, et le mien à moi, fils d'un noble martyr de la cause royale, est de mourir comme mon père.

— Cela ne sera pas, s'écria Thérèse avec

égarement; puisque vous m'y forcez, Arthur, je vous dirai tout.... oui, tout ce que j'aurais voulu garder dans mon cœur. Vous ne vous appartenez plus, si vous êtes toujours le noble Arthur de Saint-Vallier, si ma faiblesse pour vous ne m'a pas dégradée à vos yeux, il faut que vous viviez, je ne dis pas pour l'infortunée qui s'est donnée à vous, qui n'a d'autre existence que celle qu'elle puise en vous, mais pour cette cause même que vous aimez, pour le nom de vos pères, Arthur. Jetez les yeux sur les vieilles tours de Saint-Vallier, il me semble voir au grand balcon de fer la figure vénérable du comte qui vous donne des ordres conformes à mes prières. A genoux, Arthur, c'est à genoux que je vous supplie. N'est-ce pas que vous vivrez, que vous partirez avec mon frère? Jacques veillera sur vous comme l'aigle sur sa couvée, il vous protégera, il vous défendra, il mourra pour vous.

— Et je n'ai point de larmes pour tant de dévouement et d'amour! dit Arthur douloureusement en relevant Thérèse qu'il pressa affectueusement sur son sein. O Thérèse! qu'exiges-tu de moi? et sans les raisons importantes qui me font repousser le projet de salut qui m'est offert, crois-tu donc que l'idée de me séparer de toi n'entre pour rien dans mon désespoir?

— Le ciel vous récompensera, Arthur, pour ces dernières paroles; elles me prouvent que je n'ai pas tout perdu dans ce monde. Mais c'est moi, qui aurais tant besoin de consolations, moi.... monsieur Arthur! Ne lisez-vous donc pas sur mon front ce qui m'a donné le courage de me séparer de vous dans l'espoir de sauver une autre vie; je vais être mère!

Et comme un dernier rayon de soleil ranime un instant les couleurs d'une plante à demi flétrie, le sentiment de la pudeur colora le front pâle de Thérèse.

— Cela est-il donc possible? s'écria Arthur; pauvre Thérèse! qu'avons-nous fait? Et ton père....

— Il me tuera, répondit-elle froidement, mais vous ne serez pas là, je pourrai le tromper, et jamais il ne saura que vous...

— C'en est fait reprit Arthur, avec impétuosité, mon départ serait une lâcheté, je resterai pour partager ton sort ou réparer ma faute.

— Que Dieu inscrive ces généreuses promesses dans le ciel, Arthur, et quand le temps sera venu, qu'il vous rende la mémoire du cœur, répondit Thérèse avec enthousiasme.

Dans ce moment trois coups furent frappés à la porte, et les amans épouvantés s'aperçurent que le jour commençait à poindre.

— Monsieur Arthur! frère, réveillez-vous, dit Jacques.

— Paix, Thérèse, paix! dit Arthur à voix basse.

— Vous ne pouvez plus hésiter sans me perdre, répondit-elle en se jetant avec terreur dans ses bras.

— Eh bien! que ta volonté soit faite! dit Arthur. Qui va là? ajouta-t-il à haute voix.

— C'est moi! répliqua Jacques Hâtez-vous, monsieur Arthur, on bat le tambour de toutes parts, et il faudrait partir avant que mon père et Thérèse ne fussent éveillés.

— Jacques, reprit Arthur, accorde-moi deux minutes, et va m'attendre dans la cour de la ferme.

— C'est entendu. Et Jacques s'éloigna.

Une foule immense assiégeait la grande place de Valence, en face de l'église où autrefois Raymond comte de Toulouse se courba sous les verges du légat du pape. Mais c'était ce jour-là un grand et admirable spectacle qui rassemblait le peuple dans cette enceinte, témoin de l'assassinat juridique des protestans au seizième siècle.

Toutes les fenêtres étaient pavoisées de drapeaux tricolores. Une foule de jeunes gens revêtus de leurs habits de fête et accompagnés de leurs familles, arrivaient en répétant les énergiques et sublimes chants inspirés à la muse républicaine de Chénier et de Rouget-de-l'Isle. Au milieu de la place s'élevait une estrade, qui était probablement réservée aux magistrats, et du haut de laquelle devait être proclamé le décret de la Convention. Le tambour retentissait au loin, et animait la marche des jeunes volontaires qui arrivaient de toutes les communes voisines. Comme si le ciel eût approuvé cet élan du patriotisme d'un peuple brave et régénéré, le soleil avait dissipé les nuages sombres qui couvraient l'atmosphère, et le vent froid du nord avait été comme absorbé par ses rayons vivifians.

A l'heure qui avait été fixée, des salves d'artillerie annoncèrent cette fête digne des temps antiques. Au son d'une musique guerrière on vit s'avancer les magistrats municipaux, escortés par le détachement des braves de la trente-deuxième demi-brigade. Des groupes de jeunes filles, de vieillards, de mères de famille, se pressaient sur leurs pas, parés des nobles couleurs de la France.

Le cri de vive la nation! s'éleva de toutes parts.

Les magistrats prirent place sur l'estrade, et un roulement de tambours ayant commandé le silence, le maire se leva, et d'une voix forte et imposante lut le décret de la Convention nationale, remarquable, comme tous les actes législatifs de ce temps, par son énergique concision:

« La Convention nationale, ouï le rapport » de ses comités de salut public et de sûreté » générale, décrète : Cinq cent mille volontaires » sont appelés à la défense de la patrie. Le pré- » sent décret sera lu, publié et affiché dans » toutes les communes de la république. »

Les cris de vive la république! vive la liberté! vive la Convention! éclatèrent de nouveau; tous les chapeaux sautèrent en l'air, et une foule de jeunes gens se précipitèrent auprès de l'estrade en se disputant l'honneur d'être inscrits les premiers.

Ce n'était pas en effet un projet facile à exécuter ; car le citoyen Gauthier, qui tenait le registre, n'admettait pas à la faveur d'y placer leurs noms tous ceux qui se présentaient, et malheureusement l'unanimité du conseil municipal confirmait toutes ses décisions.

— Eh bien! que veux-tu, toi? dit-il à un enfant de quinze ans, qui, tenant son bonnet à la main, s'approcha de la table.

— Ce que je veux, citoyen? je veux aller me battre contre les aristocrates.

— Mais tu es trop jeune.

— On m'a dit qu'il n'y avait point d'âge dans la loi.

— C'est égal, tu ne partiras pas. Les vaches de ta grand'mère, qui les gardera?

— Elle les gardera elle-même. D'ailleurs, il restera chez nous assez de bons garçons pour l'aider.

— Et si tu meurs?

— La république prendra soin de ma mère. Sacré nom! à la fin, citoyen municipal, inscrivez là-dessus Cyprien Dufour; si je n'ai pas la taille de soldat, j'ai celle de tambour.

— Allons, puisque tu le veux, dit en soupirant l'honnête Gauthier, il le faut bien. Puisse la balle épargner ta jeunesse et ton courage ! ajouta-t-il à voix basse.

— Bravo ! dit l'enfant. Citoyens ! je suis défenseur de la patrie, s'écria-t-il en s'adressant à la foule. Vive la république ! et honte aux capons qui restent chez eux !

Un grand nombre de scènes de ce genre eurent lieu durant l'inscription des volontaires ; ceux qui, malgré leur bonne volonté et leur insistance, n'avaient pu être admis dans leurs rangs, s'éloignaient en jetant sur leurs compagnons plus heureux des regards d'enthousiasme et de regrets.

Enfin, Jacques Gilbert accompagna sur l'estrade Arthur de Saint-Vallier, et à la vue de son uniforme le peuple battit des mains. Jacques salua ses compatriotes avec émotion.

— Citoyen Gauthier, dit-il, inscrivez Georges Gilbert, mon frère, que voilà.

— Ah ! ah ! répondit le municipal, comme si le nouveau volontaire lui eût été inconnu ; es-tu bien décidé à servir la république ?

— Oui, citoyen, répondit Arthur avec plus de fermeté que Jacques n'en attendait de lui.

Une nouvelle salve d'artillerie annonça que la liste était close, et que personne ne pouvait plus être admis. Aussitôt le chant du Départ fut répété par des milliers de voix, et le détachement des volontaires ayant les magistrats en tête, et suivi par une foule immense, sortit de la ville par la route de Romans.

Jacques marchait à côté d'Arthur, et quand ils furent parvenus à l'endroit de la route où un cortége à peu près semblable s'était arrêté deux jours auparavant, le grenadier montra à son compagnon, sur la hauteur qui dominait la route, deux personnages qui les cherchaient dans les rangs.

C'étaient Thérèse et son père.

— Adieu donc! dit Arthur d'une voix étouffée; mais ces mots ne furent entendus de personne, car dans ce moment les volontaires se séparaient de leurs parens et de leurs compatriotes, aux cris mille fois répétés de vive la république!

CHAPITRE IV.

UN BIVOUAC RÉPUBLICAIN.

> Dansons la carmagnole!
> Vive le son
> Du canon!
> *Chanson populaire.*

Dans la nuit du 30 ventôse au 1ᵉʳ germinal an IV de la liberté, un bataillon de la trente-deuxième demi-brigade, une compagnie des chasseurs allobroges, et quelques dragons de l'ancien régiment de Bourbonnais, occupaient un avant-poste dans l'Apennin entre la petite ville de Loano et le Monte-Calvo. Cette poignée de braves, qui faisaient partie de la division Masséna, gardaient cet important défilé, qui l'année précédente avait été le prix d'une victoire long-temps disputée (1).

---

(1) Les journaux du temps et les tableaux chronologiques ne s'accordent point entre eux sur la date précise de l'arrivée de Bonaparte à l'armée d'Italie. Le 20 mars a été plusieurs fois pour ce grand

Le bivouac, indiqué par plusieurs lignes parallèles de feux qui s'étendaient assez loin à mi-côte de la montagne, offrait à cette heure un tableau remarquable et digne du pinceau poétique de Salvator Rosa. Le ciel était calme et pur, et la lune versait sa lumière pâle sur un site pittoresque, dont l'activité joyeuse et les chants patriotiques de nos braves soldats animaient la verdoyante solitude; un air tiède, chargé des balsamiques émanations des plantes alpines, circulait dans le vallon, et semblait le précurseur du soleil fécondant qui se lève sur ces contrées dans le mois de germinal. D'un côté, les crêtes nues et grisâtres du Monte-Calvo se dessinaient au-dessus du bivouac avec leurs anfractuosités bizarres et leurs grèves dépourvues de végétation. Sur le premier plan de ce tableau, du côté des Alpes celtiques, couvertes d'une neige éternelle, les rayons de la lune faisaient ressortir du sein des pins et des mélèses qui l'environnent les dentelures du clocher gothique de San-Pietro-del-Monte; à droite les remparts crénelés de Loano apparaissaient

homme un de ces jours merveilleux qui semblent faire époque dans la destinée; on a cru devoir adopter cette date dans cette composition, où la vérité historique n'a pas toujours pu être respectée.

de temps en temps quand la blanche lumière de l'astre des nuits brillait sur les eaux bleuâtres du golfe de Gênes, sillonnées en divers sens par les felouques coloriées de cette république mourante. Des groupes variés de soldats, disposés autour des feux du bivouac, donnaent à cette scène imposante de la réalité et de la vie.

Le principal poste était établi sous le toit en partie détruit d'un vaste bâtiment, à demi ruiné; c'était un de ces chalets des Alpes qui servent à la fois de grange durant la saison rigoureuse, et de refuge pour les troupeaux, qu'on envoie dans l'été des vallées brûlantes des environs de Nice chercher dans ces montagnes une nourriture fraîche et salubre. Les murs de cet édifice avaient été détruits par la guerre, et il n'en restait plus debout que quatre pans irréguliers sur lesquels la toiture demeurait appuyée. Un large feu de bois de sapin pétillait au milieu de cette enceinte jonchée de paille, et en éclairait toutes les parties. A droite et à gauche du foyer, on remarquait des réunions particulières de soldats qui s'exerçaient à combattre l'oisiveté du bivouac; les uns jouaient aux cartes, avec une gaieté bruyante, quelques assignats enfumés; ceux-ci réparaient leurs armes; ceux-là blanchissaient leurs buffleteries, ou s'efforçaient de donner à leur giberne ce vernis noir et luisant qui fait l'orgueil d'un fantassin. Un plus grand nombre était occupé à réparer leurs chaussures et leurs uniformes, car les vainqueurs de Loano étaient sous ce rapport dans le dénuement le plus absolu. Un brick de la république était naguère entré dans le port de Loano avec un chargement de quelques milliers de paires de souliers; mais ces chaussures ne furent distribuées, avec une parcimonie toute particulière, que parmi ceux d'entre tous ces braves qui s'étaient le plus distingués durant cette longue et difficile campagne. Il fallait avoir une action d'éclat inscrite à côté de son nom sur les contrôles de l'armée pour obtenir une paire de souliers.

Telle était la seule récompense que la république française, déjà puissante et victorieuse, pût alors accorder à ses héroïques défenseurs. Leurs armes seules brillaient comme dans un jour de parade, et ils marchaient aux combats en chantant, nu-pieds et à demi vêtus sous l'âpre climat des montagnes. Aucune plainte trop amère ne s'élevait parmi eux sur l'état déplorable dans lequel les laissait la France déchirée par les factions. La gaieté inséparable des soldats français, et l'enthousiasme de la liberté, les animaient au sein des dangers et des privations de tout genre.

Le poste avancé de Loano, où, du sein de quelques fusils rangés en faisceaux, s'élevait le drapeau mutilé par les balles, et confié par la république à la trente-deuxième demi-brigade, pouvait, sous plusieurs rapports, donner une idée assez juste de la situation de l'armée et de l'esprit qui l'animait.

Au moment où le rideau se lève sur cette scène militaire, un jeune officier écrivait auprès du feu sur une petite table en sapin, meuble qu'on s'était sans doute procuré avec peine. De temps en temps sa plume s'arrêtait, comme s'il se fût refusé à traduire sur le papier les pensées tristes qui paraissaient l'occuper. Alors il jetait à la dérobée un pénible regard sur un sergent qui se promenait gravement à quelques pas de lui; ce dernier l'examinait aussi avec une sorte d'anxiété, mais il s'efforçait de cacher le trouble qui l'agitait en prenant part de temps en temps à la conversation, ou plutôt en mêlant sa voix au brouhaha discordant qui avait lieu dans le bivouac.

Le principal orateur de ce club guerrier mérite une mention particulière. Son bonnet de police jeté sur l'oreille était la seule partie de l'équipement militaire qui pût le faire reconnaître comme appartenant à l'armée : c'est qu'il remplissait dans ce moment les importantes fonctions de cuisinier, et en conséquence il était vêtu de la souquenille grise, qui portait de cruelles traces du passage du temps, vêtement consacré spécialement à ce service pour ménager l'uniforme que la république oubliait de renouveler. Armé d'une immense cuillère à pot, qu'il plongeait dans la marmite avec un air d'intelligence particulière, ce personnage répondait aux bruyantes interpellations qui lui étaient adressées sans détourner son attention du repas de ses camarades confié à ses soins.

— Pour celui-là, c'est trop fort ! s'écria un soldat en l'interrompant au milieu d'une narration dont il était le héros. Sergent Gilbert, avez-vous entendu le Provençal ?... Farceur, va !

— Le sergent et le lieutenant ont quelque chose autre dans la tête, camarade, dit un autre soldat à demi-voix.

— Eh bien ! qu'a donc le citoyen Jean Roux, tron de l'air ? s'écria le Marseillais dans un français qui avait toute la pureté de l'accent natal.

— Ce que j'ai, frère coupe-choux, c'est que tu veux tirer de la marmite une carotte que les grenadiers de la trente-deuxième ne peuvent pas avaler.

— Bah ! dit une voix, ils ont bien avalé la constitution de l'an III ! n'est-ce pas, sergent ?

— Hein ? comment voulez-vous qu'on réponde à un tas de blagueurs qui parlent tous à la fois ? répondit le sergent avec humeur. Après tout, pourquoi ne croirait-on pas le Provençal ? c'est un bon enfant, et, foi de Jacques Gilbert qui est mon nom et celui de mon père, nous vivons dans un temps où les choses les moins probables arrivent cependant.

En prononçant ces dernières paroles, le sergent jeta un regard triste sur le jeune officier, qui, entièrement absorbé par l'occupation à laquelle il était livré, ne semblait apporter aucune attention à ce qui se passait autour de lui.

— Tu la gobes, Jean Roux, dit un soldat à celui qui avait interrompu le Provençal.

— Possible, mais le lieutenant n'a rien dit.

— Le lieutenant s'en fiche pas mal; il écrit peut-être à sa blonde.

— Eh bien! Provençal, reprit le premier interlocuteur, n'as-tu pas embrassé la vieille coquine qui t'a fait une si belle prédiction?

— Je te dis, camarade, s'écria le Provençal avec une sorte de gravité, que la bizarrerie de son costume et les fonctions auxquelles il se livrait rendaient fort équivoques, je te dis que cette femme est aussi respectable que ta mère, à moins que tu ne sois un enfant-trouvé. On sait que je suis bon garçon, comme l'a dit le sergent; mais je n'aime pas qu'on ait un air avec moi, et... Bagasse! quès-aco?

Le Provençal avait été interrompu par un roulement de tambours qui se fit entendre dans le bivouac à une certaine distance du poste, et qui attira l'attention des soldats.

— Qu'est-ce? demanda-t-on; est-ce que les Kaiserliks? font de mauvais rêves, les mangeurs de choucroûte!

— Non, dit quelqu'un, ce son-là provient d'un tambour de la trente-deuxième; je reconnais la batterie; c'est sans doute Masséna qui visite les avant-postes.

Le sergent profita de ce moment pour s'approcher du lieutenant, et, se penchant sur la table :

— Voici une bien longue lettre, Arthur, lui dit-il à voix basse. Avez-vous donc reçu des nouvelles du pays?

— Des nouvelles du pays! répondit le lieutenant que la voix du sergent Gilbert fit tressaillir ; non, Jacques... il faut bien occuper ses loisirs... Veux-tu que je me mêle aux jeux grossiers de ces gens-là?

— Oui, monsieur le comte, reprit le sergent avec amertume ; ce sont des gens grossiers comme vous le dites ; mais ce sont de nobles cœurs... Ne parlons plus de cela.

— Je le veux bien ; et toi, Jacques, as-tu dessein de me perdre, avec tes souvenirs et tes expressions d'un autre temps? Oublieras-tu toujours que je suis Georges Gilbert ton frère?...

— Mon frère!... s'écria le sergent en étouffant un soupir ; je tâcherai de ne plus l'oublier. En effet, Georges, quand je vous voyais brave et joyeux comme un soldat, vous me rappeliez le vieux château, les arbres, les collines, les ruisseaux de mon pays. Cela n'a pas duré longtemps.

— Pourquoi t'affliger ainsi, mon ami, mon

frère? répliqua le lieutenant avec sensibilité ; ai-je donc cessé d'être brave? et ces épaulettes ne sont-elles pas une preuve que je ne mérite pas tes reproches sous ce rapport ? Mais, vois-tu, je n'aime pas la cause que je sers. Je suis triste, Jacques, je l'avoue... Oh! si j'entendais, au moment du combat, le cri de *Vive le...*

— *Vive la république !* dit le sergent à voix basse, mais d'un ton solennel; au surplus, monsieur le comte... Georges, voulais-je dire, vous n'êtes pas le seul sujet de mon affliction... Comment, depuis deux ans, aucune lettre de mon père ou de ma sœur ne m'est-elle parvenue?... Si je savais que le vaguemestre se jouât de moi! ajouta-t-il en portant avec agitation la main sur la poignée de son sabre.

Le lieutenant pâlit et baissa les yeux avec embarras. Mais dans ce moment le bruit qui avait interrompu la conversation des soldats sembla se rapprocher ; on entendit distinctement le maniement des armes des sentinelles qui rendaient les honneurs militaires.

Deux personnages inconnus à l'armée d'Italie entrèrent aussitôt sous le hangar, et traversèrent rapidement l'espace compris entre les solives qui figuraient l'ancienne porte et le foyer auprès duquel ils s'arrêtèrent.

L'un d'eux était comme enveloppé dans une ample redingote bleue sans épaulettes, et serrée autour de son corps grêle par une écharpe nationale. Un long sabre recourbé pendait à son côté, et il avait pour coiffure un chapeau galonné, surmonté d'un large plumet aux trois couleurs. Ce costume pouvait être alors celui d'un officier-général ou d'un agent supérieur de l'administration de l'armée. C'était un homme d'une taille que sa maigreur extraordinaire faisait encore paraître plus exiguë. Ses traits, qui avaient quelque chose d'antique et de patricien, auraient pu passer pour beaux sans une expression inquiète et maladive qui en détruisait l'harmonie. Son teint était pâle ou plutôt basané, car cette dernière circonstance paraissait être chez lui un résultat de la nature et du climat, plutôt que celui d'une affection physique. Mais un sourire indéfinissable, à la fois plein de douceur, de mélancolie et de fierté; des yeux vifs et brillans dont le regard fascinait, animaient ce visage pâle et triste. Ses cheveux, coupés à la mode du temps, qu'aucun cosmétique n'avait souillés, tombaient négligemment sur le collet de son habit. Il était jeune ; mais le caractère grave de sa physionomie, et les grandes pensées qui semblaient imprimées sur son front large, lui donnaient un extérieur imposant qui déguisait son âge.

Son compagnon portait l'uniforme des aides-de-camp; c'était un grand et beau jeune homme, aux cheveux blonds, coupés aussi à la mode du temps, mais rangés avec plus de prétention. Il avait le teint frais, les yeux vifs, et la physionomie riante et ouverte d'un soldat joyeux et de bonne santé. Son port était noble et distingué, et ses vêtemens, quoique couverts de poussière, faisaient encore ressortir les avantages physiques dont il était doué. Il avait l'air fier et résolu, et se balançait en marchant à la manière de ces mauvais sujets intrépides qui servent de type au caractère militaire français.

Le premier et le plus remarquable de ces nouveau-venus s'approcha de la table et s'assit sans façon sur une escabelle que lui abandonna un grenadier, par un mouvement involontaire et irréfléchi de politesse, que le sentiment de l'égalité ne permettait pas alors aux guerriers républicains de porter bien loin. Il fit un signe de tête à l'officier, qui le salua, autant pour se conformer aux habitudes des gens bien élevés, que parce qu'il pouvait supposer que cet étranger occupait un grade supérieur. Celui-ci brisa avec une sorte d'impatience le cachet d'une dépêche que l'aide-de-camp venait de lui remettre. Il lut avec attention l'un des papiers qu'elle contenait, écrivit au bas quelques lignes, et le remit aussitôt à cet officier. Le jeune homme le prit avec une déférence respectueuse ; et se penchant à l'oreille du personnage qui lui donnait des ordres, il parut lui faire quelques observations. La pâle figure s'anima tout-à-coup, et des éclairs semblèrent sortir des yeux de cet homme que cet accès de colère ou de vivacité rendait plus imposant encore. Cependant on n'entendit d'autres mots que ceux-ci, prononcés d'un ton péremptoire : — Je le veux ! L'aide-de-camp s'inclina, et quelques secondes après on entendit le galop de son cheval qui résonnait sur les chemins pierreux de la vallée.

L'étranger se leva, et promena ses regards d'aigle autour de lui en croisant ses mains derrière son dos.

— Citoyen lieutenant, dit-il en s'adressant à l'officier, quels sont les soldats qui occupent ce poste, et à quelle division de l'armée appartiennent-ils?

— Ce poste est occupé par le premier bataillon de la trente-deuxième demi-brigade, qui fait partie du 1er corps, division Masséna, répondit le lieutenant en portant la main à son chapeau, comme s'il eût en effet parlé à un chef en droit de lui adresser cette question.

— Ah! répliqua vivement l'étranger, cette demi-brigade n'est-elle pas formée en grande partie des volontaires du Dauphiné? ce sont de braves gens qui se sont distingués à Loano.

— Oui, citoyen.

— Depuis quand êtes-vous lieutenant?

— Depuis le jour de Loano, citoyen, répondit le sergent, car le jeune officier avait paru hésiter un moment à satisfaire sur ce point la curiosité de l'étranger; c'est Georges Gilbert mon frère, il a été fait officier par Masséna sur le champ de bataille.

— Oui, s'écrièrent une foule de voix, et le lieutenant n'aurait pas volé les épaulettes à grains d'épinard. Mais c'est égal, vive Masséna!

L'étranger avait jeté un regard soupçonneux sur le lieutenant et sur le sergent, comme s'il eût douté de l'une des assertions de ce dernier. Ce mouvement fut prompt comme la pensée, il fit un signe de la main au jeune officier, et lui dit en souriant : — Nous nous reverrons. Alors cet homme s'éloigna au fond du hangar, s'assit sur une botte de paille en appuyant sa tête dans sa main, et parut se livrer au sommeil ou à une méditation profonde.

On ne s'occupa de lui qu'un instant, quoiqu'il y eût dans ses manières brusques, dans son regard, dans le son de sa voix, quelque chose d'inexplicable, mais qui commandait l'attention.

— Quel est ce jeune cadet? dit le Provençal à demi-voix; le savez-vous, lieutenant?

— Non, répondit l'officier avec distraction; l'uniforme qu'il porte est celui d'un général.

— Bagasse! reprit le Provençal, ça n'a jamais senti la poudre que de loin; je gagerais que le particulier est quelque employé des subsistances que le directoire nous envoie enfin.

— Sacré nom, tant pis! ajouta un soldat,

car il a l'air de se nourrir avec des coquilles de noix ; il est maigre comme la peau d'un tambour. Allons, au surplus, ça n'est pas le pérou, Provençal : continue ton histoire, joli blagueur.

— Je le veux bien, d'autant plus que les pommes de terre ne sont pas encore cuites Ah çà ! mais il y a des farceurs qui tapent de l'œil ; je n'entends pas de cette oreille, il faut qu'on m'écoute comme si j'étais le citoyen Barras ou Barrabas....

— Barrabas ! le gredin !.... s'écrièrent en riant la plupart des soldats.

— Attention au mot d'ordre, grenadiers de la trente-deuxième demi-brigade, cric !

— Crac ! dirent une multitude de voix.

— Liberté !

— Égalité !

Après s'être ainsi assuré de l'attention de son auditoire, suivant les usages traditionnels du bivouac et du corps-de-garde, le Provençal continua avec une facilité d'élocution remarquable, et en faisant avec la cuillère à pot dont il était armé tous les gestes qui servaient à animer son éloquence, le récit qui avait été interrompu par les murmures ironiques de ses camarades.

Il paraît que le Provençal, comme l'appelaient ses compagnons d'armes, avait l'habitude d'aller marauder dans les fermes des environs. Il aimait la joie et le bon vin; entreprenant, vif et joyeux, comme la plupart de ses compatriotes, il était aimé dans la trente-deuxième demi-brigade. C'était un beau garçon, quoique le soleil du midi et la violation des lois de la sobriété eussent un peu bruni son teint, et sous ce rapport il avait des prétentions qui devaient souvent exciter les railleries de ses camarades.

Un jour donc le Provençal, et l'avenir prouvera qu'il ne nous est pas permis de le désigner sous un autre nom, avait rencontré dans une maison voisine de San-Pietro, où l'avait attiré sa sollicitude gastronomique, une jeune fille, grande, forte, au teint hâlé, mais qui lui avait paru d'une beauté remarquable. Sa figure, la propreté de son uniforme usé, sa gaieté, sa verve intarissable, avaient, selon lui, produit une sensation très vive dans le cœur de la jolie Piémontaise. Teresina avait une vieille tante, d'un caractère bizarre, mais qui passait pour une sainte dans le pays. Loin de se trouver offensée d'une liaison qui pouvait compromettre gravement l'honneur de sa nièce, car les braves grenadiers de la trente-deuxième ne passaient pas pour être forts scrupuleux sur certain article, la mère Annunciata favorisa les amours de sa Teresina et du beau Provençal. Elle avait depuis long-temps prédit à la jeune fille qu'elle épouserait un étranger de distinction, et dont la fortune serait immense; après avoir examiné les traits et les mains du Provençal, elle avait décidé que ce simple soldat occuperait un jour le rang le plus élevé. Il faut avouer que si la mère Annunciata n'était pas prophète, elle vivait du moins dans un temps de miracles, dont les évènemens rapides, inattendus, pouvaient aider à la réalisation d'une semblable prédiction.

Néanmoins, ce fut à cet endroit de son récit que le Provençal avait été interrompu, comme on l'a vu plus haut.

— Oui, camarades, continua-t-il, comme je suis un franc patriote, un enfant de Marseille, qui ne s'est pas croisé les bras au 10 août, je vous jure que la mère Annunciata est une brave et digne femme! Hier, comme le frère de Teresina, le petit Giuseppe, un vrai chamois des montagnes, voulait faire le rodomont avec moi, et que le sournois rapprochait son stylet du bout de sa manche, plus prompt que l'éclair, je lui ai donné sur la main un coup du plat de mon sabre, qui lui a fait chanter une drôle de chanson. Je crois, tron de l'air! que le gaillard a sauté par-dessus ma tête. Teresina, pécaëro! s'est mise à s'évanouir comme une ci-devant; ça m'a vexé, parce que j'ai des sentimens. Le petit Giuseppe me regardait avec des yeux qui ressemblaient à des charbons ardens, et je l'entendais qui marmottait entre ses dents : *Porco di Francese! boujarone!* Il écumait de colère, le farceur! Oh! alors, la mère Annunciata, qui connaît le chant des coqs de son pays, s'est jetée tout-à-coup entre son neveu et moi, la brave femme! Elle m'a paru avoir six pieds; elle avait des yeux... il n'y a pas moyen de vous expliquer ça. — *Forestiere*, m'a-t-elle dit, ne verse pas le sang d'un Italien sous le toit où il est né. Toi, tes camarades, la France si orgueilleuse, toute l'Europe, vous obéirez un jour à un homme qui aura bégayé cette langue dans son enfance, et qui aura du sang italien dans les veines... Oui, vous aurez un maître.

— A la lanterne, l'aristocrate !

— Elle en a bien menti, la vieille gredine ! s'écrièrent successivement plusieurs soldats, tandis que le jeune lieutenant se contenta de lever la tête et de regarder en souriant le malencontreux orateur.

— Silence ! dit une voix sonore et imposante.

— Merci, camarade, ajouta le Provençal ; et que le diable m'emporte sur le Monte-Calvo si ce que je vous dis n'est pas la vérité ! La vieille ajouta alors que saint... un nom de saint que je n'ai jamais entendu avant ce jour-là, quoique dans l'ancien régime il y eût tant de cafards et de béguines à Marseille...

— Saint Napoléon, reprit la voix qui venait de se faire entendre.

— C'est cela, tron de l'air !... que saint Napoléon nous protège ! Voilà ce qu'a dit la vieille Annunciata.

— Et que le diable t'emporte, avec tes contes bleus, comme tu le souhaitais tout à l'heure ! dit le sergent Gilbert en appuyant une de ses larges mains sur l'épaule du Provençal.

Dans ce moment, un nouveau bruit d'armes

se fit entendre, et un officier-général d'une taille élevée entra d'un pas délibéré dans l'intérieur du poste. Le lieutenant et tous les soldats se levèrent, et saluèrent ce personnage avec tout le respect que permettait la familiarité républicaine.

On ne pouvait se méprendre ni sur le rang que cet homme occupait dans l'armée, ni sur la position sociale d'où il avait été tiré. Ses traits étaient communs comme ses manières; mais son nez recourbé, ses lèvres minces, ses yeux grands et hardis, révélaient l'intrépidité et le courage aveugle qui animaient son cœur de soldat. Les larges basques de son habit galonné étaient souillées par la poussière, sa cravate noire n'était qu'à demi nouée autour de son cou; son chapeau, ombragé de plumes, était posé le devant derrière, et sur un mouchoir bleu qui lui serrait la tête; coiffure mise à la mode par les chouans, que le général avait pu adopter dans les campagnes de la Vendée et de la Bretagne. Cet homme, dont l'extérieur annonçait alors des habitudes crapuleuses et un manque absolu d'éducation, était néanmoins l'un des généraux les plus braves de la république, c'était le célèbre Augereau.

— Ah! ah! dit-il en entrant, les grenadiers de la trente-deuxième, des vieux et bons lapins! Bonjour, mes enfans. Masséna est-il venu?

— Non, général, répondit le lieutenant, mais voici l'heure à laquelle il a l'habitude de visiter les lignes. Veuillez donc vous asseoir, mon général.

— Je le veux bien, il faut que je parle à Masséna... Ah çà! ajouta-t-il en jetant son chapeau sur la table et en essuyant la sueur qui coulait de son front, y a-t-il quelque chose ici dans les bidons?

— Ma foi, mon général, dit le Provençal, les pommes de terre cuisent...

— Au diable! va te faire lanlaire avec tes pommes de terre... Citoyen lieutenant, as-tu une goutte d'eau-de-vie?... C'est aussi rare que les assignats à l'armée d'Italie.

— Je vous demande pardon, général, répondit le lieutenant avec la réserve d'un homme bien élevé, comme je n'ai pas l'habitude d'en boire...

— Eh! quelle sacrée habitude as-tu donc? Rampon m'a cependant dit que tu étais un bon enfant; mais tu as les mains blanches comme un aristocrate. Est-ce que tu sors de la cuisse de Jupiter, par hasard!... tu ne bois pas la goutte, allons donc.

— Mon général... balbutia le lieutenant dont une généreuse indignation rougissait le front.

— A nous deux, citoyen général, dit aussitôt le sergent en débouchant avec précaution une gourde suspendue à côté de sa giberne, en voilà de la vieille. Mon frère le lieutenant a la poitrine faible, et les carabins du régiment lui ont défendu...

—Ah! c'est embêtant pour lui... Tiens, cela vaut mieux que la nouvelle dont je vais régaler Masséna. A votre santé, mes braves, ajouta Augereau en donnant de nouveau une vive accolade à la gourde. Et le général républicain en essuya avec précaution le goulot avant de la rendre au sergent Gilbert.

Quelques unes des paroles qu'il venait de prononcer excitèrent vivement l'attention des soldats, mais aucun d'eux n'osa lui en demander l'explication. Le Provençal seul parut s'en reconnaître le courage, et, après avoir fait un signe d'intelligence à ses camarades, il s'approcha du général en se grattant l'oreille.

— Citoyen général, dit-il, vainqueur de

Loano, car il est vrai, mon général, que sans vous... mais suffit. Eh bien! est-ce qu'il y a du nouveau? est-ce, par hasard, que le Directoire a fait la paix avec les Autrichiens et le roi des marmottes?

— Fricoteur, répondit le général en souriant à sa manière, tu veux me tirer les vers du nez. Au surplus, liberté, égalité, fraternité.

— Ou la mort, ajoutèrent les soldats.

— Non, les gredins de directeurs, continua le général, n'ont pas fait la paix, quoiqu'ils ne demandassent peut-être pas mieux, les fainéans, tandis que les défenseurs de la patrie sont ici sans pain et sans souliers.

— Vive la république! s'écrièrent les soldats avec enthousiasme.

— Si la république n'est pas morte le 9 thermidor! ajouta Augereau en poussant un profond soupir, eh bien! mes camarades, savez-vous ce que fait le Directoire? il vous envoie un général en chef.

— Ah! tant mieux. Vive le Directoire! En avant, marche! On va donc se battre?

— Vous croyez peut-être que c'est Masséna ou Augereau, car je puis bien dire un mot pour moi, sacrés mille tonnerres! puisque personne n'y pense ; vous croyez, dis-je, que c'est un des vainqueurs de Loano qui va vous commander... Oui, le plus souvent!...

— Connaît-on le nouveau général? dit le lieutenant du ton du plus vif intérêt.

— Si on le connaît? Bah! c'est quelque muscadin, un ami de *monsieur* Barras. Connaissez-vous un nommé Bonaparte? celui qui a battu l'armée de Danican le 13 vendémiaire ; la belle malice!

— Bonaparte! s'écria tout-à-coup un grenadier de la trente-deuxième ; j'étais au siége de Toulon, et j'ai entendu dire que c'était un officier d'artillerie, appelé Bonaparte, qui avait donné le plan pour prendre la ville.

— Oui, il a pris Toulon avec ses dents, dit le général en éclatant de rire. Tout de même ça marche bien ; voilà le temps de la faveur qui revient comme sous l'ancien régime. Faire Bonaparte général en chef de l'armée d'Italie, parce qu'au 13 vendémiaire il a secoué les épaules à ces canards de Parisiens, qui regrettent l'ancien régime! Ah! si j'avais été là! Gredin de sort!

— Aux armes! crièrent à la fois plusieurs sentinelles.

— Aux armes! répétèrent confusément les soldats en reprenant à la hâte leurs buffleteries, et en faisant résonner sur le sol les crosses de leurs fusils.

Le son de la trompette et des roulemens de tambour prolongés annonçaient l'approche du général Masséna. Les soldats se rangèrent en bataille evant le poste, et il ne resta dans l'intérieur que le Provençal, le général Augereau, et le personnage inconnu qu'on avait déjà oublié. Cependant il s'était levé, et se plaçant derrière l'escabelle où Augereau était assis, il attendit en silence que Masséna se présentât.

— Lieutenant, faites rompre les rangs, dit le général en entrant sous le hangar.

Cet intrépide guerrier, que les Français enthousiastes devaient saluer un jour du nom d'Enfant chéri de la victoire, avait, comme son collègue Augereau, l'extérieur d'un homme dont l'éducation n'a point adouci la rudesse populaire. Masséna n'était point né sur le sol de la France; au moment où la révolution éclata, il serait méconnu dans les rangs de l'armée piémontaise. Mais sa nouvelle patrie ne tarda pas à être fière de cet héroïque transfuge, que le drapeau tricolore et l'amour de la gloire lui avaient conquis. C'était un de ces génies antiques, dont la mâle vigueur ne dut jamais rien à la science ni à la théorie. Soldat par le cœur et l'éducation, il avait aussi le coup d'œil d'un chef, et c'est sur le champ de bataille qu'il s'éleva de grade en grade jusqu'à la plus brillante renommée.

Ce général était accompagné du brave Rampon, du jeune Lannes, de Joubert, de Serrurier et de l'aide-de-camp attaché au personnage inconnu, qui avait attendu son retour au bivouac.

— Eh bien! Rampon, dit Masséna, vous devez être content? les braves de votre demi-brigade savent garder une ligne avancée... Ah! bonsoir, Augereau.

— J'ai à te parler, Masséna, répondit celui-ci.

— Dans un moment, reprit Masséna; mais, citoyen Junot, ajouta-t-il en se tournant vers l'aide-de-camp, je ne vois pas le général en chef; je serais fâché qu'à notre première entrevue il pût avoir le droit de m'accuser de mon peu d'empressement à me rendre à ses ordres.

— Il n'en sera rien, général Masséna, dit

avec dignité le jeune homme au front pâle, en s'avançant au milieu du cercle formé par les officiers républicains.

Augereau se retourna brusquement, et ne fut pas peu surpris de voir aussi près de lui le personnage dont il venait de parler avec tant de légèreté.

— Général Bonaparte, répondit Masséna avec une froideur respectueuse, soyez le bienvenu à l'armée d'Italie.

Tous les fronts se découvrirent; les soldats, qui se tenaient à l'écart par déférence pour leurs chefs, se rapprochèrent avec curiosité de ce groupe de guerriers presque inconnus alors, mais qui allaient grandir avec la fortune du prodigieux jeune homme que le vent des révolutions jetait à leur tête.

— Citoyens, reprit le général Bonaparte, la république m'a confié le commandement de l'armée d'Italie; de grandes et belles journées lui sont promises. Je compte sur votre courage et sur votre expérience pour m'aider à justifier le choix du Directoire. Général Masséna, la division que vous commandez formera, jusqu'à nouvel ordre, le centre de l'armée. Pour quelques jours encore mon quartier-général sera à

Nice. Mon premier devoir comme mon premier vœu est de m'assurer des besoins de nos soldats ; je sais qu'ils sont nombreux, et que nos ressources sont presque nulles; mais tout est possible aux défenseurs de la république française. Général Augereau, vous me suivrez; demain, citoyens, vous connaîtrez mes derniers ordres. Junot, faites avancer nos chevaux. Je remercie les braves grenadiers de la trente-deuxième de l'hospitalité qu'ils m'ont donnée sans me connaître. Nous nous reverrons bientôt.

Il fit alors quelques signes de la main ; son œil d'aigle brillait sous son noble front, et l'autorité de sa parole avait saisi d'étonnement et de respect ces fiers républicains à qui il venait apporter un si grand avenir. Les rangs s'ouvrirent devant lui, et il s'éloigna suivi de cette escorte de héros qu'il ne devait pas tarder à se montrer digne de commander.

— Vive la république ! vive le général en chef ! s'écrièrent les grenadiers de la trente-deuxième.

— Un crâne général tout de même, avec son air de n'y pas toucher, dit le Provençal; il m'a regardé d'une drôle de manière. Allons, camarades, chacun à son tour; le haut du corps en avant, la cuillère à deux pouces de distance de la marmite; les pommes de terre sont cuites.

CHAPITRE V.

LE GÉNÉRAL EN CHEF.

> Son regard, comme un feu qui jaillit dans la nue,
> Sillonne au fond des cœurs la pensée inconnue;
> De l'instinct de sa force il semble se grandir,
> Et sa tête puissante est pleine d'avenir.
>
> Barthélemy et Méry.

> 7. ... Voilà, il y a une femme à Hendor qui a un esprit de Python.
> 12. Et la femme, voyant Samuel, s'écria à haute voix, disant à Saül : Pourquoi m'as-tu trompée? car tu es Saül.
>
> *Le Livre des Rois.*

Ce fut le quatrième jour du mois de brumaire an IV, que le président de la Convention nationale, à deux heures et demie, prononça ces mémorables paroles: « La Convention » nationale déclare que sa mission est remplie, » et que sa session est terminée. » Le lendemain la constitution de l'an III fut mise en vigueur. Cet évènement eut du retentissement en Europe. Quand la Convention abdiqua ses pouvoirs, elle n'était plus que l'ombre d'elle-même. Les factions qui s'étaient livré dans son sein une guerre si cruelle, avaient épuisé le plus pur de son sang. Tout ce qu'elle avait renfermé d'hommes audacieux, dévoués, tous ceux qui avaient sucé le lait du lion populaire, tous ces génies ardens, sombres, héroïques, avaient succombé, ou avaient quitté pour toujours la scène orageuse du forum. Il fallut au 13 vendémiaire, quand les boutiquiers de Paris, instrumens de l'émigration et de l'étranger, osèrent prendre les armes contre les représentans de la France, que le bras d'un jeune militaire, obscur et dédaigné, châtiât leur insolence séditieuse.

La Convention recueillit alors le fruit de ses fautes, et éprouva les conséquences du vertige dont elle avait été frappée, quand sa majorité, corrompue par l'intrigue, avait livré à la hache les principaux membres du grand comité de salut public. Depuis ce jour à jamais fatal, les partisans de la monarchie, c'est-à-dire les ennemis de la liberté, les traîtres, les agioteurs, les prêtres, tout ceux qui avaient perdu aux abus de l'ancien régime recommencèrent à renouer les trames des complots que l'énergie révolutionnaire avait brisées. Le 13 vendémiaire avait été la première manifestation de cet esprit de réaction et de haine contre la république. Le testament politique de la Convention était malheureusement susceptible de larges interprétations, et sa disparition de la scène du monde laissait un vide immense, que la faction de l'étranger avait l'espoir de remplir.

La tâche du Directoire était donc grande et solennelle. Ce n'eût pas été trop, à cette époque de revers, d'agitations et d'intrigues, du bras de fer que le comité de salut public, de glorieuse et patriotique mémoire, avait jeté sur les destinées du pays. Néanmoins l'histoire impartiale dira que le gouvernement directorial ne se montra point d'abord au-dessous de sa haute mission, et ce système politique qui dut paraître faible après le système révolutionnaire, hérita d'une partie de cette force irrésistible cachée au fond des institutions républicaines. Le Directoire, au surplus, fit preuve de talent et d'énergie au milieu de graves circonstances et en présence de deux chambres qui allaient commencer cette lutte tracassière et bavarde du parlementarisme, sous laquelle la liberté haletante se débat encore aujourd'hui.

Les affreuses convulsions qui avaient précédé l'agonie conventionelle avaient réagi dans toutes les parties de cette organisation prodigieuse. La trahison de Pichegru venait de compromettre l'armée que Jourdan commandait en Allemagne, et ce guerrier patriote s'était vu forcé de repasser le Rhin. Les trois armées de l'intérieur, dont l'une était commandée par Hoche, la plus grande figure de jeune homme et de soldat de cette époque, étaient dans un état de désorganisation inquiétant. Les finances de la république, dont le crédit avait été ruiné par une émission d'assignats sans proportion avec le gage qui leur était affecté, se trouvaient dans l'état le plus déplorable. L'armée d'Italie seule, composée de trente à trente-cinq mille patriotes, dans un dénuement absolu, sans solde et sans pain, conservait encore au milieu des frimas des Alpes piémontaises le prestige attaché aux armes de la république.

Quand le Directoire eut apporté aux maux de l'intérieur les remèdes législatifs que les circonstances lui suggérèrent, il songea à réorganiser la victoire et à prendre de nouveau l'offensive sur toute la ligne des vastes frontières de la France, toujours menacées par la coalition. On dit que le jeune officier qui avait sauvé la Convention au 13 vendémiaire, et qui avait ainsi placé Barras dans une situation politique influente, ne fut pas étranger au plan de campagne que le Directoire conçut et dont l'armée d'Italie devait exécuter les principales manœuvres. Que ce fait soit vrai ou hasardé, il est certain que depuis l'échauffourée des sections, le général Bonaparte avait acquis de l'importance, et que ses opinions présentées sous les formes d'un langage hardi, rapide, chargé d'images, avaient fait sensation parmi les hommes d'état dont sa nouvelle position le rapprochait. Enfin l'espace qui manquait à cette âme privilégiée pour se lever dans sa stature colossale, lui fut donné. Ce jeune homme pâle et inquiet qu'on avait vu naguère errant comme un génie inconnu, mais puissant, aux abords du palais où siégeait la Convention, comme si une sympathie mystérieuse eût existé entre lui et le pouvoir quel qu'il fût, apprit tout-à-coup que sa destinée était remise entre ses mains, et que la réalisation des songes qui berçaient ses nuits laborieuses dépendait de son audace et de son courage, Napoléon Bonaparte fut nommé général en chef de l'armée d'Italie!

Elevé au grade de général de brigade d'artillerie après le siége de Toulon, Bonaparte avait, en cette qualité spéciale, assisté à la campagne de l'an II, sans s'être fait remarquer ailleurs que dans les conseils du général en chef Dumarbion. Alors ce jeune homme mélancolique et rêveur semblait fuir jusqu'à la réputation que ses connaissances comme officier d'artillerie pouvaient lui mériter. Il se mêlait rarement aux réunions des chefs de l'armée; il menait au milieu des camps la vie d'un solitaire, et peut-être qu'alors son coup d'œil prophétique dévorait, du haut des Alpes, les champs de bataille où il devait révéler son génie. On ne lui connut jamais aucune liaison d'amitié qui remontât à cette époque, si ce n'est celle qu'il avait formée avec le jeune Junot dès le siége de Toulon. Lorsque, quelques mois plus tard, atteint par la révolution thermidorienne, Bonaparte destitué se vit arracher avec son grade les grandes espérances qui germaient dans son cœur, ce fut Junot, son aide-de-camp et son ami, qui, fidèle à sa jeune infortuné et attaché désormais à son étrange destinée, pourvut à ses besoins les plus urgens.

Bonaparte était donc à peu près inconnu à l'armée d'Italie, dont les divers corps avaient été, pendant son absence, renouvelés pour la plupart. Appelé au commandement en chef dans un moment de repos forcé et de découragement, sa réputation militaire n'était pas de nature à rendre la confiance à des soldats qui appartenaient par leurs opinions à la première période conventionnelle.

Ainsi la république française existait encore, quoique la puissante impulsion qu'elle avait reçue lors des premières attaques de la coalition se fût retirée d'elle. Le Directoire avait remplacé le comité de salut public, et deux conseils législatifs étaient venus s'asseoir sur les siéges des conventionnels. Néanmoins, la victoire ne devait pas encore abandonner le drapeau tricolore, et les rois de l'Europe allaient apprendre sur les champs de bataille de quel poids l'épée française peut peser dans la balance du destin. La ferveur révolutionnaire existait toujours au sein de la brave armée d'Italie, et nos intrépides soldats, étrangers aux haines et aux intrigues des factions, ivres de l'amour de la patrie et de la liberté, étaient encore animés de l'enthousiasme saint qui leur avait fait prendre les armes.

Albenga est une petite ville située sur cette partie du golfe de Gênes qu'on appelle la rivière du Ponant. Elle est à peu de distance de Loano, à l'entrée d'une grande plaine plantée d'oliviers, et qui se déroule jusqu'au pied des montagnes : elles ferment de ce côté le Piémont et la route de Turin. Ce fut là que, peu de jours après son arrivée, le général Bonaparte transporta son quartier-général.

Malgré l'esprit de défiance et d'irrésolution qu'avait excité dans l'armée d'Italie le choix inattendu du Directoire, la présence du jeune chef imprimait aux corps qui la composaient une activité qui faisait présager un mouvement d'attaque très prochain. Chaque régiment fut passé en revue par le général en chef; on complétait, autant qu'il était possible, l'armement et l'habillement, en souffrance depuis si longtemps ; des chevaux et des mulets étaient achetés ou mis en réquisition pour le service de l'artillerie ; et peu de jours après l'arrivée de Bonaparte, les soldats français, qui sont doués d'une admirable faculté instinctive, commencèrent à parler avec plus de réserve d'un général qui ne demeurait étranger à aucun de leurs besoins, et dont le génie se révélait déjà par l'esprit d'ordre et d'organisation.

Une revue générale de l'armée avait été ordonnée; Bonaparte était impatient de juger des moyens qu'il avait à sa disposition, en réunissant sur un seul point les glorieuses phalanges sur lesquelles il comptait. Dans la matinée de ce jour, un grand nombre de généraux, de colonels, d'officiers supérieurs, qui avaient reçu l'ordre de se présenter chez le général en chef, remplissaient un vaste salon attenant au cabinet où il était enfermé avec ses secrétaires, ses aides-de-camp et son chef d'état-major, Alexandre Berthier.

Un commissaire des guerres écrivait à une grande table, couverte d'un tapis vert, avec plusieurs employés qui étaient occupés à compter de l'argent. Divers groupes s'étaient formés à droite et à gauche dans le salon; on y parlait avec chaleur et surtout avec une entière indépendance de la campagne qui allait s'ouvrir. Parmi les orateurs les plus véhémens on distinguait Augereau, dont la haute taille se dessinait au milieu des uniformes pittoresques de ses compagnons d'armes; il n'avait pu vaincre la mauvaise humeur qu'avait excitée en lui le désappointement causé par la nomination de Bonaparte, qu'il appelait une criante injustice. De temps en temps il croisait ses bras sur sa large poitrine, et laissant traîner son long sabre sur le parquet, il se séparait brusquement des officiers avec lesquels il causait, pour se promener à grands pas dans la salle.

— Le général Masséna! dit un des secrétaires du général en chef en ouvrant avec précaution la porte du cabinet.

On ne lui fit aucune réponse, quoique tous les regards se fussent aussitôt portés sur lui.

Alors le secrétaire s'approcha du commissaire des guerres, et lui dit quelques mots à l'oreille, auxquels celui-ci répondit par un signe d'intelligence, et en lui montrant les papiers dont la table était surchargée.

— Un moment, citoyen Belle-Plume, dit Augereau en frappant familièrement sur l'épaule du secrétaire. Comment t'appelles-tu ? car vous êtes arrivés à l'armée d'Italie un tas de farceurs qu'on ne connaît pas plus...

— Je m'appelle Bourienne, répondit brusquement le jeune homme avec hauteur.

— Ah! ah! eh bien, citoyen Bourienne, sais-tu si le général en chef va nous faire longtemps gober les mouches de son antichambre? C'est drôle, tout de même, ajouta le général en regardant autour de lui.

Un éclat de rire significatif annonça que les officiers à qui s'adressait Augereau partageaient son impatience.

— Citoyen général, répondit gravement le secrétaire, j'ignore quelles sont les intentions du général en chef; mais, si vous désirez lui parler, je m'empresserai de lui annoncer votre visite.

— Merci du compliment, citoyen, répliqua Augereau en lui tournant le dos.

Le secrétaire rentra dans le cabinet, en saluant avec une froide politesse les officiers qui se trouvaient sur son chemin.

— Patience, mon général, dit le commissaire des guerres en souriant, vous voyez bien que moi, qui n'ai pas l'honneur d'être général en chef, je n'ai pas le temps de jouir de votre compagnie.

— Drôle de corps! répliqua Augereau en haussant les épaules. Et que fais-tu là, commissaire, à compter tes écus rognés?

— Ma foi! je travaille pour vous : le général en chef a ordonné qu'une gratification de cent francs serait distribuée aux généraux de division, et ainsi de suite, suivant le grade, jusqu'aux simples soldats.

— Pas possible! mon cher commissaire, s'écria le général Augereau en riant avec une surprise pleine de joie et de bonhomie. Cent francs! sacré nom d'un...! mais le Directoire a donc battu monnaie! Non pardieu! ce sont encore des écus à l'effigie du tyran; mais ça ne peut pas nuire, dns un pays où il faut faire accepter les assignats avec une baïonnette ou un pistolet. Cependant j'aurais mieux aimé une paire de bottes.

— Ma foi, moi aussi, dirent plusieurs officiers supérieurs.

— Le général Masséna? demanda de nouveau le citoyen Bourienne.

— A l'autre encore! murmura Augereau,

croit-il donc que nous avons Masséna dans notre poche?

— Voici le général, dirent plusieurs personnes qui se rangèrent aussitôt.

C'était, en effet, Masséna qui entrait dans le salon, et qui serra affectueusement la main à la plupart de ses compagnons d'armes.

— Général, dit Bourienne, le général en chef vous a demandé plusieurs fois et désire vous voir sur-le-champ.

— Je suis à ses ordres, répondit Masséna. Au revoir, mes camarades. Et il passa dans le cabinet, suivi du secrétaire, qui ferma la porte sur lui.

Le général Bonaparte, revêtu du costume simple et sans broderie qu'il portait au moment de son arrivée, était plongé dans une méditation profonde, dont une carte des Alpes, déployée sous ses yeux, lui avait sans doute inspiré le sujet. Le bruit que fit Masséna, en entrant dans cette pièce retirée, ne parvint pas jusqu'à lui, ou du moins il ne fit aucun mouvement qui pût le faire supposer. Le secrétaire s'arrêta à peu de distance de Bonaparte, et fit signe au général Masséna d'imiter la réserve silencieuse qu'il s'imposait en sa présence.

Masséna se conforma à cette invitation par une espèce de mouvement machinal dont il ne se rendit pas compte; mais il jeta tour à tour des regards étonnés sur son introducteur et sur le général en chef. Dans ce moment, un rayon de soleil, se faisant jour au travers de la jalousie à l'italienne qui décorait la croisée, tomba d'aplomb sur la figure de Bonaparte; ses nobles traits, quoique pâles et amaigris, étaient animés des feux créateurs de l'enthousiasme; il s'était enfin rendu maître de la grande pensée qui le préoccupait, et il leva la tête avec un air de satisfaction et de joie où se peignait tout l'orgueil du génie. Il n'aperçut d'abord que son secrétaire, qui attendait avec soumission l'instant où il pourrait lui adresser la parole.

— Qu'est-ce, Bourienne? demanda-t-il brusquement.

— Mon général, voici le général Masséna...
— C'est bien...

Il tressaillit, et regarda le secrétaire d'un air mécontent, comme s'il eût désiré de n'être pas surpris dans la rêverie d'où il sortait à peine; mais cette sensation fut rapide comme un éclair.

Bonaparte salua Masséna, et lui fit signe de prendre un siége auprès de lui.

— Veuillez vous asseoir, général, dit-il d'un ton bref. Je désirais vivement avoir un entretien avec vous : j'estime votre intrépidité, votre bravoure, et les talens dont vous avez fait preuve.

— Je vous remercie, mon général, répondit Masséna avec la raideur militaire. Ce que j'ai fait pour la république française, j'ai cru le faire pour mon pays.

— La France, en effet, reprit Bonaparte avec chaleur, est la patrie de tout homme de cœur et qui a besoin de croire à l'avenir. Ecoutez-moi, général Masséna, nous allons commencer une campagne, dont la lutte glorieuse à laquelle vous avez pris part au milieu de ces rochers ne peut vous donner une idée. Ce que je viens entreprendre avec des troupes sans solde, sans pain, sans vêtement, au sein desquelles la misère a vivement altéré la discipline, qui est l'âme des armées, est au-dessus de l'imagination des hommes. Vous-même, intrépide général, vous pourriez regarder comme téméraire une résolution qui repose cependant sur des plans que le génie de la liberté doit féconder. Ces détails, au surplus, vous sont inutiles, ma pensée est un fait qui a besoin d'être accompli pour être compris. L'avenir vous montrera qui je suis, mais il est juste que vous sachiez ce que j'attends de vous : dans un mois je serai à Paris ou à Milan!

En achevant ces nobles paroles, prononcées avec l'autorité que donne une conviction intime et forte, Bonaparte jeta sur Masséna un regard inexprimable, qui était une de ses facultés providentielles. On aurait dit qu'il cherchait à surprendre une émotion sur les traits mâles et sévères du brave soldat à qui il s'adressait, et qu'il lisait dans son âme l'étonnement où le plongeait cette audacieuse confidence. Il ne se trompait pas ; le fier Masséna ne fut pas maître de lui, il tressaillit involontairement, et, regardant Bonaparte avec une sorte de stupéfaction, il s'imagina un instant que la communication qu'il recevait n'était pas sérieuse ; mais le calme et la gravité imposante du général en chef le détrompèrent aussitôt.

— Mon général, répondit-il, ce que je viens d'entendre est bien hardi ; mais si vous avez calculé sur la patience et le courage de l'armée d'Italie pour exécuter des choses impossibles, vous avez eu raison. Cependant, avant d'arriver à Milan, il faut sortir de ces gorges et vaincre deux armées, dont chacune est plus nombreuse que la nôtre; deux armées qui sont protégées par des places fortes, et abondamment pourvues de tout le matériel et des vivres dont nous manquons.

— Vous ne tarderez pas, reprit Bonaparte, à penser autrement. Ces deux armées ont deux chefs qui n'agissent point réellement dans le même but : l'armée républicaine n'en a qu'un. Colli est un homme de cœur; mais, élevé au milieu d'une petite cour bigote et ignorante, il est obligé de s'asservir à des passions et à des vues politiques dont nous n'avons qu'à profiter; sa cour veut qu'il couvre le Piémont. Beaulieu est un vieux tacticien, systématique, circonspect, et qui attendra, pour livrer une bataille, les ordres du conseil aulique; je ne lui donnerai pas le temps de faire sa correspondance. J'ai fait prévenir le doge de Gênes qu'il ait à se préparer à recevoir l'armée française et à lui fournir des vivres : le sénat inquiet s'est mis à mes pieds, mais il a averti Beaulieu, et c'est ce que je voulais.

— Parbleu! général, s'écria Masséna, digne par sa haute bravoure de comprendre ce langage, je vois maintenant la route de Milan. Quand nous mettons-nous en chemin?

— Demain, général Masséna, reprit Bonaparte, demain dès la pointe du jour. Votre division et celle du général Augereau formeront le centre de l'armée; Laharpe marchera sur Gênes par la route de Voltri, et Serrurier contiendra Colli sur notre gauche. Je puis, je le vois, compter sur vous, comme sur tous les officiers-généraux de l'armée d'Italie : tous ne doivent pas connaître mes intentions. Il y aura de la gloire pour tout le monde; mais le général Masséna a le secret de notre première victoire. Adieu, général, allez vous mettre à la tête de votre division. Après la revue, vous recevrez mes ordres précis et par écrit.

Le général Bonaparte avait eu évidemment l'intention de gagner la confiance de Masséna en lui soumettant un plan dont la simplicité et la hardiesse devaient sourire à son courage et frapper son intelligence. Il ne s'était point mépris sur l'irrésistible effet de ses paroles; l'illustre vainqueur de Loano fut saisi d'étonnement et d'admiration, et dans ce moment même Bonaparte n'avait pas de lieutenant plus dévoué; mais, soustrait au charme qui l'avait subjugué, Masséna retrouva une partie de ses premières préventions; il ne fut entièrement conquis par le général en chef que quelques jours plus tard, lorsqu'il eut vu, sur plusieurs champs de bataille, le jeune homme prodigieux, dont l'élévation avait blessé son orgueil militaire, réalisant les œuvres gigantesques de son imagination, et soumettant la victoire à tous les caprices de son génie.

Le jeune général estimait aussi le courage et les qualités militaires d'Augereau, mais il existait entre lui et Masséna une différence morale qui n'avait point échappé à sa pénétration. Un moment lui avait suffi pour apprécier le caractère de ces deux hommes, et il dut, pour se les attacher, employer des moyens différens. Néanmoins Augereau parut peu satisfait de la déférence que le général en chef accordait à ses dépens à son brave collègue.

— Eh bien! Laharpe, dit-il à ce général qui venait d'entrer dans le salon, viens-tu monter ta garde à la porte du citoyen Bonaparte?

— Que veux-tu dire, Augereau? répondit

ce dernier dont les traits pâles et mélancoliques se couvrirent d'une rougeur subite ; je viens ici prendre les ordres du général en chef, et je ne sache pas que les soldats de la république française fassent antichambre à la porte de personne.

— Cela devrait être, répliqua Augereau ; mais, vois-tu, je suis souvent en colère, comme toi tu es souvent triste, et la moindre chose m'embête, sacré mille tonnerres !

— Laissons cela, reprit Laharpe. On dit que la campagne va commencer, tant mieux ! en sais-tu quelque chose ? Et un éclair de joie sillonna le front de ce brave guerrier que la république devait perdre peu de jours après.

— Dame ! on le dit, répliqua Augereau, mais nous ne sommes pas tous dans la confiance du général en chef. Oh ! cette canaille de Barras, si je le tenais ! Laharpe sourit avec tristesse et ne répondit pas.

— Allons donc, Augereau, dit le jeune et brave général Joubert en prenant le bras de son collègue, personne n'estime plus que moi ta valeur, je t'ai vu sur le champ de bataille, c'est tout dire. Mais écoute, nous sommes tous soldats de la république, c'est pour elle que nous souffrons, c'est pour elle que nous combattons. Nous verrons bientôt lequel d'entre nous sera le plus digne de commander à ses camarades : jusque là, Augereau, de la discrétion, et vive la république !

— Une et indivisible, sacré mille tonnerres ! mon cher Joubert, dit Augereau en serrant vivement la main du digne jeune homme, et en lui donnant avec émotion l'accolade militaire. Tu as raison, tu vaux mieux que moi ! Que veux-tu ! j'ai une sacrée tête de grenadier qu'on devrait laver avec des balles.

— Jamais ! jamais ! s'écria Joubert ; ta tête n'est pas plus mauvaise que ton bras un jour de bataille, la république en a besoin.

— Je te dis que tu as raison, sois généreux et ne me vante pas tant. Mais avoue qu'on nous a fait à tous une injustice. Eh ! sacré matin ! leur général de vendémiaire connaît-il ces montagnes comme nous, et croit-il avoir affaire ici aux grenadiers à jabots de la section Lepelletier ?

— Tu m'affliges, Augereau, reprit Joubert avec calme. Et dis-moi, de quel droit juges-tu avec tant de sévérité le général que le Directoire nous a donné? Nous autres, confondus naguère parmi les soldats que nous commandons aujourd'hui, n'avons-nous jamais trouvé parmi eux des hommes aussi braves, aussi dévoués que nous à la cause de la patrie, et qui soient restés dans les rangs dont nous sortons? D'ailleurs je n'ai vu qu'un moment le général Bonaparte, et je ne sais, mais j'ai cru découvrir en lui quelque chose qui annonce une belle âme et un grand courage.

— Oui, c'est vrai, murmura Augereau, il a un bel œil militaire, mais il a six pouces de moins que moi.

— Qu'il nous mène à la victoire, continua Joubert, et il sera grand comme les Alpes! Mais ne parlons plus de cela : tu as une belle réputation à conserver, Augereau, ne cause pas avec tant de légèreté. Et que serait-ce donc si toute l'armée partageait tes préventions? Nous placerions notre général en chef dans la position la plus fausse, ses plans seraient renversés d'avance, et nous, les soldats de l'armée d'Italie, nous serions déshonorés! Ah! qu'il n'en soit pas ainsi, s'écria avec chaleur le vertueux jeune homme, soyons unis comme des frères, rendons notre patrie grande, forte, glorieuse, et sauvons notre belle république.

—Où, tonnerres! vas-tu chercher tout cela? dit Augereau, qui n'avait pu se défendre d'une vive émotion, car ce général avait une âme capable d'enthousiasme, et il faut avouer, au reste, que si ses prétentions paraissent exagérées aujourd'hui, c'est qu'on oublie qu'à cette époque la reconnaissance publique ne pouvait sans injustice placer sur la même ligne les noms d'Augereau et de Bonaparte.

— Eh bien! ajouta-t-il, tu me parles en ami, Joubert, et je t'en remercie, mais je le ferai bisquer ton Bonaparte, et je vais m'en donner sur les Autrichiens. Oui, nous verrons!

La conversation des deux généraux républicains fut interrompue après ces menaces, qui firent sourire Joubert, par l'arrivée de quelques fusiliers au milieu desquels était un homme que la fatigue et la misère paraissaient accabler plus encore que la terreur à laquelle on aurait pu attribuer l'extrême pâleur de son visage. Ce personnage avait environ cinquante ans; ses vêtemens délabrés annonçaient cependant une ancienne aisance. Il portait une perruque, mais depuis long-temps elle n'avait reçu les soins de l'artiste intelligent auquel elle avait dû autrefois son lustre et son éclat. Son habit taillé à l'ancienne mode, déchiré en plusieurs endroits, portait néanmoins encore quelques traces flétries d'une broderie. Ses bas de soie attachés au-dessous du genou tombaient de vétusté, et se trouvaient dans un tel état qu'il était impossible d'en reconnaître la couleur primitive. Cet infortuné conservait sous ces haillons une dignité remarquable ; ses traits, d'ailleurs, quoique altérés par de longues souffrances, étaient nobles et beaux, et il portait avec fierté sous le bras gauche des fragmens de feutre qui avaient jadis fait partie d'un chapeau.

Les soldats qui conduisaient cet étranger venaient des lignes avancées, et appartenaient à la trente-deuxième demi-brigade ; ils étaient commandés par le sergent Jacques Gilbert, et parmi eux se trouvait le joyeux amant de Teresina, notre ami le Provençal.

— Halte! front! arme au bras! dit le sergent, et il s'approcha de la table où travaillaient les employés de l'administration de l'armée. Mon commissaire, ajouta-t-il, voilà un individu qui a été arrêté dans la nuit par une patrouille ; l'officier qui la commandait a prétendu qu'il levait des plans, et il fallait pour cela que ce bonhomme eût de bons yeux, car on n'y voyait pas au bout de la baïonnette. Enfin, j'ai reçu l'ordre de le conduire au quartier-général : le voilà. Donnez-moi un reçu. Cependant, reprit-il à voix basse, mon commissaire, ayez pitié de lui, je crois qu'il a la tête un peu dérangée.

— C'est très bien, sergent, nous allons examiner cette affaire.

— Qu'est-ce donc? dirent à la fois la plupart des officiers-généraux.

Le commissaire des guerres répéta en peu de mots l'explication que le sergent venait de lui donner.

— Il faut l'interroger, dit Joubert : cet homme paraît souffrant et malheureux.

— Peut-être est-ce un espion, ajouta quelqu'un.

— C'est plutôt un émigré, un aristocrate, s'écria Augereau dont le regard s'anima tout-à-coup ; il faut lui demander son nom et le fusiller.

— Un moment, général Augereau, reprit

le commissaire des guerres; vous ne connaissez donc pas les derniers décrets relatifs aux émigrés?

— Je m'en moque, répondit-il, et foi de patriote, si c'est un émigré, il faut qu'il ait son compte. Avance un peu, ajouta-t-il en s'adressant au prisonnier. Eh bien! aristocrate, avance donc!

Le prisonnier ne répondit pas, et ne fit aucun mouvement.

— Dites donc, brave homme, lui cria le Provençal, n'entendez-vous pas le général?

— Approchez-vous de cette table, citoyen, ajouta le sergent.

— Oui, mes amis, dit le prisonnier en souriant aux soldats avec bienveillance; je ne pensais pas que ce fût à moi qu'on s'adressât en pareils termes.

Alors il salua les officiers avec toute l'aisance et la grâce d'un courtisan de l'ancien régime.

—Messieurs, ajouta-t-il, ai-je l'honneur d'être conduit devant le général en chef?

— Non, répondit Augereau avec véhémence, tu n'es ni devant le général en chef, ni devant des messieurs... Si celui-là n'est pas un aristocrate, par exemple! Tu es devant les généraux et les officiers de l'armée d'Italie.

— C'est une brave et glorieuse armée! dit le prisonnier d'un ton grave et solennel qui glaça le rire sur les lèvres des jeunes officiers disposés d'abord à s'égayer aux dépens de son costume et de ses manières.

— Il paraît que tu... je pense que vous êtes Français, citoyen, reprit le général, ému malgré lui de l'air de résignation et de dignité de cet homme. Oui, il faut que vous soyez Français, puisque vous parlez des armées de la république avec tant de respect et d'admiration.

— Français! Oh! oui, messieurs, je suis Français, s'écria le prisonnier avec énergie; et où serait-on plus fier de sa terre natale qu'en présence de tant de jeunes héros si intrépides, si généreux, qui sont sortis de son sein? Malheureusement je ne puis que les admirer; ma vie et mon amour sont inviolablement attachés à une autre cause que la leur. Que la volonté de Dieu s'accomplisse!

Il y avait dans ces dernières paroles un sentiment si profond de mélancolie et de douleur que tous les officiers républicains, et le fougueux Augereau lui-même, se rapprochèrent spontanément du prisonnier, et l'examinèrent avec un intérêt qu'une froide curiosité n'inspirait plus seulement.

— Allons, citoyen, reprit le général, je croyais d'abord... mais je ne comprends plus rien à tout ça ; enfin vous me paraissez un brave homme. Un siége ! un siége ! sacrés mille tonnerres ! le malheureux se trouve mal !

Et le fougueux Augereau retenait dans ses bras le prisonnier, dont les sentimens politiques, si opposés aux siens, ne pouvaient plus être douteux pour tous ceux qui l'avaient entendu. Un officier de santé, présent à cette scène, se hâta de venir au secours du général, qui jurait et frappait du pied en demandant de l'eau-de-vie pour le malade. Cet accès de faiblesse fut de courte durée, et, en revenant à lui, le prisonnier s'excusa du trouble que son indisposition avait occasioné.

La porte du cabinet s'ouvrit dans cet instant, et le général en chef, qui reconduisait Masséna, entra dans le salon. Le cercle s'élargit aussitôt, et le prisonnier se trouva à peu près seul avec le sergent Gilbert, qui appuyait encore sur son front un mouchoir imbibé d'eau fraîche.

— Si vous voulez parler au général en chef,

citoyen, lui dit le sergent à voix basse, le voilà. Tâchez de reprendre vos forces.

— Je vous remercie, mon brave; je vous remercie mille fois, dit le prisonnier, qui tressaillit en apercevant Bonaparte.

— Quel est cet homme? dit le général en chef.

Augereau, qui se trouvait auprès de lui, rendit compte à sa manière de cet incident. Bonaparte sourit, et s'approcha de l'étranger, qui fit un effort pour se lever.

— Demeurez, citoyen, vous paraissez souffrant... Qui êtes-vous, et que voulez-vous?

— Monsieur le général en chef, répondit le prisonnier, dont l'émotion augmentait à mesure qu'il s'imaginait reconnaître la personne qui lui adressait la parole, veuillez m'excuser... j'ai tant souffert depuis deux ans...

— N'appelez donc pas le général en chef monsieur, lui dit encore Gilbert.

— Paix! reprit Bonaparte, laissez-lui parler sa langue. Pouvez-vous me dire votre nom et qui vous êtes?

— Je suis, ou plutôt j'étais un gentilhomme français, dit le prisonnier avec dignité, et retrouvant assez de forces pour se tenir debout; en un mot je suis émigré.

— Je ne vous demande plus votre nom, continua le général avec une dignité froide; votre affaire ne nous regarde pas. Cependant comment se fait-il que vous ayez été arrêté aux avant-postes?

— Général, répliqua l'émigré, je sais que les évènemens de vendémiaire ont replacé les émigrés dans la position la plus dangereuse, et qu'une loi cruelle peut m'être appliquée. Je me flatte que vous ne douterez point de ce que je vais vous dire. Je déclare sur l'honneur que si je ne partage pas les sentimens de l'armée républicaine, je suis, comme Français, incapable de commettre la lâcheté dont on paraît vouloir m'accuser. Moi un espion! moi qui ai du sang noble dans les veines je vendrais les secrets de mes compatriotes aux Autrichiens!...

— J'espère que cela n'est pas possible, reprit Bonaparte d'un ton de voix moins sévère; votre langage est celui d'un homme de cœur, et votre infortune m'impose le devoir d'attacher la plus grande attention aux explications que vous me donnerez.

— Généreux jeune homme! s'écria l'émigré, ce sera donc la seconde fois que vous m'aurez sauvé la vie! ne me reconnaissez-vous pas?

Cela est possible, mes traits flétris par le malheur, et que vous n'avez vus qu'un instant au milieu d'un affreux désastre, ont dû s'effacer de votre mémoire; les vôtres sont gravés dans mon cœur par la reconnaissance.

— Vous vous trompez sans doute, dit le général avec étonnement; il est certain que je vous vois pour la première fois.

— Et ne m'avez-vous pas vu durant cette nuit terrible où la lune éclaira dans les Alpes un combat sanglant dont le souvenir ne périra jamais? N'êtes-vous pas le général Alexandre Dumas?

— Je m'appelle Bonaparte, répondit le général avec simplicité, et je dois vous remercier d'avoir cru reconnaître en moi l'un des plus braves officiers de la république. Mais à quel évènement avez-vous fait allusion?

— Vous allez le savoir, reprit le prisonnier avec une chaleur entraînante. Comme beaucoup de gentilshommes français, qui avaient reçu en Savoie une hospitalité généreuse, et qui se firent un devoir de défendre le sol où ils avaient trouvé un abri, je faisais partie du bataillon des chasseurs nobles qui défendit avec les Piémontais les défilés des Alpes, dans le Mont-Cenis, en 1794. Dans la nuit du 8 avril, les soldats de la république, divisés en trois colonnes, se précipitèrent hardiment dans des gorges profondes, dont les hauteurs et les défilés étaient occupés par des troupes nombreuses et aguerries. Ce fut alors, et à la lueur d'un clair de lune brillant, que commença une lutte vraiment épouvantable que je ne puis me rappeler sans terreur. Le cri de Vive la république! se perdait dans les échos des montagnes avec les roulemens précipités de cinquante bouches à feu. Non, il n'est pas possible de surpasser l'héroïsme que les soldats français montrèrent dans cette circonstance. Je les ai vus s'élançant sur les pics de cette contrée sauvage, marchant avec intrépidité sur les flancs d'affreux précipices, et arrachant à la baïonnette des positions imprenables. Ils avaient affaire à des soldats qui défendaient leur pays et qui étaient dignes de se mesurer avec eux. En peu d'heures cependant ils furent les maîtres de ce champ de bataille honoré par leur bravoure. Dans ce moment d'ivresse qui suit la victoire je tombai entre leurs mains. Alors un seul point offrait encore quelque résistance, soldats de la république, c'étaient des Français comme vous qui le défendaient! mais bientôt, tournés et enveloppés de toutes parts, ils devaient périr de la main de leurs frères, car ils ne songeaient ni à fuir devant eux, ni à leur rendre les armes. Alors ils exécutèrent la résolution la plus désespérée, et au cri de Vive le roi! ils se précipitèrent du haut de ces rochers dans les abîmes sans fond qu'ils dominent. Oh! si l'histoire consacre la mémoire de ce glorieux désespoir, qu'elle n'oublie pas l'hommage héroïque qu'il reçut au moment même où il s'accomplissait! Les républicains répondirent à ce cri par celui de Vive la nation! mais ils avaient reconnu la voix mourante de ces Français; elle retentit au fond de leur cœur. Les soldats de la république s'arrêtèrent d'un commun accord; un roulement funèbre de tambours fut répété au loin par les échos; ils présentèrent les armes, et le drapeau tricolore s'abaissa en signe de deuil. Ah! que Dieu protège toujours vos armes glorieuses, généreux enfans de la belle France!

Un profond silence succéda à ce récit inattendu. Tous ces jeunes hommes, si enthousiastes, si passionnés, comprenant l'héroïsme des vainqueurs et des vaincus, étaient vivement émus, et n'avaient plus que du respect pour le Français infortuné qui venait de leur révéler tout ce qu'il y a de triste et de douloureux dans les guerres civiles. Bonaparte lui-même, si habile à maîtriser ses émotions, parut un moment attendri, et ce fut du ton du plus vif intérêt qu'il adressa la parole à l'émigré.

— Et que devîntes-vous alors? lui dit-il.

— Un jeune général, dont vous venez de me prouver qu'au milieu du trouble de cette affreuse nuit j'avais mal examiné les traits, se jeta tout-à-coup au milieu des soldats qui allaient me bander les yeux pour me fusiller : — Camarades, leur dit-il, assez, assez de sang français! ce n'est pas sur un champ de bataille consacré par la victoire, que nous devons faire exécuter les décrets rigoureux de la Convention. Vous êtes libre, ajouta-t-il; deux de nos braves vont vous escorter jusqu'aux derniers avant-postes. Ce fut de ces soldats que j'appris le nom de mon protecteur. Ils me dirent que durant l'action, Alexandre Dumas, qui venait de se montrer si digne de ses lauriers, avait un moment douté du succès de son audacieuse entreprise. Le sabre à la main, il combattait à la tête d'une de ses colonnes, et des larmes inondaient son visage : il pleurait comme Achille. Tout-à-coup des cris de victoire s'élancèrent du haut des rochers; c'était son collègue Bagdelone, qui venait de s'emparer de la principale redoute, et dont les soldats proclamaient le courage. Depuis ce temps, ajouta l'émigré, j'ai juré de ne jamais porter les armes contre mon pays, j'ai rejeté les secours du roi de Sardaigne. Errant de vallées en vallées, de rochers en rochers, je suis venu dans ce canton, occupé par cette armée d'Italie dont la renommée est déjà si grande. Au risque de ma vie, je me suis rapproché de vos lignes; car j'avais besoin d'entendre parler notre langue et de voir des hommes de mon pays.

— J'apprécie la noblesse de vos sentimens, dit rapidement Bonaparte; je vous plains. Si vous croyez que le temps soit venu pour vous de rentrer en France, je vous en faciliterai les moyens. En attendant, je vous laisse cette maison pour prison; je donnerai des ordres pour que vous y receviez les secours dont vous paraissez éprouver les besoins. Et maintenant, ajouta-t-il, à cheval, citoyens et camarades! les divisions de l'armée doivent être réunies.

Le bruit du tambour et de la musique militaire retentissait au loin dans la plaine d'Albenga. Le soleil scintillait sur les baïonnettes brillantes des soldats républicains, la brise des Alpes soulevait au-dessus de leurs glorieux bataillons les flammes tricolores des drapeaux de la liberté. Le général en chef traversa tous les rangs, s'arrêta devant chaque demi-brigade en saluant son drapeau, puis, au centre d'un cercle immense hérissé de fusils, il prononça d'une voix forte et sonore les paroles suivantes :

« Soldats !

» Vous êtes nus, mal nourris; le gouverne-
» ment vous doit beaucoup; il ne peut rien vous
» donner : la patience, le courage dont vous
» fîtes preuve au milieu de ces rochers, sont
» admirables ; mais ils ne vous procurent au-
» cune gloire solide, aucun éclat durable ne
» rejaillit sur vous: je veux vous conduire dans
» les plus fertiles plaines du monde. De riches
» provinces, de grandes villes seront en votre
» pouvoir ; vous y trouverez honneur, gloire,
» et richesses. Soldats d'Italie, manqueriez vous
» de courage ou de constance ? »

Un cri général de Vive la république! s'éleva de tous les rangs de l'armée, et annonça au jeune chef que le langage, si nouveau pour des républicains, dont il venait de se servir, avait néanmoins trouvé de l'écho parmi des hommes impatiens de sortir de l'état déplorable où ils étaient tombés. On ne remarqua pas alors que les mots de patrie et de liberté ne se trouvaient pas dans cette allocution militaire. Mais si Bonaparte les avait évités à dessein, ce qui est fort douteux, c'est seulement parce qu'il comprit que des soldats épuisés par une lutte stérile, dévorés de besoins matériels, s'attacheraient avec ardeur à des espérances de gloire, que des lauriers seuls ne satisferaient pas. Ce premier essai que Bonaparte faisait du cœur humain ne saurait prouver que dès lors il méditât son élévation future, dont les évènemens décidèrent bien plus que ses prévisions.

Pendant la revue, des aides-de-camp du général en chef avaient distribué des ordres cachetés aux généraux et aux chefs de corps, et l'armée, pleine d'enthousiasme, se disposa à entreprendre la lutte à jamais mémorable qui commença à Montenotte et finit à Léoben. Les divisions se rompirent et se mirent en marche pour reprendre leurs cantonnemens : les chants patriotiques frappaient les airs d'harmonieuses paroles, et le vent du soir qui commençait à agiter le feuillage des oliviers emportait dans l'Apennin ces premiers mots de l'hymne républicaine: *Allons, enfans de la patrie!*

La nuit était descendue sur la plaine bruyante d'Albenga et enveloppait à l'horizon dans un nuage de vapeurs les montagnes dont les principaux défilés étaient occupés par l'armée républicaine ; mais c'était une nuit de germinal, une nuit douce et paisible. La lune, debout sur les pitons neigeux des Alpes lointaines, jetait sur ces contrées, que la voix terrible de la guerre allait bientôt remplir, cette clarté douteuse au sein de laquelle les imaginations passionnées aiment à s'égarer.

Entre Albenga et Loano, non loin des lignes avancées de l'armée, on découvre sur le penchant d'une colline boisée le village pittoresque de San-Pietro del Monte. Deux cavaliers gravissaient avec peine le chemin pierreux qui y conduit, mais l'un d'eux enveloppé dans un long manteau, paraissait se jouer des difficultés que le terrain opposait à son cheval. L'animal ardent et belliqueux blanchissait son mors et hennissait en piétinant sur les rochers qui interrompaient la route à chaque instant. Le second cavalier, qui était beaucoup moins bien monté, et qui d'ailleurs paraissait se tenir par devoir à une certaine distance de son compagnon, portait l'uniforme d'un sous-officier de dragons.

Quand ils furent arrivés sur la plate-forme où le village de San-Pietro est bâti, et non loin des maisons que les sapins dont la colline est peuplée empêchent d'apercevoir de loin, le cavalier qui marchait en avant, s'arrêta, descendit de cheval, et remit les guides entre les mains du dragon, en lui donnant à voix basse quelques ordres auxquels ce dernier ne répondit que par une signe de tête. Le dragon se mit à siffler un air national, tandis que son compagnon s'enveloppant dans son manteau à l'italienne, comme s'il eût craint d'être reconnu, disparaissait dans la principale rue du village.

La plupart des habitans de San-Pietro étaient encore réunis par groupes devant leurs maisons tapissées de chèvrefeuilles dont les grappes odorantes commençaient à poindre. On distinguait au milieu de chaque famille, qui, suivant la coutume du pays, jouissait ainsi de la douce température du soir, des uniformes français. Ici, un soldat de la république racontait, dans son langage franc et naïf, quelques uns des grands évènemens de la révolution. Là, une jeune fille chantait une cansonnette, en s'accompagnant sur la harpe piémontaise, le tympanon aux cordes sonores. Mais partout de joyeux éclats de rire, des danses ou une conversation animée annonçaient que l'occupation française n'était point regardée comme une calamité par les habitans de cette contrée.

L'officier, car le personnage dont il vient d'être question paraissait appartenir à l'armée, ne prit pas le temps d'observer le tableau gracieux qui se déroulait devant lui; il passa rapidement au milieu des groupes de danseurs et de chanteurs sans répondre aux quolibets dont il fut l'objet. On le prenait tour à tour pour un mari jaloux ou pour un amant favorisé; et les joyeuses jeunes filles de San-Pietro ne lui épargnaient ni les épigrammes ni les reproches sur le mystère dont il s'environnait. Il s'arrêta à l'entrée d'une place où plusieurs ruelles venaient aboutir, et où les indications lui manquèrent pour continuer son chemin.

— Jeune homme, dit-il à un habitant de San-Pietro qui le suivait depuis quelques instans, pouvez-vous m'indiquer la rue qui conduit à l'église du village?

— Je ne comprends pas, répondit brusquement le jeune homme en dialecte piémontais. Que san Pietro vous bénisse!

— Et quelques piécettes, jetées dans ta bourse, pourraient-elles te délier la langue, et apaiser ta mauvaise humeur? ragazzo del diavolo! reprit l'officier en se servant avec facilité du même patois.

— Boujaronne! s'écria le garçon en regardant l'étranger avec étonnement. Votre seigneurie est de notre pays : je vais vous conduire à l'église de San-Pietro. Pardonnez-moi; par saint Joseph mon patron! je vous avais pris pour un de ces chiens de Français qui désolent la contrée.

— Ah! tu n'aimes pas les Français; mais tous les habitans de ce village ne pensent pas comme toi, d'après tout ce que j'ai vu.

— E vero! boujaronne! ce n'est que trop vrai, excellence, reprit le jeune homme en frappant du pied. Ce sont nos filles, les coquettes! qui préfèrent les Français aux braves garçons qui ont grandi avec elles sous nos arbres. Malédiction !

— Allons, je gagerais un écu de Turin que ta maîtresse a été infidèle, dit en riant l'officier.

— C'est encore vrai, Votre Seigneurie, et ce qu'il y a de plus cruel, c'est que la vieille Annunciata, ma grand'tante, ne se gêne pas pour engager les jeunes filles à écouter les Français. O corpo di Bacco !

— Ah ! reprit l'officier, ne t'appelles-tu pas Giuseppe ? N'as-tu pas une sœur qui se nomme Teresina, et qui a pour amoureux un grenadier de l'armée française ?...

— Per la Madre santissima ! dit le jeune homme frappé d'étonnement, il faut que Votre Seigneurie soit du pays pour connaître ainsi l'intérieur de la maison de mon père. Ah ! Excellence, je ne l'aime pas ce grenadier, et, après tout, que Dieu nous pardonne ! il faut bien l'avouer ; c'est un honnête et joyeux garçon ; mais c'est un grenadier aussi qui m'a enlevé le cœur de Bernardina... Adieu, Votre Seigneurie ; voici l'église de San-Pietro. Croyez-moi, si vous avez des amours dans le pays, ce que je puis supposer, prenez garde qu'on ne vous prive du bonheur et du repos. Voyez, moi, j'ai tout perdu en perdant Bernardina ! et qui ne se- rait fié à son doux regard, et à sa voix plus douce encore !... Ma! baste ! Il fit claquer ses doigts, et abaissa un moment ses regards vers la terre avec tristesse.

— Et la récompense que je t'ai promise...

— Niente ! niente ! reprit vivement le jeune homme ; je ne puis rien recevoir de quelqu'un qui parle la langue de mon pays. Adieu, Seigneurie ; je vais rôder autour de la maison de Bernardina. Ses yeux vifs brillaient d'un éclat extraordinaire.

— Écoute bien, Giuseppe, reprit l'officier en étendant l'index de la main droite, prends garde surtout de te servir du stylet, comme tu l'as déjà fait avec l'amoureux de Teresina.

Le jeune homme tressaillit en jetant un étrange regard sur ce personnage qui parais- sait si bien le connaître.

— Sangue del Christo ! murmura-t-il d'une voix sombre, le stylet est l'arme de nos pères ; il atteint un ennemi de plus loin que l'épée.

— Ce n'est pas l'arme des hommes coura- geux, Giuseppe ; les Français fusillent quicon- que se sert du stylet. Adieu.

—Adieu, Votre Seigneurie, répliqua le jeune homme, qui s'éloigna en passant convulsivement la main sur son front.

La petite église de San-Pietro del Monte est environnée de mélèses et de sapins dont le sombre et antique feuillage cache, comme sous un voile épais, ses dentelures gothiques et son portique à demi dégradé par le temps, couvert de pariétaires et de girofliers jaunes. Ce monument du moyen âge, qui a conservé la pensée grave et religieuse de ses constructeurs, inspire au voyageur un sentiment profond de mélancolie et d'admiration rêveuse. Le porche qu'on retrouve dans la plupart des temples construits à cette époque reculée, règne en forme de galerie ouverte dans tout le pourtour de l'édifice. Les rayons de la lune, interceptés par les ogives cintrées de cette partie extérieure de San-Pietro, ne pénétraient qu'à demi sous la voûte. Ce fut là que l'officier républicain s'arrêta. Il jeta autour de lui un regard scrutateur, et prêta un moment l'oreille comme pour s'assurer s'il était effectivement seul dans ce lieu abandonné à cette heure par la piété des fidèles. Il marchait à grands pas, et rejetant son manteau en arrière, il croisait les bras sur sa poitrine, puis il s'arrêtait tout-à-coup, et, faisant un pas hors de la voûte, son œil de feu se promenait dans le ciel comme s'il eût voulu y chercher quelque signe inconnu dont le mystère s'accordât avec celui de sa pensée. Mais peu d'instans après, la voix mâle et forte d'un Français, qui répétait les premiers vers d'une chanson militaire, retentit sous la voûte paisible du porche de San-Pietro, et attira l'attention du personnage solitaire qui était venu le visiter.

Immédiatement après la revue du général en chef, un des officiers attachés à sa personne s'était présenté au bivouac de la trente-deuxième demi-brigade, et avait demandé à parler au grenadier qui a été désigné ailleurs sous le nom du Provençal. Il eut un court moment d'entretien avec lui, et s'éloigna rapidement. Celui-ci suivit des yeux l'aide-de-camp, aussi long-temps que le galop rapide de son cheval le permit. Il parut plongé dans un étonnement silencieux dont les bruyantes exclamations de ses camarades le tirèrent avec peine.

— Ah çà! parleras-tu, Provençal, lui dit le sergent Gilbert en lui secouant fortement le bras; que te veulent donc les aides-de-camp du général en chef?

— C'est un secret, répondit le soldat d'un air encore distrait et rêveur, oui, c'est un secret, sergent Gilbert; et que le diable m'emporte si j'y comprends quelque chose!

— Très bien, Provençal, tu es destiné aux grandes aventures.

— Ne dites rien devant les autres, sergent, murmura le Provençal à voix basse; vous êtes un brave et digne homme, Gilbert, et il faut que je vous consulte. Eh bien! les amis, qu'avez-vous donc à me regarder ainsi comme si je descendais de la lune? L'aide-de-camp du général en chef est mon cousin, voilà l'histoire.

— C'est étonnant, dit un soldat, que tu aies laissé dormir cette parenté si long-temps.

— Oui, ajouta un autre; on ne trouve pas des cousins comme ça sous les pieds des chevaux. Cré coquin, excusez!

— Allons, reprit le sergent, occupons-nous de nos affaires. A la soupe d'abord, et puis il faut que quatre hommes et un caporal reconduisent l'émigré aux avant-postes, si toutefois le brave homme est en état de marcher.

— Prenez garde de le blesser, l'aristocrate! murmura un soldat; que ne lui fournit-on une voiture rembourrée avec du coton? Ah! nom d'un chien! du temps de Robespierre on ne s'y prenait pas ainsi avec les émigrés. Mais la république est enfoncée.

— Paix! ajouta Gilbert d'un ton sévère; si tu as un père, camarade, aie pitié d'un vieillard, et respecte le malheur. Aujourd'hui la république bat ses ennemis, le canon vaut mieux que la guillotine, ça me fait cet effet toujours.

— Eh bien! sergent, reprit le Provençal en s'éloignant sans affectation avec l'honnête Gilbert, voilà la chose en question : l'aide-de-camp vient de m'annoncer que je devais me trouver seul ce soir, à dix heures précises, à la porte de l'église de San-Pietro. Oui, c'est comme je vous le dis... Heim! que pensez-vous de ça?

— Mais, dit le sergent, si l'aide-de-camp était une brune jalouse de ce pays, ou seulement un gaillard qui porte un stylet dans sa manche, je te dirais, Provençal, c'est une couleur, mon garçon, il faut prendre garde à toi, et bien certainement deux ou trois bons enfans de la compagnie, moi tout le premier, nous voudrions t'accompagner. Mais l'aide-de-camp ne t'a pas donné cet ordre de son propre mouvement : en conséquence, vois-tu, je te conseille d'obéir vivement et sans crainte.

— La crainte... bagasse ! sergent, c'est une marchandise que nous ne mêlons pas avec les cartouches de la république, et sacrebleu ! j'irai, puisque c'est votre avis ; je m'en vais seulement passer mon briquet sur la pierre à rasoir du perruquier de la compagnie, parce qu'on ne sait pas... Sur tout cela, motus, mon ancien.

Peu de temps après le coucher du soleil le Provençal se dirigea du côté de San-Pietro del Monte, et laissant le village à sa droite, comme les chemins lui étaient parfaitement connus, il arriva à travers champs à l'église à peu près à l'heure qui lui avait été indiquée. L'officier drapant de nouveau son manteau de manière à cacher entièrement sa figure, s'approcha aussitôt de lui.

— Est-ce donc vous, camarade ? dit le Provençal en portant la main sur la poignée de son sabre, car il s'attendait à une affaire d'honneur qui aurait pu lui être suscitée par quelque admirateur malheureux des charmes de Teresina.

— N'ajoutez pas un seul mot, répliqua l'officier en l'interrompant brusquement d'un ton a voix imposant.

Le Provençal porta aussitôt le revers de sa main sur son front, car il venait de reconnaître le personnage qui prenait avec lui ce ton d'autorité.

— Répondez-moi avec la franchise d'un soldat, reprit l'officier, êtes vous capable de discrétion ?

— Au péril de ma vie, mon...

— C'est très bien, que vous me connaissiez ou que vous ne me connaissiez pas, ce soir je suis votre camarade, un officier de l'armée, rien de plus. Ne l'oubliez pas.

— Il suffit, mon... citoyen, voulais-je dire.

— Vous avez une maîtresse dans ce village ?

Le Provençal tressaillit.

— Oui, citoyen.

— Vous l'aimez assez pour l'épouser ?

— Je l'aime tendrement, et si je n'ai pas bientôt la tête cassée, mon intention est d'en faire ma femme.

— La vie d'un soldat est dans la main de Dieu comme celle de tous les hommes, mais si votre destinée le permet, je vous aiderai à accomplir ce dernier vœu. Conduisez-moi dans la maison de votre fiancée, où je suppose que vous êtes assez libre pour introduire un de vos camarades.

— Cela m'est déjà arrivé plus d'une fois. Mais pourrais-je vous demander...

— Rien, discrétion et obéissance, le reste me regarde. Marchons !

Cette explication dura à peine quelques minutes; mais, loin d'avoir apporté aucun éclaircissement au Provençal, elle n'avait fait qu'augmenter son étonnement et ajouter aux mille conjectures que lui suggérait la demi-confidence étrange qui lui était faite. La maison où il conduisit l'officier n'était point éloignée de l'église, et il la lui montra peu d'instans après à l'extrémité d'une allée de sycomores qui y conduisait.

Une jeune fille pensive et triste était assise sur un banc de pierre qu'ombrageaient les branches touffues d'un chèvrefeuille. Elle tressaillit au bruit des pas qui retentissaient dans l'avenue, et poussa un cri de joie en reconnaissant le Provençal; elle jeta ses bras autour de son cou, et s'apercevant tout-à-coup qu'il n'était pas seul, elle retomba sur le banc et baissa les yeux en tremblant.

— Oh! c'est mal, Henri, dit-elle, c'est très mal: pourquoi ne pas me prévenir?

— As-tu donc peur, Teresina, d'avouer devant quelqu'un que tu m'aimes! moi je le dis à tout le monde, et c'est mon seul bonheur quand je ne te vois pas. Mais écoute, ce personnage qui t'effraie tant est un officier de l'armée que j'ai accompagné pour une reconnaissance militaire, et qui a bien voulu s'arrêter ici un moment. Ainsi montre-toi aimable et bonne comme tu l'es toujours, et offre quelques rafraîchissemens au citoyen.

— Teresina! dit une voix forte et sévère qui partait de l'intérieur de la maison.

— C'est ma tante Annunciata, s'écria Teresina; il faut que je lui réponde à l'instant. Henri, fais entrer ton officier, qu'il soit le bienvenu dans cette maison.

L'officier fit signe au Provençal de le précéder. Ils entrèrent d'abord dans une grande pièce qui n'était éclairée que par la flamme d'un foyer sur lequel bouillait la pollenta qui sert principalement de nourriture aux habitans de ces montagnes. Ils s'assirent ensuite dans une salle basse beaucoup plus étroite, où une femme déjà avancée en âge filait à la lueur d'une lampe de cuivre suspendue à une petite solive enfumée. Au moment où le Provençal et son mystérieux compagnon entrèrent dans cette partie de la rustique habitation, la matrone plaçant sa main sur la lampe de manière à diriger la clarté du côté de la porte, demandait à Teresina la cause du bruit qu'elle avait entendu.

— C'est moi, mère Annunciata, dit le Provençal, qui viens vous faire mes adieux, car demain nous partons.

— Oui, demain, et pour toujours, s'écria douloureusement Teresina.

— Paix, jeune folle, reprit la vieille Annunciata; vous appartient-il de parler ainsi de l'avenir? Mais, ajouta-t-elle en élevant la voix, tandis que ses yeux brillèrent sous son front chargé de rides, et que les muscles de son visage amaigri se contractèrent, tu n'es pas venu seul ici, Henri le Provençal; il est impossible que tu sois venu seul, à moins que je ne sois, moi, qu'une paysanne ignorante, une pauvre folle de qui Dieu s'est retiré. Mais qui oserait dire cela? il y a ici quelqu'un qui est au-dessus de nous, et qui dominera sur les nations de la terre, comme le soleil qui ramène les beaux jours, mais dont souvent les rayons brûlans déssèchent les moissons.

Cette femme extraordinaire avait un extérieur remarquable, et qui s'alliait parfaitement avec le langage figuré dont elle venait de se servir. Néanmoins rien ni dans sa physionomie calme et sévère, ni dans son costume qui était celui des fermières aisées du Piémont, n'annonçait que son esprit fût dérangé, ou que des passions inconnues, en réagissant sur son imagination, y portassent cette exaltation qui se révélait dans ses paroles. Elle était d'une taille moyenne, moins âgée peut-être que sa maigreur pouvait le faire supposer; le genre musculaire, qui était fortement prononcé chez elle, en excluait du moins jusqu'à l'apparence de la faiblesse et des infirmités qui accablent la vieillesse. Ses yeux étaient vifs et brillans, mais ce n'était pas un feu semblable à celui du jeune âge qui les animait; il y avait dans leur éclat quelque chose d'étrange et d'inaccoutumé. Ses lèvres minces disparaissaient habituellement sous les plis que formaient les chairs de la partie inférieure de son visage. L'expression générale de sa physionomie, quoique froide et austère, n'était nullement repoussante, et annonçait seulement la vie ascétique de cette femme, et les habitudes méditatives auxquelles elle se livrait. Telle était Annunciata, la sainte ou plutôt la prophétesse de San-Pietro del Monte.

A peine eut-elle prononcé les paroles que nous venons de rapporter, que, saisissant de nouveau sa lampe, elle promena autour d'elle sa lumière faible et pâle. Dans ce moment, l'officier, qui avait cessé de cacher son visage dans les vastes plis de son manteau, examinait la vieille femme avec une attention étrange. Ses yeux, comme ceux de l'aigle qui devinent à l'horizon ou dans les nuées la plus faible proie, étaient attachés sur elle, et semblaient lire dans l'âme d'Annunciata le secret de son enthousiasme mystérieux. Un rayon de la lampe éclaira la physionomie de ce jeune homme, et aussitôt la vieille femme poussa un cri qui sembla à la fois une expression d'étonnement, de terreur et de joie. Ses lèvres s'entrouvrirent, comme si une heureuse pensée y appelait le sourire; mais un tremblement convulsif agita ses membres, et cependant, immobile et debout, on aurait dit que, saisie par le fluide électrique, la foudre venait de tomber auprès d'elle, ou qu'elle était fascinée par quelque apparition d'un caractère surhumain. La surprise naïve de Henri le Provençal et de sa Teresina formait dans ce tableau bizarre comme une de ces ombres légères que le peintre jette en se jouant sur la toile que son génie va animer.

— Eh bien! bonne mère, dit l'officier qui reprit en peu de temps son calme habituel, est-ce que ma présence dans cette maison vous causerait quelque chagrin?

— Que Dieu et la sainte Vierge nous assistent! répondit Annunciata d'une voix émue, ce n'est pas ce nom qu'il convient de donner à l'agitation que j'éprouve. Je vous attendais! C'est lui! oh! c'est bien ce hardi jeune homme que j'ai vu dans mes songes debout sur le pic le plus élevé des hautes montagnes de nos Apennins! Sa tête se perdait dans la nue où se forme le tonnerre, où sommeillent les orages, jusqu'au moment où une main éternelle les jette sur la terre. Oui! c'est bien lui. Ses bras immenses se perdaient en s'étendant vers les deux points opposés de l'horizon, et les couronnes, les sceptres, les trônes, les antiques lois des peuples gisaient comme des décombres sous ses larges pieds. Pourquoi vouliez-vous me tromper? Ne voyez-vous pas que je vous connais?... Enfans, laissez-nous, ajouta-t-elle d'un ton absolu : laissez-nous! vos oreilles ne sont pas faites pour recueillir les paroles qui sortiront ce soir de ma bouche.

Ils obéirent et s'éloignèrent tous deux.

Quelle fut la suite de cette entrevue extraordinaire? quelles furent donc les paroles prophétiques de la sainte femme de San-Pietro? on l'ignore. La curiosité des jeunes gens, excitée par la sévère défense d'Annunciata, ne put être satisfaite : ce fut en vain que, retenant leur haleine, ils écoutèrent long-temps, ils ne recueillirent que quelques phrases, quelques mots, qui arrivaient à eux comme des rafales de vent.

Quelquefois la voix d'Annunciata se répandait en éclats bruyans, d'autres fois elle s'adoucissait comme si elle fût descendue jusqu'à la prière. Le jeune officier se promenait à grands pas, et sa parole brève, saccadée, couvrait par intervalles la voix de la vieille femme.

— Oh! du sang, du sang... d'immenses ar-

mées... et puis entendez les cris de victoire !
Oui, les sérénissimes républiques de Gênes et
de Venise la superbe, elles passeront devant
vous comme ces nuages de fumée que dissipe
le vent.

— Une couronne !... Oh! non, non! Oh! la
France... pays bien-aimé... la république !

Ici un éclat de rire sardonique d'Annunciata.

— La liberté foulée aux pieds; c'est la volonté de Dieu; mais malheur au parricide...
Oui, des jours filés d'or et de soie... des palais...
l'orgueil des rois humilié... une femme amie
de ton peuple; une femme comme ton génie
tutélaire... Ton cœur est donc d'airain... Une
princesse du sang des rois... Misère! pitié!

— Non, non, le ciel ne le voudra pas... Ma
mission sur la terre... immense !... et mourir si
loin de la France, sans voir mon fils... Les traîtres ! Oh! je connais bien les hommes... L'Angleterre paiera cher ses prévisions... qu'elle
meure! c'est mon aigle qui doit la dévorer...
Malheureux père... mon fils... tête d'armée...

— Une goutte de sang sur ma main !... Au
secours! au secours! pitié pour lui; c'est un
enfant que les passions ont égaré... Oui, oui,
un crime affreux a désolé ma maison...

— Adieu donc, Teresina, adieu, tu seras mes seules amours, dit le Provençal.

Le lendemain à la pointe du jour, au moment où l'armée se mettait en marche, on conduisit devant le général en chef un jeune homme qui avait tué la veille un grenadier français d'un coup de stylet. L'assassin, dans un silence sombre et farouche, regarda le général, mais sans élever vers lui aucune parole suppliante.

— Ne t'avais-je pas dit, Giuseppe, que les Français fusillaient ceux qui se servaient du stylet ?...

Le général en chef passa rapidement, après avoir prononcé ces paroles à l'oreille de l'assassin, qui tressaillit à ce son de voix.

— Qu'on le fusille! dit un officier supérieur froidement, en faisant signe à un peloton de s'avancer.

— Arrêtez! arrêtez!... Henri, où es-tu?... Mon frère, mon Giuseppe!

C'était Teresina; mais Giuseppe venait de tomber percé de plusieurs balles.

CHAPITRE VI.

UNE VICTOIRE PAR JOUR.

> Si un jour les Français qui ont servi sous Bonaparte disent avec un juste sentiment d'orgueil : *J'étais de l'armée d'Italie!* peut-être y aura-t-il aussi quelque honneur de pouvoir ajouter : *J'étais de la trente-deuxième.*
>
> *Archives de la guerre.*

Le 22 germinal, dès la pointe du jour, les armées républicaine et austro-sarde commencèrent simultanément leur mouvement d'attaque. Jamais le destin capricieux, qui se joue sur les champs de bataille des conceptions du génie et de la valeur, et de l'héroïsme et du dévouement à la patrie, n'avait eu à se prononcer dans une lutte plus mémorable; jamais la victoire ne devait avoir des résultats plus importans pour l'ordre social.

D'un côté, la liberté française, encore jeune et audacieuse, mais meurtrie, polluée par les factions, commençait sa cinquième campagne;

des lauriers ombrageaient son bonnet phrygien, et ce signe redoutable de l'affranchissement d'une grande nation avait apparu au-delà des frontières, comme un astre nouveau qui menaçait d'embraser le monde. La république avait déjà des souvenirs de gloire : le soleil de Valmy, de Jemmapes, de Hondtschoot, de Fleurus, de Pampelune, des Alberbes, de Loano, avait jeté un brillant reflet sur les triples couleurs de son drapeau. Mais par combien de revers et de défaites n'avait-elle pas acheté ces succès au milieu des discordes civiles qui déchiraient le pays! Les armées d'Italie et du Rhin, belles de jeunesse et d'espérance, dernier effort de la liberté menacée de toutes parts, allaient décider du sort de la France. Elles avaient reçu l'ordre de marcher au pas de charge, et de frapper au cœur la coalition, en culbutant par-delà l'Apennin et le Danube les bataillons de la maison d'Autriche, implacable ennemie des grandeurs de la France.

De l'autre côté, la coalition des rois, forte des traditions antiques du droit féodal, toutes-puissantes encore sur l'esprit des peuples abrutis par un long esclavage, venait, comme le génie protecteur des vieilles mœurs européennes, se jeter au-devant des hardis novateurs que la France avait enfantés; elle avait remis l'épée du Saint-Empire entre les mains du feld-maréchal Beaulieu. Ce général brave et intelligent, qui conservait sous ses cheveux blancs l'ardeur et l'activité du jeune âge, ne doutait pas de son succès. Il rêvait la chute de la république française, et ce laurier, le plus beau qui pût jamais être cueilli de la main d'un soldat, devait compléter sa couronne militaire et illustrer ses derniers jours. Beaulieu connaissait déjà les Français : il avait eu l'honneur de les repousser à Tournay, à Valenciennes, à Courtray, au temps de la première coalition, quand nos jeunes citoyens, à peine armés, s'essayaient aux combats, et, plus souvent dispersés que battus, n'apportaient dans les camps qu'un dévouement patriotique, dont la trahison trop de fois neutralisa les efforts. Le feld-maréchal fut ainsi désigné par le conseil aulique pour réparer l'échec de Dewins à Loano, et reprendre l'offensive dans les Alpes. Il avait fait entrer pour quelque chose dans ses prévisions le courage des Français, mais il n'avait pu faire aucune part au génie de leur général en chef. Comment un jeune homme sans expérience de la guerre, et commandant à des troupes dont l'esprit révolutionnaire avait détruit la discipline, pourrait-il résister à un vieux capitaine, dont les soldats, disciplinés par le bâton, n'avaient d'autre inspiration, d'autre volonté que celle de leur chef? Le temps était venu où l'audace et le courage devaient briser toutes les combinaisons de l'obéissance passive et des antiques théories. La coalition comme la France avaient sur le Rhin d'autres généraux et d'autres armées; mais c'étaient, en résultat, Bonaparte et Beaulieu qui étaient les dépositaires de leurs espérances et de leur pensée. Bientôt l'Europe attentive concentra ses regards et son intérêt sur ces deux hommes illustres, dont l'un avait une grande renommée à faire, l'autre d'honorables antécédens à conserver.

A moi donc, héroïques souvenirs de la république sainte! beaux songes, sitôt évanouis, descendez sur moi, semblables aux rayons du soleil de floréal qui répandent sur la terre la fécondité et la vie! enivrez mes regards de vos images merveilleuses, rappelez-moi ces récits fabuleux que le vétéran apporte aux foyers des hameaux, redites-moi ces marches rapides, ces combats multipliés, ces victoires imprévues qui réjouirent la France dans ces jours de bonheur et de gloire où le sang de ces enfans était payé d'un prix si beau!... Vive la liberté!

Deux bourgs du nom à jamais célèbre de Montenotte existent, l'un sur le versant méditerranéen, l'autre sur le versant italique de l'Apennin septentrional. Ils sont situés à peu de distance des sources du Tanaro, où les Alpes abaissent leurs crêtes neigeuses, et où commence cette longue chaîne de montagnes qui parcourent l'Italie dans toute sa longueur, et la sèment de leurs mamelons sinueux et irréguliers. Cette partie de l'Apennin qui va voir s'ouvrir la campagne, ou plutôt commencer le prologue du grand drame militaire de l'an IV et de l'an V, forme comme un amphithéâtre dont les gradins inférieurs se perdent au sud dans les eaux de la Méditerranée. La route, alors à peine tracée, de Nice à Gênes, se trouve ainsi resserrée entre les montagnes et la rivière de Gênes, où les Anglais paradaient avec quelques vaisseaux. C'est sur cette ligne étroite et qui se conforme aux caprices de la mer que se trouvent Loano, Noli, Savonne et Voltri. Au sud, l'Apennin s'arrête dans cette direction à la Bochetta, où il existe un col ou passage par lequel on débouche sur le territoire occidental de Gênes. Montenotte supérieur occupe l'un des points les plus élevés de ce chaînon qui domine la vallée de la Bormida, et forme ainsi l'une des portes du Piémont. Cette position est elle-même couverte par le Monte-Legino, où les Français s'étaient fortifiés à la hâte.

Quel était le dessein de l'armée républicaine? espérait-elle pénétrer dans le Piémont en descendant dans les vallées du Belbo et du Tanaro? Colli, général ferme et expérimenté, gardait ces passages difficiles à la tête d'une armée qui en occupait tous les points culminans. Son intention n'était-elle pas plutôt de faire une pointe sur Gênes, et d'envahir le Milanais en traversant le territoire de cette république? Elle eût alors tourné le Piémont qu'elle aurait laissé à sa gauche, et dont il lui eût été facile de faire taire l'hostilité quand les remparts de Milan auraient été mis sous la garde du canon français. Les prévisions inspirées par un plan aussi régulier, et que la tactique du xviiie siècle pouvait s'attacher à combattre par des combinaisons de la même école, étaient mal fondées. Ce plan n'était pas celui que devait adopter le général Bonaparte, dont les inspirations imprévues et le génie créateur allaient imprimer à l'art de la guerre une impulsion toute nouvelle.

Néanmoins, dans une préoccupation justifiée par les connaissances militaires du temps, Beaulieu se décida à couvrir Gênes pour demeurer en communication avec la flotte anglaise. Il dirigea sur ce point le gros de son armée, et au moyen de deux fortes divisions commandées par les généraux d'Argenteau et Provera, qui en formèrent le centre, il s'appuya par sa droite à la gauche du général piémontais, qui occupait avec toute l'armée sarde l'extrémité de cette longue ligne de bataille coupée sur différens points par des montagnes et des cols impraticables. Le sentiment national de Colli lui avait fait ouvrir un avis entièrement opposé à celui de Beaulieu. Il aurait voulu couvrir le Piémont et attaquer les Français par leur centre; mais le feld-maréchal ne pouvant s'imaginer que les Français se jetassent imprudemment dans une contrée montueuse où il était facile de les envelopper, rejeta cette opinion, et l'on a vu que Bonaparte connai sait déjà la mésintelligence qui avait éclaté entre les deux chefs de l'armée austro-sarde. Sa résolution fut rapide comme le coup d'œil qu'il jeta sur toutes les cases de cet immense échiquier. Le général républicain dirigea la plus grande partie de ses forces sur Montenotte, et résolut d'écraser le centre affaibli de l'ennemi, afin de séparer par une action décisive les deux ailes de l'armée de la coalition.

La division Laharpe, qui formait la droite des Français, s'engagea par Savonne et Voltri sur la route de Gênes, et déjà Cervoni, qui en commandait l'avant-garde, touchait aux portes de cette cité. Ce général n'opposa sur ce point qu'une résistance calculée à l'attaque impétueuse de Beaulieu, qui entra dans Voltri pour communiquer avec l'amiral Nelson, tandis que plusieurs divisions de son armée se mirent à la poursuite des Français.

Cependant le général d'Argentau, obéissant, dit-on, aux instructions du feld-maréchal, traversa avec toutes ses forces le col de Montenotte, dans l'intention de se porter sur Savonne, et d'avoir affaire au centre de l'armée française. Les Autrichiens attaquent sur toute cette ligne avec une résolution digne du courage de leur ennemi qui recule devant eux et leur abandonne plusieurs redoutes, après une vigoureuse résistance, dont la force numérique devait triompher un moment. Les Autrichiens, exaltés par ces premiers succès, se présentèrent devant Monte-Legino, où le brave chef de brigade Rampon s'était jeté avec deux bataillons de la trente-deuxième demi-brigade. Laharpe, dont ce détachement formait l'extrême gauche, était à Madona di Savonne, à cheval sur la route de Gênes et de Montenotte, pour masquer les opérations de Bonaparte et surveiller Beaulieu. La marche rapide des Autrichiens sur le centre des Français compromettait le sort de la journée, et l'instinct militaire de Rampon, en lui révélant les dangers de ses frères d'armes, lui inspira l'un des plus beaux dévouemens dont l'histoire fasse mention (1).

A l'approche des Autrichiens, dont le feu meurtrier commence à battre les faibles rem-

---

(1) Tous les corps qui faisaient partie de l'armée d'Italie ont sans doute des droits égaux à l'estime, à la reconnaissance et à l'admiration de la postérité, mais tous n'ont pu se trouver à même de donner des preuves aussi éclatantes de leur courage. On lit, dans le tome XI des *Victoires et Conquêtes*, que le colonel Rampon avait sous ses ordres à Monte-Legino un bataillon de la vingt et unième et trois compagnies de grenadiers de la cent dix-septième demi-brigade. Cette

parts derrière lesquels Rampon et ses douze cents soldats sont postés, l'intrépide jeune homme s'élance sur un monceau de pierre d'où sa voix peut se faire entendre de tous ses compagnons.

— Camarades! s'écrie-t-il avec l'accent d'un noble enthousiasme, douze mille hommes marchent contre nous en colonne serrée. S'ils s'emparent de cette redoute tout est perdu, il faudra que les soldats de la république fuient devant les Autrichiens. Camarades! dévouons-nous pour le salut de tous! vive la république!

— Vive la république! répétèrent les soldats d'une voix unanime!

— Eh bien! reprit Rampon, si la république a besoin de notre sang, il faut le lui donner; jurons tous de mourir à ce poste, et honte éternelle à celui qui parlera de se rendre.

Et ce serment généreux fut aussitôt prononcé en présence de l'ennemi, qui était arrivé au pied

---

allégation est complètement inexacte. Rampon était alors chef de brigade ou colonel de la trente-deuxième, et c'est avec deux bataillons de ce corps qu'il accomplit l'admirable défense de la redoute. L'épigraphe placée en tête de ce chapitre est extraite d'un rapport militaire de l'époque, où cette circonstance est mentionnée dans tous ses détails. L'ouvrage dont on vient de parler est, au reste, rempli d'erreurs du même genre.

de la redoute. Alors une lutte terrible s'engage entre les assaillans et cette poignée de héros. Trois fois la brigade de grenadiers autrichiens commandée par Rocavina s'élance avec furie contre les frêles bastions de Monte-Legino, trois fois elle est repoussée, brisée par la baïonnette et le feu des Français. Il était une heure après-midi, le soleil dardait ses brûlans rayons sur ce plateau sanglant, et éclairait une scène sans égale dans les fastes de la guerre. Oh! combien de cœurs généreux cessèrent tout-à-coup de battre, combien de braves soldats scellèrent de leur sang le serment solennel qu'ils venaient de prêter!

Mais d'Argenteau a vu de loin cette héroïque résistance, il veut la faire cesser et s'emparer à tout prix de ce poste arrosé de sang, où quelques soldats bravent son armée et lui ferment un chemin qui mène à la victoire. Il s'avance avec toutes ses forces, et se plaçant lui-même à la tête d'une colonne, il met l'épée à la main et fait entendre aux soldats autrichiens la voix du chef si puissante sur eux! Ils marchent avec colère, avec indignation sur les cadavres de leurs frères dont le feu des Français a jonché les grèves voisines. Hurra! hurra!

Ces cris terribles proférés par tant de voix

irritées n'ébranlent point la constance des républicains, qui répondent par celui de vive la liberté! et cependant... les Français ont usé leur dernière cartouche! séparés de la réserve, ils ne peuvent plus se procurer de munitions; épuisés de fatigue et de faim, la poudre leur manque comme le pain, comme l'eau pour étancher la soif qui les dévore. Monte-Legino va tomber entre les mains des Autrichiens; la brave trente-deuxième demi-brigade, fidèle à son glorieux serment, va mourir et disparaître de l'armée d'Italie...

— Camarades! s'écrie de nouveau Rampon, voici le moment de prouver votre amour pour la république. Croisez la baïonnette!...

L'arme que l'intrépidité française a rendue si meurtrière s'abaisse; les républicains serrent leurs rangs, et ils attendent, avec une résignation sublime, l'approche de leurs ennemis. Les Autrichiens hésitent un instant, car ils ne s'expliquaient pas la cessation subite du feu des Français; néanmoins ils s'approchent des retranchemens sans perdre un seul homme, et d'Argenteau, touché de l'héroïsme des défenseurs de Monte-Legino, peut se faire entendre de leur chef, et l'engager à se rendre.

— Non, répond le colonel avec fermeté; les soldats de la république ont juré de mourir ici, ils ne se rendent pas.

— Non, non, s'écrient les soldats en répétant ces sublimes paroles que les Français devaient prononcer un jour encore, après un affreux revers, et que l'histoire a recueillies alors avec plus de soin comme le testament de la grande armée.

D'Argenteau donne le signal d'une attaque nouvelle; les murs de la redoute sont tombés sous les boulets ennemis, et les Autrichiens se précipitent en avant comme pour s'emparer d'une conquête qu'on ne leur dispute plus; mais un rempart d'airain les arrête, une muraille vivante que la mitraille ne peut entamer, car des braves prennent aussitôt la place de leurs frères qui tombent, et prompts comme l'éclair réparent dans le premier rang les ravages du canon; mais alors la baïonnette française se plonge dans les rangs pressés des Autrichiens dont le sang ruisselle de toutes parts, et dont les cadavres amoncelés remplacent les retranchemens détruits de Monte-Legino.

Cette lutte formidable, et qui, après tant d'années, nous arrache encore des larmes d'admiration, se prolongea jusqu'à une heure avancée de la nuit, sans que l'impétuosité des assaillans se ralentît, sans que l'intrépide courage des assiégés s'affaiblît un seul instant. Mais d'Argenteau, épouvanté des pertes énormes qu'il avait faites, donna le signal de la retraite, et prit position à peu de distance de la redoute, dont il espérait se rendre maître le lendemain. En voyant s'éloigner les Autrichiens, les soldats français, dans leur enthousiasme, battent des mains et entonnent l'hymne des Marseillais.

Ce fut dans ce moment que le brave Rampon se précipita, le sabre à la main, hors de la redoute, comme si cette armée de douze mille hommes, qu'il avait arrêtée après des prodiges incroyables de valeur, lui appartenait. Il n'avait donné aucun ordre, mais quelques uns de ses héroïques compagnons suivirent ses pas. La nuit était sombre, et une brume épaisse qui enveloppait les hauteurs redoublait son obscurité. Rampon donna dans un poste ennemi, qui, croyant être attaqué par les Français dont le courage venait de briller avec tant d'éclat, fit un mouvement de retraite qui s'opéra avec désordre. Les Autrichiens s'aperçoivent bientôt du petit nombre des assaillans; ils reviennent de la terreur qu'ils ont éprouvée, et Rampon tombe entre leurs mains malgré sa défense désespérée. Les braves qui le suivaient ne laissent pas à l'ennemi une aussi belle proie; ils courent sur lui à la baïonnette, et reprennent leur intrépide colonel. Rampon, à peine dégagé, veut de nouveau se jeter sur les Autrichiens; tous les coups de son sabre sont mortels; mais les Autrichiens, étonnés de cette attaque hardie, accourent en force.

— Sacredieu! s'écria un sergent, il faut que ça finisse. Pardon, mon colonel, mais les camarades ont besoin de vous. Il s'empare de lui, le charge sur ses épaules, le porte dans la redoute, et disparaît.

— Quel est celui qui manque ainsi de respect à son colonel? s'écria Rampon d'une voix émue.

— Pourquoi? dit un grenadier.

— Pour que je l'embrasse, répondit le colonel.

— Eh bien! c'est Gilbert!

Les Français avaient besoin de repos, mais ils n'avaient point de vivres, et ils ne pouvaient d'ailleurs allumer des feux, qui auraient servi à diriger les canons des Autrichiens. Dans cet affreux instant, ces braves ne firent entendre aucune plainte ; et si parmi eux quelques uns avaient pu conserver quelques débris d'alimens, un peu d'eau-de-vie, ce fut pour les blessés qu'on s'occupa aussitôt de secourir, car durant l'action cela avait été impossible.

Cependant l'intrépide Rampon, heureux et fier de commander à de pareils soldats, ne songea pas sans douleur au lendemain. Il n'était pas donné à des hommes de continuer une lutte aussi disproportionnée, le courage le plus aveugle et le plus dévoué ne pouvait se créer une illusion semblable. Rampon savait bien que les Autrichiens n'entreraient dans la redoute que sur les cadavres de ses compagnons ; mais c'étaient aussi ses compatriotes; ils étaient pour la plupart nés dans les vallées de l'Isère et du Rhône ; il les aimait comme un chef et comme un ami. Oh ! si son sang avait pu les sauver ! Il résolut d'envoyer un exprès à Laharpe ou à Bonaparte pour faire connaître la position désespérée dans laquelle il se trouvait. Ce fut le lieutenant Gilbert qu'il choisit ; il avait remarqué durant l'action le sang-froid du jeune officier; si celui-ci avait pu cacher sa naissance, son intelligence et son éducation n'avaient point échappé aussi facilement aux observations de ses compagnons de danger. D'ailleurs le colonel, trompé par le nom qu'il portait, pouvait croire, dans le trouble inséparable du dernier évènement de cette journée, qu'Arthur était son libérateur. Il lui donna une lettre adressée au général en chef, en l'engageant à prendre, pour sortir de la redoute, toutes les précautions possibles afin que son absence ne pût être remarquée de personne.

— Allez, citoyen, lui dit-il, vous emportez avec vous le sort de tant de braves, que votre tête est sacrée : j'espère qu'il ne vous arrivera aucun accident.

Mais Bonaparte connaissait la situation de Rampon, et, avant que le jeune lieutenant parvînt à le rencontrer, il avait prescrit toutes les mesures qui devaient non seulement le sauver, mais encore assurer le succès de sa première lutte avec l'ennemi.

Ce fut à Savonne, où il parvint au point du jour, qu'Arthur rencontra Bonaparte. Il était à cheval, et ne paraissait point avoir passé la nuit dans une situation plus commode. Il recevait et expédiait un grand nombre d'aides-de-camp, et dictait ses ordres aux secrétaires qui l'accompagnaient. Sa présence d'esprit suffisait à tout, et aucun détail n'échappait à son étonnante sagacité.

— Approchez. Que voulez-vous? dit-il à Arthur, qui, arrivant auprès de lui haletant et brisé par la fatigue, attendait néanmoins un moment favorable pour lui remettre les dépêches dont il était chargé.

— Je viens, mon général, répondit le jeune homme, vous communiquer cet avis de la part du colonel Rampon.

— Rampon! donnez, donnez vite... Et Bonaparte parcourut avec rapidité la dépêche douloureuse de l'intrépide chef de la trente-deuxième demi-brigade. Aucune émotion ne se manifesta sur ses traits amaigris, seulement un sourire de satisfaction et de joie effleura ses lèvres, et il jeta sur le lieutenant un regard scrutateur que celui-ci soutint avec quelque embarras.

— Comment vous nomme-t-on? demanda brusquement le général.

— Georges Gilbert, répondit Arthur en baissant les yeux malgré lui, et avec une hésitation marquée.

—Depuis quand servez-vous la république?
— Depuis l'an II.
— Ah! je comprends. Je vous ai déjà vu, il y a quelques jours, au bivouac de l'avant-garde. Trouvez-vous quelque inconvénient à me dire votre nom véritable?...

— Aucun, reprit Arthur avec plus de fermeté et comme s'il eût été délivré tout-à-coup d'un poids accablant. Général, je suis un de ces Français infortunés que des lois sanguinaires ont condamnés à l'exil après avoir décimé leurs familles. Je me nomme Saint-Vallier.

— L'avenir, jeune homme, répondit gravement le général, et l'histoire jugeront mieux que nous la moralité des grands évènemens auxquels vous faites allusion. La révolution ne pouvait peut-être briser que par la violence les résistances qui lui étaient opposées. Le temps de cette grande crise sociale était arrivé, le torrent a dû emporter ses digues. Mais laissons cela. Les circonstances qui vous ont contraint de cacher votre nom n'existent plus : le parti que vous prîtes alors est digne d'un cœur noble et généreux ; vous vous êtes fait soldat de la république, vous vous êtes bravement comporté au champ d'honneur, Rampon m'écrit que vous l'avez sauvé...

— Je vous atteste, mon général...

— Paix! nous avons peu de temps à dépenser en paroles. Vous avez reçu une éducation qu'il est de mon devoir de faire servir aux intérêts de l'armée; comme je dois récompenser votre courageux dévouement, je vous nomme capitaine dans mon état-major, et je vous attache à ce service comme officier d'ordonnance.

— Je ferai tous mes efforts, mon général, pour me montrer digne de l'intérêt que vous voulez bien prendre à mon sort; mais vous ne me dites rien au sujet de la dépêche que j'ai été assez heureux pour pouvoir vous remettre. Mon intrépide colonel et mes compatriotes...

— Ah! c'est juste. Tenez, écoutez... voilà la réponse du général Bonaparte.

Le canon grondait dans la direction de Montenotte, et Bonaparte, après avoir dicté ses derniers ordres pour la division Masséna, se mit en marche avec le centre de l'armée sur Altare et Carcare.

Le mouvement de d'Argenteau avait failli renverser tous les plans du général en chef; mais le soir, quand il connut la véritable situation des choses, et qu'il eut appris la généreuse résistance de Monte-Legino, il conçut un nouveau dessein, qui fut exécuté avec un rare bonheur.

La division Laharpe n'avait plus besoin de faire face à Beaulieu, car ce général, s'apercevant trop tard que l'attaque des Français contre Gênes n'était pas sérieuse, avait fait un mouvement sur sa droite pour secourir d'Argenteau; c'était la réussite de cette manœuvre que Bonaparte voulait empêcher. En conséquence, le 23 germinal, avant le lever du soleil, la division Laharpe était rangée en bataille derrière la redoute de Monte-Legino, et ses héroïques défenseurs, pleins à cet aspect d'un nouvel enthousiasme, firent retentir les airs des cris de vive la république! D'Argenteau, qui n'avait reçu aucun avis de son général en chef, persista dans son projet de s'emparer de Monte-Legino, et il donna le signal d'une attaque dont le succès ne pouvait être douteux, car l'héroïsme des républicains ne devait pas résister aux masses imposantes qu'il dirigeait sur ce poste. Tout-à-coup des batteries se démasquent, et la mitraille fait d'affreux ravages dans les rangs autrichiens qui fuient en désordre, car il y avait quelque chose d'étrange et de terrible dans ce secours imprévu qu'avaient reçu les Français.

Cependant d'Argenteau, homme de guerre et de talent, ne tarda pas à se rendre compte d'un mouvement militaire qu'il n'avait pu prévoir, et qui avait porté la terreur parmi ses soldats. Sa présence rétablit l'ordre à son avant-garde, et le combat continua un moment avec des chances honorables pour le général autrichien. Mais Masséna sur Altare, au point culminant de ces montagnes, Augereau sur Monte-Freddo, et Bonaparte, appuyant avec deux divisions et toute la cavalerie la marche de ces deux généraux, vinrent décider cette belle journée. Attaquée de toutes parts, l'armée autrichienne céda le terrain et prit la fuite, en descendant de l'Apennin comme des débris arrachés au sommet des montagnes par les fortes mains de la tempête. Ce fut en vain que le brave d'Argenteau voulut encore une fois rallier ses bataillons épouvantés; ce fut en vain qu'il se jeta au milieu d'eux pour les ramener au combat, il tomba blessé, et fut emporté par ses grenadiers. Quinze cents Autrichiens restèrent sur le champ de bataille, deux mille prisonniers, les drapeaux de plusieurs régimens, des canons, une grande quantité d'armes et de munitions demeurèrent entre les mains des Français.

Telle fut la bataille de Montenotte; tel fut le premier pas du géant militaire qui devait promener sur l'Europe sa puissante épée. C'est du haut de l'Apennin que sa voix parla au monde pour la première fois; et la nouvelle d'une victoire se répandit avec son nom, que les batteries de Toulon et la bataille du 13 vendémiaire n'avaient point encore révélé, tel que la gloire le comprit dès ce moment solennel.

Les Français avaient mis le pied sur cette terre d'Italie, si fatale en tout temps à ses légions toujours victorieuses et toujours surprises au sein de leur belle conquête par quelque désastre inexplicable et imprévu. Les malheurs qui avaient ravi l'Italie aux Français du temps de nos pères ne devaient alors les frapper qu'après de longs jours de triomphe; mais l'esprit d'insubordination et de révolte, inspiré par la misère et le désespoir, faillit, après Montenotte, à compromettre pour jamais la destinée militaire de Bonaparte, et la renommée de l'armée d'Italie.

Cette victoire, loin de calmer l'irritation et le mécontentement que l'élévation de Bonaparte au grade de général en chef avait fait naître dans l'armée républicaine, semblait, au contraire, avoir augmenté toutes les craintes que son inexpérience pouvait avoir fait concevoir. L'audace et le sang-froid que le jeune général déploya durant ces deux journées, firent craindre à tous les hommes expérimentés que ce chef ne compromît, par ses résolutions inattendues et extraordinaires, le sort de l'armée, que d'imprudens hommes d'état lui avaient confiée. D'un autre côté, la situation des soldats de la république était vraiment digne de pitié. Les vainqueurs de Montenotte, affaiblis par la faim, se traînaient à demi nus sur les routes pierreuses et au travers des vallons stériles de l'Apennin. Le soldat français, vif et enthousiaste, travaillé d'ailleurs par des besoins auxquels l'homme ne peut se ravir, aurait voulu jouir à l'instant même des fruits de sa victoire. Il n'avait pas encore foi dans le général dont il suivait les pas, et dont l'étoile brillante le guidait au milieu des dangers. Brisant tous les liens de la discipline militaire, il murmura hautement en demandant le prix de son sang.

Quelques corps se mutinèrent, et, profitant du moment où le jeune général, plein de joie et d'espérance, passait la revue des braves phalanges qui avaient réalisé les pensées de son génie, ils osèrent lui adresser leurs plaintes menaçantes, et, jetant à terre leurs armes victorieuses, déclarèrent qu'ils n'iraient pas plus loin. Il n'est pas donné à la puissance, à la magie du langage, de peindre les tortures que ces cris désastreux firent entrer dans le cœur de Bonaparte! Que d'illusions généreuses, que de nobles pensées, que d'avenir enfin, se mouraient dans un instant! avec quelle angoisse ne dut-il pas embrasser dans son imagination les espérances, peut-être fantastiques, qu'elle avait rêvées!

Mais Bonaparte sait imposer silence à l'indignation douloureuse qui s'empare de lui; il passe au milieu des rangs sans paraître affecté des interpellations insolentes qui lui sont adressées de toutes parts. Déjà, dans la profonde amertume de son âme, il songe à triompher du découragement de ses soldats, et la victoire qu'il va remporter ne sera pas la moins belle de toutes celles dont la postérité conservera la mémoire.

— Du pain ! du pain !

— La solde ! des habits !

Bonaparte s'arrête un instant, et jetant sur les séditieux un regard ferme et assuré, il semble, en leur montrant son visage maigre et pâli par l'étude, leur dire, avec une éloquence que ses paroles n'auraient pas, que les privations dont ils se plaignent il les éprouve lui-même, que les maux dont ils souffrent il les ressent aussi.

Les plus hardis ou les plus malheureux sortent de leurs rangs, et, s'approchant du général, viennent jeter leurs armes à ses pieds.

— Donne-nous du pain ou notre congé ! dit l'un d'eux en saisissant la bride du cheval de Bonaparte.

— Rentrez dans vos rangs ! répondit le général d'une voix forte, accentuée par une généreuse colère ; celui qui les abandonnera sera chassé de l'armée et n'aura plus sa part dans notre gloire. Et vous, soldats ! ajouta-t-il en montrant aux corps les plus rapprochés de lui les plaines du Piémont et du Milanais qui se déroulaient majestueusement à l'horizon, voici les champs de la fertile Italie. L'abondance est devant vous, sachez la conquérir ; sachez vaincre, et la victoire vous fournira demain tout ce qui vous manque aujourd'hui.

L'inspiration qui a dicté ces paroles pleines d'enthousiasme et d'avenir semble faire battre le cœur des soldats plus égarés que coupables qui les ont entendues. Les plus séditieux relèvent en silence les armes qu'ils avaient abandonnées, ils vont cacher dans les rangs de leurs demi-brigades la rougeur qui couvre leur front, et le cri de vive Bonaparte ! rassure le jeune héros sur les suites d'un évènement dont il avait compris toute la gravité.

Beaulieu avait ordonné un mouvement qui devait amener sa jonction avec l'armée piémontaise, déjà concentrée à Millesimo ; il était à Dego, où se ralliaient les corps échappés à la déroute de Montenotte. Bonaparte avait décidé que la faute commise par le vieux guerrier ne serait pas réparée. Tandis que Masséna et Laharpe débouchent dans la vallée de Dego, Augereau se jette avec intrépidité dans les gorges de Millesimo.

Le général autrichien Provera occupait le fond de ce dernier défilé ; ses troupes étaient postées sur une hauteur formidable, commandée autrefois par le château de Cossaria, dont les ruines gothiques et les vieux remparts offrirent à l'ennemi un refuge momentané. Le brave Augereau montre en souriant à Joubert cet obstacle imprévu. Le bouillant jeune homme le comprend, il marche avec quelques bataillons, et tente l'assaut à la baïonnette. Les Piémontais font rouler sur les républicains des rochers et d'énormes blocs de pierre. Cette manière de combattre qui rappelle d'autres temps jette quelque trouble dans leurs rangs; mais leur jeune chef les excite, les devance l'épée à la main, et déjà leur feu peut atteindre les défenseurs de Cossaria, lorsque Joubert tombe frappé d'une balle. Les Français poussent des cris de vengeance et de douleur, mais ils sont contraints de s'arrêter; obéissant à la voix de leur général mourant, ils bivouaquent au pied de ces hauteurs, et regardent Provera et ses soldats comme une proie qui ne doit point leur échapper.

Il est juste d'ajouter que dans cette journée les soldats de la coalition, sous le commandement de ce vieux et brave général, se montrèrent les dignes émules des soldats républicains. La défense des ruines de Cossaria est un fait d'armes qui honore leur courage, et le nom de Provera mérite d'être inscrit dans les fastes impartiaux de l'histoire.

Pendant ce temps la vallée de la Bormida était envahie par les troupes de Masséna et de Laharpe, qui enlevaient les positions voisines de Dego. Tout se préparait ainsi pour une action générale; elle eut lieu le lendemain. Provera, secondé par un jeune homme, le marquis de Caretto, avait en vain imité la veille le dévouement sublime de Rampon, il fut enfin obligé de déposer les armes devant Augereau. La division de Serrurier, qui, à l'entrée de cette campagne de quelques jours, et cependant déjà mémorable, avait été laissée à Garessio au sommet de l'Apennin, pour surveiller Colli, reçut l'ordre de Bonaparte de descendre dans la vallée du Tanaro, et de se réunir à Augereau pour forcer le général piémontais de sortir du camp de Ceva, et l'isoler entièrement des Autrichiens.

Ceux-ci étaient alors vigoureusement poursuivis par Bonaparte en personne, et fuyaient culbutés sur la route de Dego. Laharpe, Masséna, de Causse, Monnier, Cervoni, commandaient sous les yeux du jeune héros les phalanges républicaines, qui, enivrées par la victoire, oubliaient leurs fatigues et les besoins les plus impérieux. La redoute de Magliani qui couvre Dego, et qui était hérissée d'artillerie, ne put arrêter plus de trois heures nos héroïques soldats. Ils marchèrent à l'assaut la baïonnette au bout du fusil et en chantant la Marseillaise, sous une pluie de mitraille qui déchirait leurs rangs. D'Argenteau, à qui la fortune était si constamment contraire, fut écrasé par Masséna et Laharpe, et ne put rallier ses soldats.

Ces glorieuses journées reçurent le nom de bataille de Millesimo, et de combat de Dego. L'enthousiasme de l'armée était grand, et déjà tous les yeux se tournaient vers le jeune général qui en si peu de jours avait réalisé tant d'espérances et réussi dans des projets si hardis. L'intelligence dont le soldat français est doué à un degré si élevé, ne lui permettait pas de nourrir plus long-temps d'injustes préventions contre le général en chef, en voyant le résultat des combinaisons de son génie.

Dans la soirée du jour où eurent lieu ces

actions mémorables qui ouvrirent aux Français les chemins des riches vallées piémontaises, le bivouac des divisions commandées par Augereau et Laharpe, entre Dego et Millesimo, offrit une scène militaire qui donne une idée du caractère de cette armée, et atteste en même temps la profonde impression que Bonaparte avait déjà produite dans l'imagination de ses intrépides compagnons.

Le ciel était couvert de sombres nuages, un air chaud et pesant circulait dans les vallées du Tanaro et de la Bormida, des éclairs menaçans sillonnaient l'horizon, et la voix de la tempête semblait gémir au loin dans les solitudes de l'Apennin. Mais les Français savouraient autour de quelques feux, et sous les arbres des verdoyantes collines, les heures de repos que la victoire leur laissait enfin. Généraux, officiers et soldats, voluptueusement couchés sur le gazon embaumé, attendaient le repas qu'on préparait à la hâte, et dont les élémens avaient été rassemblés avec peine. Comme ces Spartiates des beaux temps de la Grèce, qui parfumaient leur chevelure, se couronnaient de fleurs et inondaient d'huile leurs membres robustes et nerveux, avant la bataille et après la victoire, nos soldats aussi beaux de courage, d'insouciance et de gaieté, se complaisaient sur le sein de leur conquête, que leur imagination parait de toutes les grâces d'une belle fille. Ils parlaient avec attendrissement de la patrie absente, et des joies que le bruit de leurs triomphes allait y répandre. Ils rêvaient d'avenir, et la pâle figure de Bonaparte dominait dans leur pensée ces grandes actions qu'ils se sentaient capables d'accomplir.

Un groupe nombreux de soldats, appartenant à divers corps et à diverses armes, s'était formé au pied d'une colline couverte de mélèses, dont les feuillages épais offraient un abri contre la tempête, qui semblait, avant d'éclater, se jouer dans des flots de nuages sombres au-dessus des bivouacs de l'armée républicaine. On y parlait avec chaleur, et c'était la personne même du général en chef Bonaparte qui était le sujet de la discussion. Mais, suivant l'usage, beaucoup d'orateurs prenaient à la fois la parole, et au milieu du concert bruyant d'expressions énergiques qui leur échappaient, il était difficile de reconnaître l'opinion dominante. Le brave Augereau, enveloppé dans un long manteau, et la tête appuyée sur une pièce de canon démontée, reposait près de là, sans qu'il osât se plaindre du peu de respect qu'on avait pour son sommeil, sans que sa présence gênât en rien la liberté des discussions.

— Eh bien! dit un lieutenant nouvellement promu à ce grade, choisissons un président pour nous mettre d'acord; si le Directoire n'est pas plus à son aise avec le Corps législatif que moi avec vous, le diable emporte la Constitution de l'an III!

— Halte-là, mon officier, dit un sapeur; vive la Constitution de l'an III! vivent les généraux de l'armée d'Italie! mais liberté, égalité pour les opinions; sacré nom! n'allons pas si vite.

— Bravo! bravo! enfoncé le lieutenant! Tout de même le Provençal avait bien parlé!

Le lecteur devine que la prophétie de la vieille Annunciata commençait à s'accomplir, car cet officier n'était autre que le beau Provençal, notre ancien ami du bivouac, l'amant de Téresina, nommé la veille par Bonaparte lieutenant sur le champ de bataille, et que son nouveau grade n'avait point encore séparé de l'intimité de ses braves camarades.

— Je prends la parole en attendant, dit un grenadier, et je propose pour président... (Ici le nouveau lieutenant se leva sur son séant, persuadé qu'il allait être désigné par l'orateur) je propose Jacques Gilbert, le sergent de la trente-deuxième.

— D'accord, répondit le Provençal en reprenant brusquement sa place, nommons Jacques Gilbert, c'est un brave.

—Jacques Gilbert ! Ho ! hé ! sergent Gilbert ! s'écria-t-on de toutes parts.

Il était seul et triste à peu de distance du bivouac. Plusieurs jours avant l'ouverture de la campagne, il avait remarqué dans les habitudes d'Arthur un changement qui l'affligeait profondément. Il ne trouvait plus en lui cette confiance et cet abandon fraternel dignes du dévouement qu'il lui montrait. Le jeune homme ne lui répondait plus que par monosyllabes, et quand le brave sergent essayait de rappeler à son frère de lait, par quelques touchantes paroles, les souvenirs du pays et de leur fraternité, Arthur s'éloignait en soupirant.

Gilbert n'avait eu depuis l'an II aucune nouvelle de son père et de sa sœur. Il craignait que quelque catastrophe cruelle n'eût troublé le repos de sa famille, et qu'Arthur ne lui cachât à dessein un évènement dont il était lui-même péniblement affecté. Un nouveau sujet d'alarme venait encore ajouter à ces tristes inquiétudes. Qu'était devenu Arthur? Depuis l'affaire de Monte-Legino Gilbert ne l'avait point vu, un lieutenant avait été nommé à sa place, et il ignorait la circonstance qui avait changé la position d'Arthur. Aurait-il quitté l'armée dans un moment où c'était un devoir pour tous les braves qui la composaient de se serrer autour de leurs glorieux drapeaux? Arthur, qui avait donné tant de preuves de courage, qui était l'orgueil du bataillon, aurait-il été entraîné par l'amer souvenir de ses malheurs, et les affections de la classe dans laquelle il était né, jusqu'à passer dans les rangs de l'ennemi?... Ah! cette idée était affreuse pour Gilbert. Mais être parti sans le voir, sans lui dire un mot d'adieu, sans serrer dans sa main la main dévouée de son ami, de son compagnon de berceau! Gilbert ne pouvait le croire; il fallait qu'Arthur eût succombé!...

— Et comment, disait-il, répondrai-je au vieux père quand il me dira: Qu'as-tu fait de notre Arthur, du fils de notre bienfaiteur? Il est mort! son corps est resté dans quelque ravin de ces montagnes. Peut-être n'était-il que blessé, et moi je n'étais pas auprès de lui pour le secourir!... Pauvre Arthur!

Ce fut dans ce moment qu'il entendit à plusieurs reprises retentir son nom dans le camp, et que, reconnu par plusieurs de ses camarades, il fit de vains efforts pour se soustraire à l'honneur qu'on lui déférait.

— Ah! le voilà donc le président; allons, Gilbert, commence tes fonctions.

— Paix! De quoi s'agit-il?

— Je demande la parole, dit le lieutenant.

— Après vous s'il en reste, mon lieutenant, dit un vieil artilleur.

— La parole est au lieutenant; qui aurait dû la prendre tout seul, murmura Gilbert.

— C'est dommage, s'écria un tambour, en se cachant aussitôt derrière un groupe d'auditeurs; c'est dommage qu'on ne puisse ficher une épingle dans la chandelle, car le lieutenant a une fameuse platine.

— Le premier qui parle sans permission, reprit Gilbert avec un sérieux comique, sera mis pendant huit jours à l'arrière-garde, avec les vivandières et les employés.

— Bravo! bravo!

— Citoyens camarades, dit le Provençal avec chaleur, quand il arrive dans une demi-brigade un pauvre garçon qui regrette encore son pays, sa mère et ses sœurs, on se moque de lui, on rit de sa tournure, on lui fait la queue aux distributions. Mais souvent le nouveau-venu met les rieurs à la raison, il passe les vieux sur le champ de bataille, et l'on est bien aise de boire la goutte avec lui, en lui disant: Tu es un brave!

— Sacré bavard! s'écria Augereau en se retournant sur sa couche dure et humide.

— A l'ordre, le général! à l'arrière-garde, le général!

— Oui, venez-y, tas de farceurs!

— Citoyen général, dit le président, je vous prie de faire silence.

— Et moi aussi, car vous m'embêtez tous avec vos discours qui me brisent les oreilles; c'est bien assez que ces chiens de matelas me brisent les côtes.

— Comment le général Augereau peut-il se plaindre d'être couché sur des lauriers? s'écria le lieutenant dont la saillie fut aussitôt couverte d'applaudissemens.

Le général murmura quelques paroles qu'on n'entendit pas, mais la conversation continua à voix basse, car Augereau était aimé et respecté de ses compagnons d'armes, dont, au reste, il autorisait lui-même la familiarité, que les mœurs républicaines avaient introduite dans l'armée, et qui existait indépendamment de la hiérarchie militaire.

— Je soutiens, moi, ajouta l'orateur, que Bonaparte a été mal jugé quand il est venu à l'armée d'Italie. Quel est celui qui l'a vu s'éloigner du danger? quel est le cavalier qui s'est élancé plus intrépidement que lui sur les rochers de Montenotte? qui nous a fait sortir de ces montagnes en battant l'ennemi? et il n'y a que six jours, citoyens, que la campagne a commencé ! Oui, je prétends que Bonaparte a bien mérité de la république.

— A mon tour! dit l'artilleur qui avait demandé la parole. J'étais au siége de Toulon, mes camarades, et c'est là que Bonaparte a fait ses premières armes. Ne vous y fiez pas, ce petit maigre vous mènera loin. Je suis de l'avis du lieutenant : Vive Bonaparte!

—Allons, c'est bon! ajouta un des plus vieux soldats avec ce ton d'humeur et de franchise qui leur est particulier. Il n'y a pas grand'chose à dire contre lui : s'il nous mène loin, nous le suivrons; et s'il peut nous faire donner des culottes et des souliers, rien ne manquera à sa gloire. Voilà mon avis; mais, sacré mille tonnerres! j'obéis à Bonaparte, parce que le gouvernement de la république l'a fait mon général, et je le reconnais seulement dès aujourd'hui pour un brave. Il a l'œil d'un soldat, la patience d'un soldat, le courage d'un soldat. Nous verrons plus tard : en attendant, donnons-lui les épaulettes de grenadier.

— Approuvé. Vive Bonaparte! vive la république!

Le sergent Gilbert résuma la délibération, et recueillit les voix, qui furent unanimes.

— Au nom de la république française, dit-il d'un ton grave, je déclare que le général en chef Bonaparte s'est bien conduit à Montenotte et à Millesimo, et je le proclame soldat de l'armée d'Italie!

Tel fut le premier anneau de cette chaîne puissante qui unit les destinées de Bonaparte à celles de sa patrie, et qui finit par identifier cet homme extraordinaire avec son armée.

Mais tandis que les vainqueurs de Millesimo se livraient aux douceurs d'un repos que leur rendaient si nécessaire les marches forcées et les combats des journées précédentes, un danger imprévu vint tout-à-coup fondre sur eux et les rappeler aux armes.

L'orage qui s'était balancé la veille sur les crêtes de l'Apennin, éclata le 26 germinal sur les vallées où l'armée venait de faire halte. Une fusillade terrible s'engageait en même temps : un nombreux corps d'élite autrichien marchait sur Dego, et, profitant du désordre qu'occasionait cette attaque inattendue, reprenait cette forte position, qui avait été le prix de tant d'efforts et de tant de sang répandu.

Le général Wuckassovitch, interprétant mal un ordre de d'Argenteau, ignorait les revers de son collègue, et arrivait trop tard sur le champ de bataille, qu'il trouvait occupé par les Français. Il reconnut en un moment le danger de sa position, et n'ayant d'autre parti à prendre que de rendre les armes ou de se battre en désespéré, il choisit celui qui était digne d'un homme de cœur : à la tête de ses braves Hongrois, il chargea avec impétuosité les Français, qui d'abord reculèrent étonnés devant leurs ennemis. Ils semblaient en effet se lever sur la terre, inondée de leur sang, où la mort les avait frappés la veille.

Mais ce désordre, inséparable d'une attaque aussi brusque et que la tempête favorisait, ne dura qu'un moment; les lauriers de la brave armée d'Italie ne devaient pas se flétrir aussitôt sur le champ où ils avaient été cueillis. Bonaparte prit immédiatement les dispositions nécessaires; il se montra sur toutes les lignes, et ce fut au bruit des acclamations qui accueillaient sa présence que s'acheva la défaite de Wuckassovitch. Ce général, dont les républicains reconnurent la bravoure, et que, dans leur héroïque impartialité, ils placèrent sur le même rang que leur héros de Monte-Legino, parvint à opérer sa retraite sur Acqui après une perte considérable.

Désormais Beaulieu ne pouvait plus combiner ses opérations avec celles de Colli. Son armée, décimée, battue, découragée, allait essayer encore de couvrir le Milanais. Mais avant d'achever la dispersion totale des Autrichiens, Bonaparte, qui voyait Colli isolé devant lui et le Piémont à ses pieds, allait frapper de ce côté un coup décisif, qui assurait la réussite de ses plans et le succès de cette immortelle campagne.

L'armée ne prit pas un jour de repos, et dès le lendemain l'infatigable Augereau, à la tête des vainqueurs de Dego, attaqua Colli, retranché à Ceva ; Serrurier, dont la division avait été ménagée dans les engagemens précédens, marchait pour appuyer cette attaque, tandis que Masséna allait tenter de franchir le Tanaro au-dessous de cette ville.

Le général piémontais, dans la crainte d'être ainsi placé entre deux feux, fut contraint d'abandonner sa position, après une résistance digne d'un meilleur sort. Le lendemain, à Saint-Michel, il força Serrurier à faire un mouvement en arrière ; mais Bonaparte, comme s'il n'eût eu besoin que d'étendre les bras pour saisir le Piémont, rendit ce léger succès inutile, car déjà par ses ordres Colli était dépassé, et Augereau prenait la route de Turin.

Dès ce moment, les ennemis de la république avaient de la peine à comprendre les combinaisons du génie qui guidait nos soldats; mais quand ils parvenaient à saisir sa pensée, ils étaient étonnés de l'audace et de la grandeur de ses vues. C'est ainsi que Colli, abandonné par Beaulieu, recula avec désespoir devant l'armée française triomphante, pour préserver la capitale de son pays déjà menacée. Il fut atteint à Mondovi, où ne pouvant refuser la bataille, il fut vaincu, et il se retira précipitamment derrière la Stura.

Une éclatante renommée précédait l'armée républicaine; la terreur marchait au front de ces bataillons, qui, depuis quelques jours dans un pays riche et fertile, avaient pu se dédommager des longues privations de l'Apennin. La victoire avait doublé leurs forces, et désormais tout paraissait possible à ce courage intrépide qui avait triomphé de tant d'obstacles. Au bruit de leurs victoires, de nombreux volontaires, brûlant de patriotisme, accouraient de la Provence et du Dauphiné pour avoir l'honneur de combattre sous les ordres de ce jeune général, qui avait opéré de si grandes choses en peu de jours.

Bonaparte est à Cherasco, dont un brillant fait d'armes de Masséna lui a ouvert les portes. C'est de là qu'il parle à ses soldats ce langage grand et passionné qui étonne l'imagination. Il énumère avec art les succès et les travaux de ses braves compagnons; le récit des quinze jours de combats qui viennent de s'écouler prend dans sa bouche une forme épique dont l'imagination est frappée. Il annonce à la maison de Savoie sa destinée, et ose proclamer ses projets sur l'Italie. C'est un aigle à l'œil de feu, à la serre d'airain, qui étend ses larges ailes dans les vastes plaines de l'air, et pousse un cri formidable comme pour saluer son empire, dont les limites sont inconnues! C'est un de ces astres mystérieux, qui apparaissent de temps en temps dans le ciel, dont les soleils pâlissent en présence de leurs immenses chevelures de feu qui en embrassent l'étendue. Les mortels ne connaissent ni leur origine, ni la route que la volonté de l'Éternel leur a tracée; mais ils savent que dans leur course ils peuvent briser et dévorer les mondes dont ils s'approcheront.

Bonaparte est à Cherasco, et le nom de cette ville sera imposé au premier traité que son épée victorieuse dictera aux rois humiliés. La crainte, plus forte que le fanatisme, domine la cour de Turin, et l'héritier de Humbert aux Blanches-Mains et de Charles-Emmanuel s'incline devant le chef républicain. Bonaparte jette sur le papier ses dernières volontés, stipule au nom de la victoire les intérêts de son armée, et laissant aux magistrats de sa patrie le soin de rédiger l'acte de soumission d'un roi que la coalition n'a pu préserver des foudres de la république, il va s'élancer sur l'Italie déjà pleine de son nom, et de la renommée de ses premiers exploits.

Beaulieu était parvenu à rallier son armée, qui avait été augmentée par de nombreux renforts; il avait repris quelque confiance, et il se trouvait encore à la tête de forces suffisantes, d'après les règles ordinaires de la guerre, pour résister avec succès à son ennemi, le refouler dans l'Apennin, et réparer ainsi les revers de Montenotte et de Millesimo. Bonaparte avait fait insérer dans le traité de Cherasco une clause à laquelle il avait paru attacher une grande importance, c'était la faculté laissée à son armée de passer le Pô à Valence. Ainsi Beaulieu ne douta pas que tous les efforts des républicains ne se portassent sur ce point, et que leur intention ne fût d'entrer par cette porte militaire dans les riches plaines du Milanais. Comme à Montenotte, Beaulieu allait commettre une grande faute. Le général Bonaparte donne en effet l'ordre à quelques divisions de se porter sur Valence, mais il prend sous sa main l'élite de son armée; il marche tout le jour, toute la nuit, et le surlendemain il entre dans Plaisance. Lannes, jeune encore, et dont Bonaparte avait distingué la bravoure sur le champ de bataille de Millesimo, est à la tête d'une colonne de grenadiers, il paraît, se jette avec ses braves de l'autre côté du Pô, culbute la cavalerie autrichienne sur la rive opposée, et facilite ainsi le passage de l'armée, qui par l'ordre de son chef arrive au pas de course.

Le prince qui régnait à Parme, tremblant à l'approche des Français, envoie solliciter la clémence du jeune vainqueur. Comme il n'avait pas de soldats, Bonaparte ne pouvait le combattre: il lui impose un tribut en argent, en vivres, et en fournitures, dont son armée éprouvait le besoin; et puis, songeant à une autre gloire que celle des armes, il envoie dans la France palpitante de joie et d'enthousiasme les chefs-d'œuvre des beaux-arts dont l'Italie était si fière.

Le général autrichien, trompé une seconde fois par son jeune rival, qui a su lui dérober sa marche avec tant d'habileté, abandonne aussitôt ses premières positions, et porte rapidement la plus grande partie de son armée sur l'Adda; il voulait à la fois couvrir Mantoue et Milan, car il ignorait de quel côté l'impétueux Bonaparte allait diriger ses coups. Liptay, l'un des lieutenans de Beaulieu qui gardait le Tésin, désormais tourné par les Français, exécute avec bonheur les ordres de son général, et se retranche dans Fombio, où, disposant d'une artillerie formidable, il espère arrêter la marche irrésistible des républicains.

À peine le Pô est-il franchi, que l'armée française s'avance à grands pas sur la route de Lodi à Milan. Bonaparte n'a pas perdu un seul instant, et l'on dirait qu'il a pu inspirer à tous ses soldats l'activité prodigieuse de son imagination de feu, les prévisions de son génie, et cette étrange faculté de braver le sommeil et les besoins ordinaires de la vie. Les républicains, brisés par la fatigue d'une marche perpétuelle de cinquante heures, n'ont pas plus tôt aperçu les vedettes ennemies et les redoutes de Fombio, qu'ils entonnent la Marseillaise et demandent à marcher immédiatement.

— En avant! en avant! vive la république! vive Bonaparte!

Telles sont les acclamations qui saluent le jeune héros quand il passe sur le front de ces généreux bataillons, que le danger ranime, à qui l'idée d'un combat fait oublier les plus pénibles marches. Bonaparte est compris par ses braves soldats, il ne doute plus du succès, et il donne le signal. Aussitôt l'armée s'ébranle au pas de charge, gravit les hauteurs de Fombio, et Lannes, avec ses grenadiers, s'élançant sous la mitraille, s'empare des redoutes et culbute l'ennemi. Ce combat ne dura que deux heures, mais il fut grand et terrible, et l'attaque fut si impétueuse qu'on admira le courage de Liptay et de ses Autrichiens qui résistèrent durant ces deux heures!.. L'ennemi fuit de toutes parts; il abandonne Fombio. Poursuivi la baïonnette dans les reins, il veut s'arrêter et se rallier à Codogno, mais les Français entrent avec lui dans cette place, et le brave Laharpe achève de les disperser et de les repousser au-delà de l'Adda.

Cette nouvelle victoire ne peut enchaîner l'activité de Bonaparte; les grands desseins renfermés dans le secret de son âme demandent d'autres succès, et son armée, aussi impatiente que lui, semble appeler de nouveaux combats.

Il estime les talens et la vieille expérience de Beaulieu, et il ne doute pas que ce général, éclairé enfin sur sa véritable position, ne se hâte de lui disputer de nouveau la route de Milan. Il prend aussitôt des dispositions en conséquence. Laharpe est chargé de garder Cordogno, tandis que le reste de l'armée, maintenant tout entière sur cette rive du Pô, va observer Pizzighetone, et le cours du Lambro qui se jette dans l'Adda.

On aurait dit que Bonaparte lisait de loin dans la pensée de Beaulieu; tout ce qu'il avait prévu arriva. Le général autrichien, avec une forte division de son armée, accourt pour secourir Liptay; il passe le Pô, et apprend, aux approches de la nuit, la défaite de son lieutenant. Il ne se laisse point abattre par ce revers, et imitant la conduite de Wuckassovitch à Dego, il se promet de surprendre les Français que leur victoire devait entretenir dans une profonde sécurité. Il double le pas, arrive à deux heures du matin à Cordogno, et annonce sa présence par un feu meurtrier, qui met les Français en désordre.

C'est la seconde fois que le brave Laharpe est surpris par une attaque inattendue; il monte à cheval et se jette sur le chemin de Fombio pour rallier ses soldats. Ils avaient remarqué la veille la profonde tristesse empreinte dans les traits de leur général bien-aimé. Une sorte de prévision superstitieuse, dont les hommes les plus braves ne sont point exempts, semblait avoir révélé sa destinée à ce noble chef. Hélas ! ces cruels pressentimens ne devaient pas être trompés, et, dans le trouble de cette nuit fatale, une balle, peut-être une balle française, frappa Laharpe au cœur ; il tomba sans pouvoir proférer une seule parole, sa glorieuse main abandonna son épée... il était mort !

Laharpe, enfant de la Suisse, avait voulu ravir son pays à l'influence oligarchique ; le cri de liberté jeté par la France avait retenti dans son cœur généreux. Proscrit, condamné à la mort par ses compatriotes, il était venu se ranger sous le drapeau de la France, qui l'adopta dès qu'elle put le connaître. Il était jeune encore, comme tous les héros de ces temps fabuleux; intrépide sur le champ de bataille, il était bon et généreux, et il lui arriva de pleurer comme un faible enfant, lorsque quelques uns de ses soldats égarés, irrités par de longues privations, déshonorèrent le glorieux uniforme républicain en se livrant au pillage.

Ce fut ainsi, ô Laharpe! que tu tombas le premier parmi tant de héros; tes frères d'armes versèrent des larmes sur ton sort, et jurèrent de te venger : ils ont tenu leur promesse. Repose en paix dans cette belle Italie témoin de tant de grandes actions! Tu mourus pour la liberté, et sous le saint drapeau de la France; elle te conserve un religieux souvenir, comme à tous ceux de ses enfans qui ont partagé ta destinée sur tant de champs de bataille illustrés par leur courage!...

Le bruit d'une perte aussi cruelle se répandit rapidement dans l'armée; la vengeance ne se fit pas attendre. Berthier, par ordre de Bonaparte, s'élance sur Cordogno; rallie les soldats de Laharpe, profondément irrités de la mort de leur général. Ils reviennent à la charge pleins d'une exaspération douloureuse; se jettent sur les Autrichiens étonnés, les enfoncent, les dispersent, et versent des torrens de sang ennemi sur la tombe à peine entr'ouverte de leur général. Beaulieu fuit précipitamment, il envoie de toutes parts des courriers pour rallier ses divisions éparses, et ne peut rétablir l'ordre dans son armée qu'à Lodi. Bonaparte ne voulut pas le poursuivre, ces combats partiels usaient son temps et décimaient ses soldats; il était avare de leur sang et de la marche du soleil. Il voulait qu'une grande bataille décidât du sort de l'Italie, et que la destinée se prononçât entre Beaulieu et lui. Mais lui seul était prêt pour ce grand évènement.

Il n'y avait pas trois semaines que les Français occupaient encore le sommet de l'Apennin, et que, resserrés dans les gorges étroites de ces montagnes par deux armées puissantes abondamment pourvues, ils paraissaient n'avoir fait des efforts héroïques que pour garder, durant un hiver rigoureux, de stériles rochers. Chacune de ces deux armées était plus nombreuse que la leur, exténuée par d'inutiles fatigues, découragée, manquant de chevaux, d'artillerie et de vêtemens. Trois semaines s'étaient à peine écoulées, et les républicains avaient franchi l'Apennin; ils avaient dispersé l'armée autrichienne, détruit l'armée piémontaise, envahi ce pays, imposé un traité déshonorant au roi de Sardaigne; ils avaient passé le Pô, et repoussant les Autrichiens de position en position, marquant chaque journée par un combat ou par une marche prodigieuse; chaque combat, chaque marche, par une victoire; ils avaient acculé l'ennemi sur l'Adda, et soumis en passant le duc de Parme et de Plaisance.

Les nouvelles de tant d'évènemens qui tenaient du prodige, et qui n'avaient point d'exemple dans les annales sanglantes de la guerre, se succédaient avec rapidité, et précédaient l'armée républicaine en Italie. Tous les cœurs étaient émus, ceux des tyrans comme ceux des esclaves, ceux qui redoutaient la liberté comme un fléau, ceux qui saluaient son approche comme une noble espérance ! L'imagination si vive, si poétique du peuple italien était fascinée par ces grandes choses. Les Français leur paraissaient une nation de géans pour qui les hautes montagnes et les larges fleuves n'étaient pas des obstacles. Mais la pensée qui préoccupait surtout l'esprit des peuples, c'était la terreur et l'admiration qu'inspirait ce jeune Bonaparte, qui avait vaincu deux généraux expérimentés, et qui parlait en maître aux rois de la terre. On se demandait si c'était un homme comme ceux à la tête desquels il marchait sur les peuples et les armées. On le faisait grand et terrible, et portant sur le front le sceau mystérieux de sa mission divine. L'éclair brillait dans ses yeux, sa voix retentissait comme la foudre, et à ses paroles les remparts des villes s'écroulaient, les rois tremblaient sur leurs trônes, et les armées fuyaient en désordre. Quel était donc ce jeune Bonaparte?

Cependant le prudent Beaulieu, devinant l'intention des Français, ne veut point commettre le sort de son armée, et celui de l'Italie, aux chances d'une seule bataille; il recule toujours devant eux, et il attendra un moment favorable, un campement heureux, pour se décider à lutter contre eux avec toutes ses forces; mais il les rassemble pour leur fermer le chemin de Milan, où l'archiduc tremblant demande aux prêtres des prières, et de nouveaux soldats à son frère d'Autriche. Le feld-maréchal prend position entre Crema et Lodi, où il laisse un de ses lieutenans, le général Sebottendorf, avec dix mille hommes. Les abords de cette ville, et les deux chaussées de l'Adda, ont été fortifiés et garnis d'artillerie, de façon que si Lodi tombait au pouvoir des Français, ils pussent encore être foudroyés de l'autre rive de l'Adda.

Le général Bonaparte, dans l'espoir de décider Beaulieu à en venir aux mains avec lui, avait disséminé ses forces sur différens points. Il cherchait un champ de bataille où il pût attirer son ennemi, et il espérait pouvoir le tromper encore sur le lieu où il était déterminé à passer l'Adda. Les dispositions des Autrichiens paraissant définitives et contraires à ses généreux projets, il dut changer les siennes, et il résolut de franchir l'Adda à Lodi, malgré les difficultés que présentait à l'attaque cette position formidable.

Les résolutions de Bonaparte étaient exécutées aussi promptement qu'elles avaient été conçues dans son esprit. L'armée reprend soudain la poursuite de Beaulieu, et atteint, en avant de Lodi, son arrière-garde qu'elle culbute, et qui rentre en désordre dans la ville. Le colonel Melcalm, qui la commandait, s'y enferme avec le vain espoir d'y tenir quelque temps. Les demi-brigades se disputent l'honneur de l'en chasser et d'entrer les premières dans cette ville. Cinq grenadiers de la trente-deuxième osent affronter seuls tous les dangers que présentait ce dessein ; aidés de leurs camarades, ils grimpent à la muraille, la franchissent, sautent dans l'intérieur, mettent en fuite quelques hulans qui l'occupaient encore, ouvrent les portes, et nos bataillons se précipitent en foule dans Lodi. L'arrière-garde avait passé le pont et rejoint le corps de Sebottendorf de l'autre côté de l'Adda.

Bonaparte vient reconnaître la tête de ce pont de Lodi, qui va donner son nom à l'un des plus beaux faits d'armes de cette héroïque campagne. Il parcourt à cheval la chaussée, que l'ennemi inonde de boulets et de mitraille, et son œil d'aigle, se promenant à la fois sur les deux rives, juge de l'étendue des dangers qu'offre le passage du pont, et de l'importance de ce mouvement militaire. Une colonne d'élite est aussitôt formée par ses ordres : trois mille grenadiers ou carabiniers se rassemblent; le général en chef parcourt leurs rangs, il leur parle de l'honneur immortel qu'ils vont conquérir, et des dangers qu'ils vont affronter. Un cri d'enthousiasme le salue, et il répond avec calme à ses lieutenans, épouvantés d'un projet si audacieux : — Vous ne savez pas encore tout ce que peuvent de pareils soldats !

Au signal du général en chef, le tambour bat la charge, la formidable colonne s'ébranle, et débouche à l'entrée du pont au cri de vive la république! Masséna, Lannes, Berthier, Dallemagne, Cervoni, Rampon, Marmont, Lemarrois, noms glorieux! inséparables désormais de ces grands souvenirs, marchent à la tête de ces braves. Il n'y avait encore parmi eux ni traîtres, ni flatteurs, et la patrie, fière toujours de leur noble courage, ne peut plus les séparer dans sa reconnaissance.

Un feu épouvantable couvre les rangs français de sang et de fumée; la mort les atteint en tête et en flanc, et l'artillerie meurtrière des Autrichiens fait d'affreux ravages sur cet étroit champ de bataille. Un instant, un seul instant les républicains hésitent; mais le sort de la journée dépend d'eux, leurs braves chefs les précèdent l'épée à la main, Bonaparte les voit et les admire, l'armée entière les appuie en colonnes serrées, en avant donc!

C'en est fait, ils serrent leurs rangs, et traversent en quelques minutes le pont de bois, qui vacille et crie sous leurs pas. Enfin, ils ont atteint l'autre rive, ils tombent comme la foudre sur les lignes ennemies, les attaquent à la baïonnette, s'emparent de leurs pièces, et leur font payer cher le sang de leurs frères. On dit que ces intrépides soldats étaient tellement pressés les uns contre les autres, et qu'ils franchirent ce pont, couvert de feu, avec tant de rapidité, que plusieurs d'entre eux, blessés dans les rangs, arrivèrent morts sur l'autre rive de l'Adda. Les autres divisions, à la tête desquelles on remarque celle d'Augereau, achèvent la déroute des Autrichiens, qui abandonnent aux Français leur artillerie, leur bagage et leurs enseignes, et vont cacher leur défaite derrière le Mincio, où le drapeau républicain ne tardera pas à flotter. Dans la soirée qui suivit ce grand évènement, les soldats, enthousiastes de leur jeune chef, renouvelèrent au bivouac la scène que nous avons essayé de retracer plus haut : Bonaparte fut promu au grade de caporal !

Le combat et le passage du pont de Lodi dépassaient tout ce que la renommée avait jusques alors publié sur les Français. Les portes de Milan leur étaient ouvertes, et les Autrichiens, épouvantés de tant de coups hardis, découragés par ce dernier fait d'armes, n'espéraient plus pouvoir résister aux soldats de la grande république.

Lorsque le faible Ferdinand eut appris que les Français avaient franchi le Pô, ne pouvant maîtriser la terreur que leur marche hardie lui inspirait, il s'était séparé de l'archiduchesse son épouse et de ses enfans, qu'il avait dirigés sur Mantoue. Il prend enfin la fuite, et quitte Milan à la première nouvelle du combat de Lodi, et abandonne cette ville à elle-même. La garnison autrichienne du fort qui la commande ne s'élève qu'à environ dix-huit cents hommes, qui ne peuvent espérer de se défendre contre une armée victorieuse.

Quand cette étrange résolution fut connue dans Milan, le peuple se répandit en tumulte sur les places publiques, et encombra les rues de la cité. Il y avait dans cette foule des hommes généreux qui, rêvant pour leur patrie la liberté que la baïonnette française venait de faire triompher, parlaient d'eux avec l'enthousiasme naturel aux peuples de cette contrée, et les saluaient du nom de libérateurs; d'autres, élevés sous le joug de la maison d'Autriche et dirigés par les prêtres, prédisaient à Milan les malheurs les plus affreux. Les Français étaient des brigands farouches et hérétiques, qui ne respecteraient ni leur religion ni leurs propriétés. L'agitation était grande, l'esprit public irrésolu; mais le désir de voir ces républicains, si terribles dans les combats, dominait tous les esprits. Bonaparte songea à le satisfaire et à organiser sa conquête, après avoir pris les dispositions nécessaires pour mettre l'armée à l'abri de toute attaque, avant le moment où elle recevrait l'ordre de continuer sa marche glorieuse.

Les Français ont enfin salué les plaines verdoyantes et fertiles au sein desquelles s'élève la populeuse Milan! De grands souvenirs vont accueillir nos généreux soldats sur cette terre féconde et belle soumise à leur courage.

Milan, dont le riant canal Martesana baigne les antiques murailles, montre de bien loin le dôme majestueux de sa basilique qui se perd dans les nues et le faîte de ses palais de marbre. Comme elle paraît grande et fière, la cité des Lombards, sous son ciel bleu, au sein de ses plaines parfumées qu'arrose un nombre considérable de ruisseaux dont les belles eaux vont augmenter les flots de l'Adda et du Pô! Et cependant la liberté vivifiante, l'âme des nations, et qui fait bondir de joie et de courage les populations des grandes cités, n'anime point ce climat enchanteur!

O belle Milan! combien de sang a été versé pour ta possession depuis ces temps reculés où les compagnons de Bellovèse, enfans de la Gaule belliqueuse comme les soldats qui viennent te visiter en armes, jetèrent les premiers fondemens de tes immenses murailles! Oui, tu ressembles à une belle femme, mais à une femme triste et mélancolique qui gémit sous un maître dur, impitoyable. Environnée des miracles des beaux-arts, dans ton pays favorisé du ciel, tu te complais dans ta brillante parure, et tu sembles renoncer à l'espoir de te lever comme une reine grande et forte contre tes oppresseurs... Attila et ses Huns rugirent dans tes palais embrasés, Odoacre ne régna qu'un moment dans ton sein dont l'heureux Théodoric avec ses Goths si vaillans le chassa à son tour. La nation des Lombards vint réparer tes désastres, elle était vaillante aussi; mais le puissant Charlemagne brisa leur couronne de fer. C'est ainsi que de misères en misères, de factions en factions, tu as traversé les siècles, tantôt avec les Visconti, tantôt avec les Sforce, les Guelfes et les Gibelins, mais toujours opprimée, toujours la proie d'un vainqueur.

Aujourd'hui tu vas revoir les Français, les fils de ceux qui moururent pour te mériter sous Charles VIII, Louis XII et François Ier. N'as-tu pas conservé quelques armures de nos preux, dont les ossemens sont ensevelis dans tes plaines ? Mais ce ne sont plus des guerriers réunis sous la bannière féodale qui viennent t'imposer le sceptre de leurs rois ; ce sont les enfans de la France libre et républicaine, à qui tu appartiens par la victoire, et qui t'apportent la liberté : ouvre donc, belle Milan, tes portes triomphales, pour laisser entrer dans tes murs la belle et brave armée d'Italie, avec son général Bonaparte !...

Aux premiers sons du tambour et de la musique militaire qui annoncèrent les têtes de colonne des divisions françaises, cette sorte d'hésitation et de trouble qui avait régné dans Milan au départ de l'archiduc cessa tout-à-coup. L'entrée des républicains dans cette grande cité était un évènement si grave, si extraordinaire, qu'il frappait tous les esprits d'admiration et d'étonnement. Le parti autrichien réduit au silence et désespérant de soulever la populace et les paysans contre les Français, laissa agir les patriotes qui les appelaient à grands cris. Alors les armoiries impériales furent arrachées des monumens publics. Tous les insignes qui pouvaient rappeler la domination autrichienne furent traînés dans la fange. On aurait dit que tout ce peuple naguère si incertain, si agité, n'avait plus qu'un sentiment, qu'une volonté, et qu'il allait mériter l'indépendance que les Français semblaient lui promettre. Les préparatifs de la réception que les Milanais destinaient au vainqueur de Beaulieu et de Colli s'accomplirent comme par enchantement. La porte romaine fut décorée d'un arc de triomphe, chargé d'inscriptions en style antique, et de rameaux de lauriers et de chênes. Une garde civique fut immédiatement organisée, et le peuple de Milan arbora les glorieuses couleurs qui avaient fait pâlir le drapeau de la coalition.

Ce fut l'intrépide et illustre Masséna qui entra le premier dans Milan à la tête de sa belle division, et qui planta sur ses murailles le drapeau tricolore surmonté du coq d'or des Gaulois. Le peuple fut frappé de respect et d'admiration à l'aspect de ces guerriers, tous si jeunes encore et dont les traits hâlés par le soleil et la fatigue, respiraient le calme du courage et la bienveillance naturelle à leur caractère national. Ces superbes vainqueurs marchaient dans un ordre admirable, et la précision méthodique de leurs mouvemens militaires était loin de l'idée qu'on s'était faite de ces hommes impétueux et terribles, qu'on croyait affranchis de toute discipline et de toute subordination. Leurs uniformes étaient vieux, usés ; mais leur propreté et l'éclat de leurs armes, leur bonne tenue, leur marche leste et facile, contrastaient d'une manière pittoresque avec ces nobles marques de la pauvreté républicaine.

La division Masséna fut accueillie dans Milan avec l'empressement que sa brillante renommée était si digne d'inspirer ; mais la curiosité publique n'était pas satisfaite.

Le 26 floréal, dès l'aube du jour, le son des cloches et les détonations de l'artillerie annoncèrent au peuple de Milan, et aux patriotes accourus de tous les points de l'Italie pour jouir de ce grand spectacle, l'entrée solennelle du général Bonaparte. Un mois seulement s'était écoulé depuis l'ouverture de la campagne, et cette date était remarquable au milieu de cette pompe triomphale. Une foule immense inonda la route par où s'avançait l'armée républicaine. Les magistrats municipaux, qui deux jours auparavant avaient été à Marignan offrir les clefs de la ville au général en chef, l'attendaient à la porte Romaine pour le précéder jusqu'au palais qui lui avait été préparé.

Enfin le voilà ce jeune Bonaparte, qui a déjà fatigué la renommée et exercé une si prodigieuse influence sur l'imagination des peuples ! Un long cri de la foule a annoncé son approche; soudain il fait place au silence de l'attente...

Le général en chef de l'armée d'Italie était à cheval au milieu de son état-major immortel, vêtu du costume simple et sévère des généraux de la république. Ses traits pâles et souffrans n'étaient point animés par l'orgueil de son triomphe. Il était précédé et suivi des héroïques grenadiers de Lodi ; c'était une récompense qu'il avait voulu accorder à leur généreux dévouement. Comme ces guerriers, dont l'aspect avait quelque chose d'antique et de merveilleux, il saluait avec modestie la foule immense avide de sa présence, et qui remplissait l'air de ses bruyantes acclamations.

Cette journée fut belle. Les soldats français qui avaient oublié leurs préventions fâcheuses pour entourer leur général d'une admiration enthousiaste, jouissaient de l'empressement chaleureux dont il était l'objet. Toutes ces figures italiennes, si expressives, si animées, qui se pressaient sur son passage, semblaient rayonner d'une joie vive et pure. Mais le glorieux jeune homme ne paraissait point enivré de tant d'éclat et de bonheur, et si quelquefois un éclair de satisfaction et d'orgueil brillait dans ses regards, c'est que, les reportant sur ses braves compagnons, il se plaisait à leur restituer ces honneurs poétiques qu'il devait à leur intrépide courage.

Le séjour des Français dans Milan acheva cette conquête morale des esprits, sans laquelle les succès militaires ne sont que des évènemens, dont les peuples vaincus gardent le souvenir comme une idée de vengeance et de haine. Les républicains observaient la plus exacte discipline; naturellement confians et faciles à séduire par la bienveillance et la douceur, ils ne tardèrent pas à partager les plaisirs du peuple, à se mêler à ses danses, à ses banquets. La renommée de leurs actions les défendait contre l'entraînement de ces sympathies trop brusques et trop vives qui auraient pu porter atteinte à la terreur salutaire de leurs armes. Au reste, l'infatigable Bonaparte n'avait pas l'intention de prolonger trop long-temps cette halte au milieu de l'Italie.

Ce sera toujours un secret pour l'histoire que de savoir si le général Bonaparte n'avait pas vu ses espérances dépassées par les évènemens; mais il est certain du moins que le but de la campagne paraissait atteint pour le gouvernement de la république. La victoire et le génie du chef de l'armée d'Italie changèrent les vues du Directoire, et Bonaparte, qui venait de se montrer si grand comme général et comme soldat, allait révéler une autre puissance qui assigne à sa mémoire, dans l'avenir, une place à laquelle aucun homme sur la terre ne parvint avant lui.

Dès le lendemain de cette journée mémorable, Bonaparte fait investir le fort de Milan, et organise dans la cité une autorité provisoire, mais qui, dévouée aux Français, y fera du moins régner l'ordre et les lois. L'armée avait d'immenses besoins, et le vœu de ce vieux brave, qui avait fait proclamer Bonaparte soldat, devait aussi s'accomplir. L'artillerie, les armes, les munitions de toute espèce, sont rassemblées par ses ordres; les uniformes sont renouvelés, et la solde arriérée depuis si long-temps est enfin régulièrement distribuée aux vainqueurs de l'Italie. Ils étaient dans l'enchantement, et, étrangers aux mesures au moyen desquelles leur général suffisait à tant de dépenses, ils voyaient avec admiration s'effectuer cette promesse qu'il leur fit quand, du haut de l'Apennin, il leur montra les riches contrées où il les conduisait.

Le duc de Modène subit le sort du souverain de Parme : ses états allaient être infailliblement envahis par l'armée républicaine. A son approche, il s'était enfui à Venise, avec ses trésors, laissant son autorité entre les mains d'une régence. Il se hâta alors d'envoyer implorer la clémence et la protection du vainqueur, pour que ses domaines fussent épargnés. Bonaparte daigna accueillir sa demande, et le duc de Modène racheta sa puissance éphémère avec de l'or, des vivres, des munitions, et des chefs-d'œuvre que les artistes français allèrent choisir dans sa galerie.

Cependant Beaulieu, qui s'était retiré sous les murs de Mantoue, avait reçu de nombreux renforts : il était important qu'il ne reprît pas l'offensive ; son jeune et ardent rival ne devait pas lui en laisser le temps. L'armée s'était reposée durant huit jours; elle avait reçu toutes les fournitures, dont le manque total avait naguère occasioné dans ses rangs des mouvemens mortels pour la discipline. Elle était fière de ses victoires, et pleine de confiance dans son général : elle reprit les armes avec enthousiasme. Au moment où elle allait recommencer ses marches triomphantes, et tenter de nouveau la fortune des batailles dans la haute Italie, Bonaparte lui adressa les grandes paroles suivantes, qu'il n'est permis, ni de passer sous silence, ni de modifier, et qui frappèrent l'armée et l'Italie d'admiration, comme elles doivent retentir dans la postérité la plus reculée.

« Soldats !

» Vous vous êtes précipités comme un torrent du haut de l'Apennin; vous avez culbuté, dispersé tout ce qui s'opposait à votre passage.

» Le Piémont, délivré de la tyrannie autrichienne, s'est livré aux sentimens naturels de paix et d'amitié qui l'attachent à la France. Milan est à vous; le pavillon républicain

» flotte dans toute la Lombardie ; les ducs de
» Parme et de Modène ne doivent leur existence
» qu'à votre générosité.

» L'armée qui vous menaçait avec tant d'or-
» gueil ne trouve plus de barrière qui la ras-
» sure contre votre courage. Le Pô, le Tésin,
» l'Adda, n'ont pu vous arrêter un seul jour ;
» vous avez franchi ces boulevards vantés de
» l'Italie, aussi rapidement que l'Apennin.

» Tant de succès ont porté la joie dans le
» sein de votre patrie : vos représentans ont
» ordonné une fête, dédiée à vos victoires, cé-
» lébrée dans toutes les communes de la répu-
» blique. Là, vos pères, vos mères, vos épouses,
» vos sœurs, vos amantes, se réjouissent de
» vos succès, et se vantent, avec orgueil, de
» vous appartenir.

» Oui, soldats ! vous avez beaucoup fait,
» mais il vous reste encore beaucoup à faire.
» Dirait-on de nous que nous avons su vaincre,
» mais que nous n'avons pas su profiter de
» la victoire ? La postérité nous reprocherait-
» elle d'avoir trouvé Capoue dans la Lombar-
» die ?.. Non ! je vous vois déjà courir aux
» armes ; un lâche repos vous fatigue, les jour-
» nées perdues pour la gloire le sont pour vo-

» tre bonheur. Eh bien ! partons ! Nous avons
» des marches forcées à faire, des ennemis à
» soumettre, des lauriers à cueillir, des injures
» à venger. Que ceux qui ont aiguisé les poi-
» gnards de la guerre civile en France, qui ont
» lâchement assassiné nos ministres, incendié
» nos vaisseaux à Toulon, tremblent... L'heure
» de la vengeance a sonné ; mais que les peu-
» ples soient sans inquiétude, nous sommes
» amis de tous les peuples, et plus particulière-
» ment des descendans des Brutus, des Scipions,
» et des grands hommes que nous avons pris
» pour modèles.

» Rétablir le Capitole, y placer, avec hon-
» neur, les statues des héros qui le rendirent
» célèbre ; réveiller le peuple romain, engourdi
» par plusieurs siècles d'esclavage, tel sera le
» fruit de vos victoires : elles feront époque
» dans la postérité ; vous aurez la gloire immor-
» telle de changer la face de la plus belle partie
» de l'Europe.

» Le peuple français, libre, respecté du
» monde entier, donnera à l'Europe une paix
» glorieuse, qui l'indemnisera des sacrifices de
» toute espèce qu'il fait depuis six ans. Vous
» rentrerez alors dans vos foyers, et vos conci-

» toyens diront en vous montrant : *Il était de*
» *l'armée d'Italie!* »

Ces grands desseins, expliqués dans ce langage entraînant qui n'appartient qu'à Bonaparte, élèvent l'esprit de l'armée au plus haut degré d'enthousiasme. Elle comprend le général qui sait apprécier sa vaillance, et elle répond par une acclamation qu'elle adresse à son chef et à la république.

En avant donc, illustres soldats! Que l'armée autrichienne se renouvelle comme les guerriers qu'enfantait le dragon de Cadmus, vos baïonnettes puissantes vous ouvriront tous les chemins. Allez renouveler sur le Mincio, sur l'Adige, les miracles de Millesimo et de Lodi. Qu'à Beaulieu succède Wurmser, à Wurmser Alvinzi! en avant! poursuivez, au travers des gorges du Tyrol, l'aigle d'Autriche, tout sanglant des coups que vous lui aurez portés! Humiliez en passant la superbe Venise, et revenez triomphans dans votre heureuse patrie!

Français, voilà quels furent ces hommes de la république, aujourd'hui oubliés, calomniés ou méconnus! Voilà quels prodiges enfanta ce gouvernement qu'on vous a montré si ridiculement atroce, si indigne d'une nation grande et éclairée!... Oh! combien nous sommes loin de ces temps héroïques où le drapeau tricolore était salué par les peuples comme un signe d'affranchissement, et se montrait aux rois comme le précurseur des justices populaires!... Les mânes des vainqueurs de l'Italie s'élèvent menaçantes contre nous; et du haut de l'Apennin et des Alpes, ces glorieux martyrs semblent nous redemander leur sang qu'ils ont inutilement répandu pour la liberté!...

CHAPITRE VII.

THÉRÈSE.

Jeune fille, ton cœur avec nous veut se taire.
Tu fuis, tu ne ris plus, rien ne saurait te plaire;
La soie à tes travaux offre en vain des couleurs,
L'aiguille sous tes doigts n'anime plus des fleurs.
Tu n'aimes qu'à rêver, muette, seule, errante,
Et la rose pâlit sur ta bouche mourante.
Ah! mon œil est savant, et depuis plus d'un jour,
Et ce n'est pas à moi qu'on peut cacher l'amour.
André Chénier.

Par une belle soirée de messidor, dans l'année où s'était opéré le départ des volontaires, le digne citoyen Gauthier sortit à pied des murs de Valence. La chaleur avait été excessive, et bon nombre de citadins allaient en famille savourer un air pur et frais, dans les prairies qui avoisinent la ville. L'officier municipal, vêtu plus négligemment qu'à l'époque où nous l'avons présenté au lecteur, paraissait encore plus grave et plus préoccupé que d'habitude. Il était évident pour quiconque connîssait un peu le caractère de l'honorable magistrat qu'une affaire importante et délicate l'appelait hors de la cité, à une heure surtout, et à une époque de l'année où la citoyenne Gauthier ne manquait pas de revendiquer ses priviléges conjugaux et de prendre le bras de son pacifique époux, pour faire une promenade sur les bords du Rhône, ou dans les prés des environs.

Malgré les graves méditations dans lesquelles il était plongé, le municipal fut sans cesse obligé de porter la main à son tricorne, pour rendre leur politesse à ceux de ses concitoyens qui le saluaient. Mais cet air de préoccupation qui troublait la sérénité de ses traits ordinairement calmes et rians, éloigna du moins de lui les importuns, et personne ne s'avisa de lui adresser de ces questions oiseuses qui dans les petites villes forment la base essentielle de la conversation. Aussi, laissant à sa droite une route couverte de promeneurs, il entra dans un chemin ombragé par des mûriers, et percé entre deux haies vives que l'aubépine et la clématite embellissaient de leur verdure parfumée.

Quand le citoyen Gauthier eut fait quelques

pas dans cette avenue solitaire, il dit adieu au décorum, essuya la sueur qui coulait de son front, délivra son cou de sa cravate de mousseline, et mit bravement son habit sous son bras, tandis que son énorme chapeau à trois cornes fut fixé, avec le pouce et l'index de sa main droite, sur la pomme d'ivoire de sa canne.

Si le voyageur respira ainsi plus à l'aise, il n'en parut pas moins aussi péniblement affecté, quand il put réfléchir aux conséquences de la démarche qu'il avait entreprise.

— Certainement, se dit-il à lui-même, ce n'est pas seulement pour m'être agréable que Thérèse Gilbert a apporté à la citoyenne Gauthier les plus beaux fruits de la saison. La pauvre jeune fille veut me parler... je ne me suis pas trompé, il y a de l'amour dans tout cela; pourvu qu'il n'y ait pas autre chose... et que puis-je y faire, après tout? Gilbert est un homme à principes sévères, et si sa fille a oublié... non, non, il ne lui pardonnerait pas. C'est une affaire fort désagréable qui me tombe sur les bras. J'ai déjà eu bien de la peine à faire taire cet animal de Jean Robert, qui m'a dénoncé comme fédéraliste, pour avoir fait un défenseur de la patrie du fils d'un aristocrate, dont le coquin était trop heureux autrefois de recevoir l'étrenne, quand il allait ferrer les chevaux au château. Ici, c'est la citoyenne Gauthier qui peut prendre la chose de travers, et cela n'en vaut pas mieux. N'importe, il ne sera pas dit qu'une fille affligée se sera vainement adressée à moi; je ne lui refuserai pas les conseils de mon expérience.

Quand il eut pris cette résolution généreuse, qu'il accompagna d'une copieuse prise de tabac, le citoyen Gauthier doubla le pas, attendu, au reste, qu'il n'était pas fâché d'arriver à la ferme de Gilbert avant l'heure du souper, considération qu'il avait cru devoir passer sous silence à la fin de son monologue. Malheureusement son voyage fut troublé par une rencontre désagréable, qui vint encore ajouter aux motifs légitimes de répugnance qu'il avait à se mêler des affaires d'autrui.

— Ah! ah! vous voilà, beau municipal de malheur! lui dit une vieille femme qui faisait paître une vache le long des haies, et qui lui apparut tout-à-coup à un endroit où le chemin de la ferme formait un angle droit qui lui avait dérobé sa présence.

— Allez-vous recommencer la vieille histoire, mère Dufour? répondit le municipal ; je vous dirai, moi, que vous êtes folle, et que si vous continuez à manquer ainsi de respect à l'autorité constituée, il vous en arrivera mal.

— Votre servante, municipal ; et que peut-il m'arriver de pire que le malheur de mon pauvre Cyprien ? Oui, il fallait que les représentans et les municipaux n'eussent point de cœur pour enlever ainsi un enfant à sa mère-grand', quand elle n'avait plus que lui sur la terre. Je le pleure tous les jours, et c'est vous, municipal, qui en êtes la cause. Mais le vieux curé de Saint-Donat ne se gêne pas pour dire que l'ancien régime reviendra, et que tous les gens de la république seront pendus. Ce sera une belle journée, et je mettrai mon tablier neuf de Limoges pour aller vous voir passer.

— Chut ! vieille femme ! vous ne savez ce que vous dites. Voilà ce qu'on gagne à protéger ces prêtres fanatiques ; c'est encore sur moi que tombe cette pierre-là. Ah çà ! mère Dufour, voulez-vous bien m'écouter une fois pour toutes ? j'ai pitié de vous ; car enfin, ceux qui troublent votre pauvre cerveau sont bien plus coupables. Je vous répète que votre jeune Cyprien est parti malgré moi, et que le drôle m'a forcé de le porter sur la liste; car, après tout, il valait mieux qu'un petit maraudeur, un dénicheur de merles, allât servir la république que si un honnête magistrat eût été compromis pour l'en empêcher. Je dis cela, mère Dufour, sans avoir le dessein de vous affliger et sans vouloir médire de Cyprien; le petit mauvais sujet était brave et résolu.

— Sainte vierge Marie, priez pour nous! s'écria la vieille femme en croisant ses mains sur sa poitrine : en quel temps vivons-nous?

— Nous vivons, mère Dufour, sous les lois de la république une et indivisible, reprit le municipal en regardant avec anxiété autour de lui, et je vous engage à ne pas l'oublier si souvent.

A ces mots le citoyen Gauthier ouvrit avec précaution un petit portefeuille en cuir, et il en tira un assignat de cinquante livres qu'il remit à la vieille femme.

— Tenez, comme vous êtes la mère d'un défenseur de la patrie, lui dit-il, voilà un assignat que la municipalité m'avait chargé de vous remettre... Mais j'ai tant d'affaires, mère Dufour, que je l'avais oublié.

— Et que ferai-je de ce chiffon? municipal,

reprit la vieille ; me prenez-vous pour une païenne ?

— Un chiffon ! malheureuse femme ! un chiffon ! s'écria Gauthier au comble de l'exaspération ; faites-en ce que vous voudrez ; allez-vous-en à tous les diables, et si vous avez de pareilles choses à dire, choisissez un autre auditeur. Qu'un magistrat honnête a de tristes jours à passer dans ces temps de trouble ! ajouta-t-il en s'essuyant le front et en s'éloignant de toute la vitesse de ses deux jambes courtes et arquées.

La vieille femme demeura stupéfaite, et suivit lentement le municipal en jetant les yeux de temps en temps sur l'échantillon de la monnaie conventionnelle, que la prévention populaire avait dépréciée avant que les abus dont elle fut le prétexte lui eussent en effet ôté toute espèce de valeur.

L'entrée de la ferme avait un aspect agreste et pittoresque, qui, à cette époque de l'année, devait réjouir le voyageur accablé par la chaleur méridionale de cette contrée. L'allée de mûriers qui y conduisait était brusquement interrompue par une plantation de noyers, qui, étendant au loin leurs branchages touffus, couvraient en partie la maison d'habitation ; car cet arbre acquiert en Dauphiné des proportions majestueuses, et ressemble aux grands végétaux de l'Amérique méridionale. Une fontaine rustique, dont les eaux fraîches et limpides étaient contenues dans de larges dalles de pierre ardoisine, existait à peu de distance de la maison. Son pourtour était planté de saules et de frênes, dont les branches souples et délicates s'inclinaient sur son onde comme pour la protéger contre les rayons du soleil. L'eau tombait du bassin principal dans un vaste abreuvoir d'où elle s'échappait ensuite dans plusieurs petits canaux, et allait en murmurant sur un lit de cresson arroser les prairies et les plantations voisines.

Le citoyen Gauthier poussa un cri de satisfaction lorsqu'il pénétra sous les massifs de ce verdoyant paysage, borné à l'horizon par les tours imposantes de Saint-Vallier (1). En jetant les yeux sur ces murailles, maintenant revêtues de lierre et de tristes graminées, que

---

(1) Est-il nécessaire de prévenir le lecteur que ce n'est point au bourg riche et populeux de Saint-Vallier que s'applique cette description ? Cette importante localité est à une distance trop éloignée de Valence pour qu'on puisse le supposer un moment. Néanmoins le

peu d'années auparavant le pouvoir seigneurial environnait d'une sorte de splendeur, il ne put retenir un profond soupir. Il songea au jeune héritier de ces domaines désolés, contraint de chercher un refuge dans les rangs de ceux qui avaient brisé sa puissance héréditaire. Néanmoins, la ferveur républicaine ne tarda pas à réveiller dans son âme le souvenir amer de l'oppression nobiliaire, et des abus de l'ancien régime; et s'il était disposé à plaindre les victimes qu'avait dû faire le grand mouvement de notre régénération politique, il reconnut, avec son enthousiasme et sa raison d'homme du peuple, la profonde justice qui avait présidé à son accomplissement. La vue d'une personne assise tristement sous les arbres de la fontaine donna en ce moment un autre cours à ses idées.

Elle était seule, la pauvre Thérèse! pâle, silencieuse, et penchée sous les saules, elle ressemblait ainsi à la fée, souveraine populaire de ce paysage mélancolique. Un large chapeau

---

paysage dont il est ici question est décrit avec fidélité; mais c'est un privilége du romancier, de s'emparer des noms de lieux ou de personnes qu'il n'a point eu l'intention de désigner ou de mettre en scène.

de paille ombrageait ses traits, et quelques mèches de ses longs cheveux noirs tombaient sur ses vêtemens, formés d'une indienne légère, mais noués autour de son corps sans aucun de ces soins délicats, inappréciables, qu'une femme sait apporter dans la toilette la plus négligée. Elle paraissait abattue; son œil, triste et brillant comme s'il eût été humecté par des larmes qu'elle s'efforçait de retenir, était fixé vers la terre, et ses mains tombaient pendantes et inoccupées le long de son corps.

— Pauvre fille! comme elle est changée! dit Gauthier en soupirant. Qui reconnaîtrait maintenant en elle la plus belle fleur de ces prairies? Oui, je m'en souviens, elle était grande et fière, et quand elle dansait la farandole avec les filles de ces campagnes, elle ressemblait à une branche d'églantier dans les beaux jours du printemps. La voilà maintenant courbée comme un épi que le soleil a mûri avant le temps, et dont le moindre vent brise la tige! Elle ne m'aperçoit pas... elle songe à ses amours. Thérèse! ma chère enfant! il faudrait avoir un cœur de bronze, pour ne pas te plaindre, et que la citoyenne Gauthier en pense tout ce qu'elle voudra, si je puis te consoler, je n'y manquerai pas.

Le municipal, en essuyant de nouveau son front inondé de sueur, fut obligé de passer son mouchoir sur ses yeux...

— Eh bien! Thérèse, voilà donc comme vous recevez les bonnes gens qui vous viennent voir? Ah! si j'avais été un jeune garçon, j'aurais pu vous prendre un baiser, une bonne douzaine même, sans vous réveiller. Salut et fraternité!

Elle tressaillit, et relevant lentement sa belle tête, elle reconnut, avec une satisfaction qui se manifesta par une rougeur subite et passagère, les traits pleins de franchise et de bonté du digne magistrat.

— Pardonnez-moi, monsieur Gauthier, dit-elle en se levant avec empressement; j'étais en effet distraite... Soyez le bienvenu.

— La, la, jeune fille, répondit Gauthier en la retenant par le bras, ne vous dérangez pas, et surtout, Thérèse Gilbert, laissez, en me parlant, ces formules de l'ancien régime. Je suis pour tout le monde le citoyen Gauthier, mais, vous, appelez-moi Gauthier tout court, ou votre ami, si cela peut vous être agréable.

— Merci, merci, je ne l'oublierai pas... Mais, si nous entrions à la ferme ? vous devez avoir besoin de vous rafraîchir.

— C'est pour cela, Thérèse, que je ne suis pas fâché de m'arrêter ici un moment, si vous voulez bien m'accorder votre compagnie. Je suis bien aise de vous avoir rencontrée... Ah ! ah ! à mon âge, ces bonnes fortunes sont rares, il faut savoir en profiter.

En achevant ces mots le municipal jeta sur le gazon son habit et son chapeau, et il s'assit, vis-à-vis de la jeune fille, sur le tronc d'un vieux saule qui avait autrefois ombragé la fontaine. Thérèse sembla retomber dans la profonde rêverie d'où la présence de Gauthier l'avait à peine tirée, et lui, embarrassé de ce tête-à-tête, s'occupait à remuer, avec le bout de sa canne, les petites pierres blanchâtres qui couvraient le sol de la source. Il était évident que tous deux se comprenaient ; mais Thérèse, qui avait si vivement désiré cet entretien, éprouvait maintenant ces craintes pudiques que l'amour, lors même qu'il a oublié les conventions sociales, ne peut étouffer dans un cœur pur et vertueux. Quant à Gauthier, qui interrompait de temps en temps sa puérile occupation, pour jeter sur la jeune fille affligée des regards scrutateurs, il avait trop de sens et de bonté pour ne pas excuser l'embarras qu'elle éprouvait, et il cherchait vainement, dans son imagination, une transition naturelle de cette situation gênante, à la conversation importante qui devait en être la suite.

— A propos, Thérèse, dit-il, vous devez me trouver bien peu poli : je n'ai pas encore pris le temps de vous remercier de vos présens.

— Oh! ne parlez pas de cela, citoyen, repondit Thérèse avec effort, c'est une attention fort simple; vous avez été si bon pour nous... J'aurais voulu que l'année fût meilleure, et que nos fruits fussent plus présentables.

— Ils étaient excellens! et quand je réfléchis que c'est vous qui les avez cueillis en songeant au vieux bonhomme à qui vous les destiniez, que vous êtes venue plusieurs fois à la maison, j'ai été bien fâché, Thérèse, de ne pas m'y rencontrer; mais, que voulez-vous, quand on est dans les affaires publiques...

— Sans doute, sans doute : vous avez

bien de la bonté d'avoir pensé à nous aujourd'hui...

— Diable! murmura Gauthier, je n'ai pas eu l'esprit de découvrir le bon moyen pour la faire parler... Allons! de la patience, cela viendra peu à peu.

Le silence régna de nouveau auprès de la fontaine. Gauthier recommença à pousser les petits cailloux, et Thérèse à rêver.

— Le soleil baisse sur l'horizon, reprit le municipal après avoir médité une nouvelle attaque, et je pense, Thérèse, que je ne tarderai pas à voir le voisin Gilbert : j'espère que votre père se porte bien ?

Thérèse éprouva une agitation involontaire, et elle jeta un regard troublé du côté de la ferme.

— Je vous remercie pour lui, Gauthier, répondit-elle; grâces au ciel! mon père se porte bien... cependant, depuis le second départ de Jacques... oh! il en parle bien souvent... A-t-on des nouvelles de nos jeunes gens?

— A la bonne heure donc! pensa Gauthier, j'ai trouvé, je crois, le côté faible. Certainement, Thérèse, ajouta-t-il, la municipalité de Valence reçoit fréquemment des nouvelles de nos glorieuses armées; mais vous pensez bien, mon enfant, que dans ces dépêches il n'est nullement question des individus. En conséquence, je ne puis vous dire rien de précis, ni sur Jacques, ni sur son frère... Georges, je crois?

— Georges... ah! je me rappelle, en effet dit en rougissant Thérèse, qui s'arrêta tout-à-coup, et baissa les yeux en murmurant.

— Oui, reprit le magistrat d'un ton presque sévère, sans cesser cependant d'être affectueux. Vous vous le rappelez, Thérèse, peut-être sous un autre nom, et vous pensez plus à lui qu'à cet excellent Jacques; un brave et digne garçon, celui-là, comme il serait à désirer que la république eût beaucoup de défenseurs!...

— Jacques, mon bon frère! ah! citoyen, je l'aime tendrement...

— Parbleu! je le sais bien, mon enfant, et ce n'est pas votre faute, si vous ne l'aimez pas seul... Tenez, Thérèse, parlons à cœur ouvert... mais ne pleurez pas comme cela, pauvre fille! écoutez-moi. Vous avez des chagrins, n'est-ce pas? ajouta-t-il en prenant une de ses mains qu'il serra avec tendresse, de ces chagrins qu'on ne peut avouer à tout le monde, parce qu'on parlerait souvent à des gens qui ne vous comprendraient pas, qui rient de ces maux si cruels cependant. Nai-je pas deviné juste, et craindriez-vous de m'accorder votre confiance?... Thérèse! je suis un honnête homme.

— Je le sais, répondit Thérèse avec sensibilité. Oui, vous êtes un homme probe et généreux; mais peut-être n'avez-vous jamais été faible: peut-être n'avez-vous point de souvenirs de votre jeunesse qui puissent vous attendrir sur mon sort?

— Ne le croyez pas, mon enfant, les hommes qui ont mené comme moi une vie simple et obscure ont bien pu s'épargner les malheurs qui sont la suite des passions trop vives; mais pourquoi leur cœur serait-il fermé aux plus doux sentimens de la nature? Nous sommes sur la terre une race souffrante et malheureuse; nous avons tous besoin de nous secourir mutuellement. Ainsi donc, Thérèse, n'ayez aucune crainte, je vous écouterai comme un père, comme un ami; j'aurai pour vous l'affection de l'un, et la tolérance de l'autre.

— Que Dieu vous bénisse comme vous le

méritez! mon respectable ami, s'écria Thérèse avec plus de résolution. Hélas! il n'est que trop vrai, je suis bien malheureuse!... je ne pouvais plus garder mon secret; j'ai cherché partout autour de moi à qui je pourrais le confier; mais où trouver une personne de mon sexe à qui je pusse ouvrir mon cœur?... Il n'y avait parmi nous qu'un homme dont je connaissais le cœur et la raison, un homme sage et vertueux, et le ciel m'a inspiré le courage de m'adresser à vous.

Le municipal salua gravement la jeune fille, comme pour la remercier d'avoir eu de lui une opinion si favorable.

—J'ai aimé, continua Thérèse, j'aime encore de toutes les forces de mon âme, quelqu'un dont je vous supplie de ne pas me demander le nom; c'est le seul secret que je veuille avoir pour vous.

— Je ne veux point forcer votre confiance, répondit Gauthier, et cependant, Thérèse, si la personne que vous aimez partage vos sentimens, je ne vois pas pourquoi vous en feriez un mystère.

— Oh! voilà ce que je craignais! s'écria-t-elle. Ne comprenez-vous pas, mon ami, puisque vous m'avez permis de vous donner ce nom, ne comprenez-vous pas que celui que j'aime ne peut m'appartenir... dans ce moment, du moins, et qu'il est loin, bien loin d'ici. Mais, comment vous dire, ô mon Dieu!...

— Je ne vous comprends que trop, mon enfant, reprit Gauthier en arrêtant sur Thérèse tremblante des regards intelligens; cet amour... eh bien, il a eu des suites?

— Oui, dit Thérèse d'une voix étouffée.

— Ainsi vous avez tout oublié?...

— Tout... Je vais être mère!... et Thérèse cacha son visage dans ses mains.

— Malheur! malheur! s'écria Gauthier. Ma pauvre Thérèse!... Oh! je devine maintenant. Le misérable! Oui, misérable! vous ne m'empêcherez pas de dire tout ce que je pense. C'est une conduite abominable... non de votre part, vous n'avez pas cessé d'être vertueuse en devenant coupable; mais, lui! lui!...

— Oh! ne parlez pas de lui! ne le nommez pas, au nom de Dieu! il ne mérite pas votre colère.

— Il ne mérite pas ma colère!... Et ne voyez-vous pas que l'amour vous a aveuglée? Ne voyez-vous pas que votre séducteur... oui,

Thérèse, c'est ainsi que j'ai le droit de le nommer; ne voyez-vous pas que votre séducteur aurait dû mourir plutôt que de vous tromper? Ici, c'est ici, sous le toit de l'hospitalité, quand, pour le sauver, votre père exposait sa vie!... Car enfin, juste ou non, la loi existe, et moi, magistrat, je suis coupable de ne l'avoir pas fait exécuter.

— Oh! grâce! grâce pour lui! s'écria Thérèse au désespoir en se jetant aux genoux de l'austère Gauthier; ne parlez pas ainsi, ou je vais mourir à vos yeux.

— Que faites-vous, Thérèse? vous perdez l'esprit; votre douleur vous égare: à genoux devant moi! O jeune fille, que vous me faites de mal!

— Ne jugez donc pas ainsi celui que j'aime. Il réparera ses torts; il l'a juré, et sa parole est sacrée.

— Ne le croyez pas, mon enfant; il vous trompait encore quand il vous faisait cette promesse. Il n'a écouté que ses passions; il avait l'habitude de s'en faire un jeu. Les voilà bien ces hommes si fiers de leur naissance! le préjugé a étouffé en eux toutes les vertus. Je vous afflige, ma Thérèse; mais votre confidence me donne le droit de vous dire la vérité. Remettez-vous ; prenez du courage ; vous avez maintenant un ami qui ne vous abandonnera pas dans votre douleur.

— Vous avez pitié de moi, citoyen ; mais vous ne m'aimez plus, vous ne m'estimez plus...

— Pouvez-vous bien le penser ! Venez, venez auprès de moi... Comme vous pleurez, Thérèse !...

En prononçant ces dernières paroles, le digne homme, qui avait contraint Thérèse de s'asseoir auprès de lui, et qui tenait ses mains dans les siennes et les serrait avec expression, laissa librement couler deux ruisseaux de larmes, qu'il retenait depuis quelques momens.

— Enfin, Thérèse, reprit-il, quand il est arrivé un malheur, ce qu'il y a de mieux à faire, c'est de s'y résigner et d'agir de manière à en atténuer les conséquences. Je ne sais point encore quel parti je prendrai ; j'aurai besoin pour cela de me concerter avec la citoyenne Gauthier... Oh ! ne craignez rien, mon enfant ; ma femme est un peu vive, un peu exigeante pour certaines choses ; mais c'est une bonne et fidèle créature.

— Combien ne vous devrai-je pas, mon ami, répondit Thérèse, pour une action aussi généreuse!... Il fallait mourir ou tout avouer à mon père. J'aurais supporté sa colère, je me serais décidée à tout souffrir; mais être témoin de son désespoir! oh! jamais! et c'est vous qui venez à mon secours, qui me tendez une main amie...

— Allons, retournons à la ferme, et ne parlons plus de tout cela, dit le municipal. Ne me louez pas trop, Thérèse; j'ai mes défauts comme les autres hommes, et quand je puis faire un peu de bien, il m'arrive souvent d'en ressentir trop d'orgueil!...

— Que voulez-vous donc que je fasse de ce chiffon de papier, municipal? Donnez-moi une pièce de douze sous à sa place, et vous serez aussi brave et aussi honnête que dans le temps où vous portiez la chape du curé à la procession de la Fête-Dieu.

Ces terribles paroles, que le digne Gauthier n'eut pas le courage d'interrompre, étaient prononcées, comme on l'a déjà deviné, par la vieille femme à la vache, qui, comme tous les êtres dont les longues années ont affaibli la raison, une fois en possession d'une idée, ne peuvent plus s'en séparer, avait suivi le municipal tenant toujours à la main le malencontreux assignat.

Il n'y a pas d'expressions qui puissent peindre la colère et la stupéfaction du citoyen Gauthier et l'étonnement de Thérèse, qui, promenant tour à tour ses regards sur ces deux personnages, ne savait comment expliquer cette scène inattendue. Le premier mouvement de Gauthier fut de saisir sa canne et de la serrer d'une manière expressive ; mais ce mouvement fut prompt comme la pensée, et sa bonté naturelle le lui fit réprimer presque aussitôt.

— Comment, femme de malheur ! vous êtes encore là? s'écria-t-il, lorsque ses lèvres moins contractées par la colère laissèrent un libre passage à ses paroles ; dès demain je donne ma démission d'officier municipal, si mes fonctions doivent me soumettre à un pareil supplice. Hé ! que diable venez-vous me dire ? Que me parlez-vous d'assignat ? est-ce que j'ai assez de fortune pour en faire présent ? Ce petit drôle de Cyprien savait bien ce qu'il faisait quand il me forçait de le mettre sur la liste des volontaires! Venez, Thérèse, éloignons-nous ; je vous conterai cela.

— Mais, municipal, au nom de Dieu et de la bonne Vierge! Il est fou, sûrement le pauvre homme est devenu fou.

Le municipal n'était pas d'humeur à en entendre davantage, et saisissant à la hâte son habit et son chapeau, il s'éloigna sans regarder derrière lui, dans la crainte d'éprouver le supplice de la femme de Loth. Antoine Gilbert était sur le seuil de sa porte, lorsque Gauthier et Thérèse entrèrent dans la grande cour de la ferme. Les deux amis se firent réciproquement un accueil bienveillant et empressé.

— Tu le vois, Gilbert, dit le municipal avec gaieté, je viens sans façon te demander à souper.

— C'est une bonne et heureuse idée que tu as eue là, voisin, répondit le fermier; et maintenant, Thérèse, va donner un coup d'œil à la cuisine, et vois si cette paresseuse de Marion a quelque chose de bon à nous offrir. On n'a pas tous les soirs un officier municipal à sa table...

— Et tu pourrais ajouter, Gilbert, un officier municipal aussi altéré, pour avoir fait une longue course d'abord, ensuite pour avoir voulu faire entendre un brin de raison à une vieille femme entêtée. Pardon de la peine que je vais vous occasioner, citoyenne; mais j'accepterai vos bons offices avec reconnaissance.

Thérèse s'éloigna en souriant tristement; encore vivement émue de la scène qui venait de se passer auprès de la fontaine, elle ne pouvait, comme l'honnête magistrat qui avait reçu ses pénibles aveux, recouvrer aussitôt de la tranquillité d'âme et de la présence d'esprit. Les deux amis s'assirent sur un des bancs de pierre qui flanquaient la porte de la ferme, ombragés par les rameaux touffus d'une vigne forte et féconde, qui tapissait la façade de la maison. Gilbert suivit sa fille des yeux durant quelques instans en secouant la tête avec tristesse. Ce mouvement n'échappa point à son ami, qui, concevant quelques alarmes pour Thérèse, résolut de vérifier ses doutes sur-le-champ; ce fut, au reste, le fermier qui lui en fournit lui-même l'occasion. L'excellent homme avait dit la vérité, il éprouvait à faire du bien une satisfaction qui pouvait passer pour de l'orgueil. Il n'était pas fâché qu'on rendît justice à sa probité sévère, et surtout à l'heureuse faculté dont il se croyait doué de traiter facilement les affaires les plus délicates.

Ce soir-là, quoique le citoyen Gauthier s'inté-ressât réellement à Thérèse, et qu'il fût vivement touché de son malheur, il montra donc une dose d'importance mystérieuse un peu plus forte que d'habitude.

— Voisin, dit le fermier, ma Thérèse me cause du chagrin... elle dépérit tous les jours, je ne suis pas tranquille.

— Bah! répondit Gauthier, que cette confidence n'était pas de nature à rassurer, il ne faut pas s'alarmer pour cela. Ne sais-tu pas, ami Gilbert, que les jeunes filles ont toutes une foule de petits secrets, qui les occupent, les fatiguent, les rendent malades quelquefois...

— Tu avoues donc, reprit le fermier, que mes conjectures ne sont que trop fondées, et qu'en effet ma fille éprouve quelque chose d'extraordinaire.

— Je n'ai pas dit un mot de cela, s'écria vivement Gauthier. Diable! ne va pas te servir de mon témoignage, car il me semble à moi... du moins je ne vois pas... Enfin Thérèse est toujours la même, aussi belle, aussi fraîche...

— Tiens, voisin, continua le fermier en

frappant familièrement sur l'épaule de son ami, tu connais mieux qu'un représentant les affaires publiques, mais, crois-moi, il est difficile de tromper l'œil d'un bon père. Ma fille souffre, c'est certain, et je crois avoir découvert la cause de son mal.

— Ah, ah! dit Gauthier affectant la surprise, ce diable de Gilbert! Et peux-tu me dire...

— Sans doute; il y a de l'amour dans tout cela. Mais tu ne vois rien du tout, toi; la citoyenne Gauthier, que j'aime et que je respecte, ne t'a guère jamais permis d'acquérir de l'expérience dans ces affaires-là, mon brave voisin.

— C'est singulier, dit Gauthier en se pinçant les lèvres, je n'y avais pas songé en effet.

— Oui, continua le fermier en baissant le diapason de sa voix, ma Thérèse a quelque amour en tête, et elle n'ose pas m'en parler, à moi, à son père! C'est élevé dans des principes sévères, voisin : l'ancienne comtesse était une femme vertueuse, et ma pauvre Thérèse se reproche peut-être comme une faute une inclination bien innocente.

— Je vois bien, reprit Gauthier, que je

n'entendais rien à tout cela; cependant, Gilbert, si le conseil d'un ami peut être bon à quelque chose, je t'engagerais à être prudent, et à ne pas chagriner Thérèse à ce sujet. Mais la voici, et je suppose que le souper est prêt. Allons, pensa-t-il en entrant dans la ferme, le voisin ne sait rien, mais sa tendresse paternelle est alarmée, et cela n'est pas d'un bon augure. Cependant il y aurait bien du malheur si je ne parvenais à arranger cette affaire.

Le repas ne fut pas très gai; Gauthier était vivement préoccupé de l'engagement qu'il prenait, et il sentait qu'il avait besoin, pour épargner des heures bien douloureuses à sa protégée, de toute la prudence dont il était doué. Le fermier lui-même paraissait inquiet, et trop souvent ses yeux attristés se levaient sur Thérèse, silencieuse et pâle.

En rentrant au logis assez avant dans la soirée, le citoyen Gauthier reçut de sa tendre et fidèle moitié une admonition sévère et inattendue.

— Et depuis quand êtes-vous assez riche pour donner des assignats de cinquante livres à une vieille mendiante, folle aux trois quarts?

Voilà comment on fait les bonnes maisons, et l'on a une pauvre femme qui se refuse un bonnet de dentelles, un tablier de soie, pour que rien ne manque dans son ménage ! Un bel assignat tout neuf, avec le bonnet de la liberté !... N'ayez pas peur que le monstre me réponde. Mais on profitera de la loi, citoyen, de cette bonne loi de la république, qui protège les femmes malheureuses comme moi; et puis quand le divorce sera prononcé, nous verrons ce que vous deviendrez. Prenez donc votre verre d'ermitage, vous bavardez tant à cette maudite municipalité, que depuis trois jours vous toussez à vous briser la poitrine. Qu'allez-vous faire à la ferme de Saint-Vallier, avec une jeune fille qui vous apporte des fruits...? Tenez, Gauthier, tout cela n'est pas convenable : à votre âge! fi donc!...

Le digne municipal, comme ces vieux marins qui peuvent dormir bercés par la tempête, garda bravement un silence prudent, et s'occupa, durant l'orage, à serrer les cordons de son bonnet de nuit, remettant au lendemain une explication que l'état d'irritation de la citoyenne ne lui aurait pas permis d'apprécier.

La Convention nationale venait d'ordonner par un décret qu'une grande fête serait célébrée le même jour dans toutes les communes de la république, pour solenniser la prise de Toulon sur les Anglais et les royalistes du Midi. Le parti ennemi de la liberté a toujours conspiré en France avec l'étranger ; les chefs vendéens eux-mêmes, que leur courage héroïque ne permet pas de confondre avec ceux des bandes d'assassins réunis sous le drapeau blanc, dans le Midi et dans l'Ouest de la France, commirent la même faute. La proscription des Girondins servit de prétexte aux agitateurs de la Provence pour se révolter contre la Convention. Il est à remarquer que partout où le fédéralisme, dont on a depuis voulu nier l'existence, leva sa bannière, elle fut aussitôt embrassée par les royalistes et les ennemis de la république. Ce fait si grave absout entièrement la Convention du reproche de cruauté dont la proscription du 31 mai a servi de prétexte. Dans son dévouement absolu et ardent à la cause populaire, la Convention avait, pour ainsi dire, l'instinct de la sûreté nationale ; elle devinait les factions menaçantes qui se ruaient autour d'elle, quels que fussent leurs cris de ralliement, et, soit qu'elles troublassent seulement le carrefour, ou qu'elles osassent s'agiter dans son sein, elle frappait d'une manière inexorable ; mais ses prescriptions sévères étaient justes, elle ne se trompait pas dans sa colère.

Enfin l'armée républicaine, par un de ces faits d'armes qui devaient bientôt illustrer son drapeau sur des champs de bataille plus vastes, contre des ennemis dont la défaite n'affligerait pas la patrie, emporta Toulon, et triompha de l'audace sacrilége de quelques Français égarés qui avaient livré leur pays aux étrangers. La Convention voulut que cette victoire fût célébrée par des mariages dont les couples seraient dotés par la république. La municipalité de Valence, en publiant ce décret, s'occupa donc de choisir les jeunes citoyens et les vierges qui devaient concourir à cette solennité républicaine.

Le lendemain du jour où il avait soupé à la ferme de Saint-Vallier, le citoyen Gauthier siégeait au conseil municipal assemblé extraordinairement. Le mérite des candidats des deux sexes qui devaient être choisis par les magistrats populaires était apprécié avec impartialité. Cette cérémonie avait lieu en public, et au fur et à mesure que les noms étaient proclamés par le maire, les municipaux votaient sur l'acceptation ou le refus au scrutin secret, pour éviter sans doute aux familles des discussions fâcheuses. Il ne restait plus à choisir qu'une jeune fille, et le conseil était incertain.

— Citoyens municipaux, dit un grand et beau jeune homme, puisque vous avez bien voulu m'agréer, je désirerais avoir pour femme la citoyenne Thérèse Gilbert; je demande qu'elle soit portée sur la liste des jeunes filles.

Si la foudre eût dans ce moment éclaté au milieu de la salle municipale, le digne Gauthier n'aurait pas éprouvé un plus violent accès de terreur. Il tourna avec colère ses regards du côté de l'orateur, et il s'apprêtait à s'opposer formellement à son vœu; mais il aperçut auprès de lui le fermier, qui souriait et passait avec satisfaction sa main sur son menton.

— Au diable! se dit-il à lui-même en parcourant quelques papiers qu'il prit pour cacher son trouble; voilà une belle besogne! et si c'est ainsi que Gilbert espère guérir sa fille!... Pourquoi ai-je été mettre mes doigts dans cette chaudière d'eau bouillante? comment cela finira-t-il?

— Ta demande est juste et convenable, citoyen Roland, répondit le maire. Tout le monde connaît Antoine Gilbert pour un bon patriote et un honnête homme; sa fille doit être élevée dans les mêmes principes de civisme et de vertu : votre union serait heureuse. Citoyens, ajouta-t-il tout bas, c'est une amourette qu'il faut protéger.

Gauthier demeura froid et sévère, et sa conduite dans cette circonstance déplut souverainement au fermier, qui se proposa de lui en faire de vifs reproches. Il ne se trouva qu'une boule noire au fond de l'urne; le pauvre Gauthier n'avait découvert que ce moyen de protéger Thérèse contre les projets de son père. Son nom fut proclamé aux applaudissemens du public, et Gilbert pleurait de joie.

— Ne croyez pas, citoyens, disait-il dans son orgueil paternel à ceux qui l'entouraient, que ce soit pour les douze cents francs de la commune, au moins!... Je ne suis pas riche, mais mes enfans ne manqueront de rien. C'est un honneur pour ma Thérèse, d'avoir été choisie parmi les plus sages et les plus belles du pays; il est bien permis d'en être fier.

A ces mots, Gilbert embrassa avec effusion le jeune homme qu'il espérait bientôt appeler son fils. Le changement qui s'était opéré dans Thérèse avait inspiré au fermier l'idée qu'il venait de mettre à exécution. Il avait cherché, dans toutes les habitations voisines de la sienne, quel pouvait être le garçon que sa fille aimait en secret. Comme le jeune Roland était le plus beau, le plus robuste et le mieux tourné des garçons des environs, il pensa que lui seul avait pu attirer les regards de sa fille. Leurs terres étaient limitrophes, il avait l'occasion de voir souvent le père de Roland, avec lequel il était lié depuis un grand nombre d'années; il lui fit quelques ouvertures à ce sujet, elles furent acceptées avec empressement, et l'on a vu quelle avait été la conséquence de cette résolution.

Aux approches du soir le citoyen Gauthier reprit le chemin de la ferme, où, d'après ses calculs, sa présence ne pouvait manquer d'être nécessaire. D'ailleurs l'ami Gilbert lui avait fait entendre que la présentation de Roland à sa fille devait se faire le soir même par le père du jeune homme après les travaux de la journée; il l'avait vivement engagé à s'y trouver, attendu qu'en pareille circonstance un magistrat de son caractère n'était jamais inutile. Une courte explication avait suffi pour l'excuser aux yeux de son ami, d'avoir accueilli avec tant de froideur la demande en faveur de Thérèse. Il partait enfin libre de tout autre souci, car la citoyenne Gauthier avait reçu dès le matin sa confidence, et comme elle avait au fond un excellent cœur, elle avait approuvé la conduite de son mari, et il n'était plus question d'invoquer le bénéfice de la loi républicaine.

Le municipal espérait prévenir Thérèse, car il était persuadé que son père ne lui avait point encore fait connaître ses projets. Gilbert voulait jouir de la douce surprise qu'il espérait causer à sa fille; il était loin de douter qu'une alliance aussi sortable, proposée dans des circonstances aussi honorables pour Thérèse, ne la remplît de joie et de bonheur.

En prudent voyageur, Gauthier se traîna pour ainsi dire le long de la haie, jusqu'à l'endroit où l'avenue de la ferme décrivait une ligne courbe. La crainte de rencontrer encore la femme à la vache le préoccupait fortement, mais heureusement il reconnut bientôt que l'ennemi n'occupait pas la seconde partie du chemin. Il poussa un cri de victoire, et s'approcha rapidement de la fontaine ; Thérèse n'était point assise sous les ombrages, maintenant solitaires, des noyers séculaires, et des saules où elle aimait à rêver. Il soupira profondément ; les pulsations de son cœur devinrent tellement vives qu'il fut contraint de s'arrêter un moment, mais enfin sa résolution était prise, et il repoussa la porte qui s'ouvrait sur la vaste cour de la ferme.

Gilbert et sa fille étaient assis sur le banc extérieur dont il a déjà été question. Le fermier tenait une des mains de Thérèse qu'il pressait avec tendresse. Elle pleurait ; ils avaient parlé de Jacques et d'Arthur.

— Je commence à vieillir, Thérèse, lui disait son père: qui sait combien de temps Jacques sera encore absent! le digne garçon, en supposant que Dieu nous le conserve! J'ai acheté le château et une grande partie de l'ancien domaine, tu sais dans quelles intentions ; mais enfin il ne faut pas laisser dépérir ces belles terres, et mes bras ne suffisent pas pour cela, voilà bien long-temps qu'ils conduisent la charrue.

Le municipal vit du premier coup d'œil, malgré les pleurs de Thérèse, que l'orage n'avait pas encore éclaté; il fut accueilli avec empressement, et prit place sur le banc. Tout-à-coup la porte s'ouvrit de nouveau, et le jeune Roland parut, mais seul, pâle, et l'air agité. Il s'avança lentement.

— Je vous salue, citoyens, dit-il; il adressa à Thérèse une muette inclination.

— Eh bien! Roland, dit le fermier avec surprise, tu n'as pas mis la belle veste des décadis, et ton père n'est pas avec toi?

— Cela était inutile, citoyen, répondit tristement le jeune homme; vous saurez pourquoi. En attendant, je désirerais parler un moment en particulier à la citoyenne, avec votre permission!

— De quoi diable s'agit-il donc? s'écria Gilbert. A ton aise, mon garçon.

— Et qu'avez-vous à me dire en secret, Roland? ajouta Thérèse en ouvrant la porte de la maison.

La famille de Roland n'avait pas gardé le secret comme le fermier, et la nouvelle du prochain mariage des jeunes gens s'était répandue dans tous les environs avec la rapidité de l'éclair. La mère Dufour avait été informée comme tout le monde de cet évènement. Elle n'eut rien de plus pressé que de répéter l'histoire de Thérèse, que la veille elle avait entendu raconter auprès de la fontaine. Ce bruit ne tarda pas à venir aux oreilles des parens de Roland, ils firent venir la vieille femme, et recueillirent de sa bouche des renseignemens tels qu'il n'était plus possible de douter du malheur de Thérèse. Le jeune Roland était un honnête et digne garçon qui se refusa d'abord à croire à la véracité du rapport de la vieille femme. Il obtint de son père, qui voulait faire un éclat, qu'il se présenterait seul chez Gilbert, pour vérifier les doutes injurieux que ces propos avaient répandus sur la réputation de Thérèse.

Lorsque Roland et Thérèse furent entrés dans la maison, les deux amis se levèrent avec une sorte d'agitation, préoccupés tous deux de craintes bien différentes.

— As-tu remarqué, Gauthier, la figure de Roland? dit le fermier, et comprends-tu quelque chose à ce qui se passe?

— Je comprends, répondit le municipal, qu'on ne doit jamais marier des jeunes gens sans les consulter, et si l'obstacle vient du côté du garçon, cela ne sera pas malheureux.

— Et pourquoi cela ? Crois-tu donc que ma Thérèse aurait de son côté quelque raison de refuser un parti si avantageux ? Non, non, ce n'est pas possible. Tout cela va s'éclaircir. Se marier devant tout le peuple, sur l'autel de la patrie ! C'est beau, j'espère !

Quelques momens après, des cris au secours ! au secours ! s'élancèrent de l'intérieur de la ferme, et les deux honnêtes gens, dont l'un du moins en soupçonnait la cause, entrèrent précipitamment. Thérèse venait de s'évanouir dans les bras de Roland.

CHAPITRE VIII.

LA RÉVOLTE.

> Le fanatisme affreux, loin de Pavie en poudre,
> Dans son antre sanglant s'enfuit les yeux hagards.
> Du ciel, sourd à ses vœux, il appelait la foudre...
> Ta foudre, plus active, a brisé ses poignards.
> **Le cit. Deguerle.**

Parmi les nobles Milanais qui, suivant la coutume de leurs ancêtres, ont été s'incliner devant le conquérant de leur patrie, le comte Leoni s'est fait remarquer par son empressement, et surtout par son enthousiasme pour le vainqueur de Lodi. Son palais a été illuminé, et des gerbes de feu, s'élançant du haut de ses terrasses de marbre sous mille formes bizarres, reflétant les couleurs les plus variées, ont fait pâlir la clarté des étoiles, durant la nuit qui suivit l'entrée triomphale des Français dans Milan. Des officiers républicains ont foulé les riches tapis de ses appartemens dorés, et se sont assis à son banquet somptueux.

Des *improvisatori* ont célébré le retour de la liberté et le patriotisme de Leoni ; il a libéralement répandu ses dons sur les pauvres, et la foule est venue s'asseoir sous ses portiques, où elle a gaiement pris sa part des restes du festin, que la bienfaisance patricienne lui a fait jeter par des laquais.

Le palais du noble Leoni est situé non loin de la forteresse, où quelques soldats de Beaulieu défendent encore, contre les républicains victorieux, l'étendard de la maison d'Autriche. Bonaparte, qui n'aime pas les actions inutiles, s'est borné à faire cerner la citadelle, jusqu'à ce que la garnison, fatiguée d'une résistance désormais sans but, se rendît honorablement. Cette circonstance a fait du palais Leoni le rendez-vous d'un grand nombre d'officiers français, qui viennent chaque soir respirer l'air pur et parfumé des jardins délicieux qui environnent cette demeure fastueuse. Un grand nombre d'entre eux y reçoivent, au reste, une hospitalité généreuse, et ils ont déjà oublié les fatigues de la campagne, au milieu des profusions de ce séjour du luxe et du plaisir.

Dans ce moment, la famille du noble Milanaïs se compose seulement d'une mère, déjà âgée, qui fait les honneurs du palais, et d'une fille de dix-huit ans, d'une beauté ravissante. Horatio Leoni, son fils aîné, l'héritier de son nom et de ses biens immenses, est absent. Il a répété plusieurs fois, avec intention, que son fils voyageait dans le nord de l'Europe, et qu'il éprouverait de vifs regrets de n'avoir pu jouir des triomphes et de la vue des Français, qu'il admire avec son âme de jeune homme et d'Italien.

Mais, quel noble et brillant cavalier de Milan n'a entendu parler de la belle Helena Leoni, et ne s'est trouvé heureux de l'avoir aperçue une fois au travers du rideau de soie qui ferme la tribune de sa famille à l'église de San-Lorenzo, ou au théâtre de la Scala! Elle sort dans une riche litière, qu'entourent de nombreux serviteurs ; et quelques amis d'Horatio, appartenant comme lui à la haute aristocratie de Milan, ont pu seuls être admis en sa présence. Avant l'entrée des Français, on ne vantait point l'hospitalité de Leoni, soit qu'il habitât son palais de Milan, soit qu'il vécût dans la belle villa qu'il possède sur les bords verdoyans et fleuris de l'Alona, entre Binasco et

Pavie. Le noble comte alors recevait peu de monde : habituellement sombre et mélancolique, enfermé dans sa riche demeure, il était invisible pour les malheureux qui avaient recours à sa bienfaisance, et on ne lui connaissait point d'amis. Quelques vieux aristocrates, des prêtres, des moines, étaient seuls admis en sa présence.

Quel a dû être l'étonnement d'Helena, lorsque tout-à-coup la demeure solitaire de son père est devenue bruyante et ouverte à tant d'étrangers? Elle s'attendait à recevoir de lui des ordres sévères, qui l'exileraient des salons ouverts à ces hôtes inattendus; mais Leoni a voulu, au contraire, que sa fille, ajoutant encore par de brillantes parures aux grâces de sa jeunesse, aux charmes de sa beauté, reçût les hommages de ces Français, si empressés, si passionnés auprès des femmes.

Il est minuit; les bougies odorantes, qui se reflètent dans le cristal des lustres et dans les vastes glaces de Venise du palais Leoni, jettent encore d'étincelantes lueurs. Une réunion nombreuse d'officiers français et de Milanais appartenant à la classe la plus élevée, remplit l'un des plus beaux salons de ce magnifique séjour. Cette pièce, resplendissante de ce luxe des arts que le goût italien sait distribuer avec une si rare perfection, était au rez-de-chaussée, et ouverte sur un jardin délicieux. Des portiques en marbre, pratiqués dans un double rang de colonnes, y laissaient pénétrer la lumière, et la brise imprégnée du parfum des fleurs. Des vases d'albâtre, d'antiques statues, fruits inimitables du génie de la Grèce, de longues draperies de soie parsemées de lames d'or, des tableaux, ouvrages précieux des grands maîtres dont l'Italie est justement fière, décoraient cette salle, où les républicains, avec leurs uniformes simples et sévères, leurs cheveux tombant sur leur cou, semblables ainsi aux Francs leurs ancêtres, formaient un contraste remarquable. Vifs, enjoués, spirituels, ils paraissaient à l'aise au milieu de ces richesses, comme si la plupart d'entre eux n'avaient pas quitté naguère d'agrestes demeures, les champs fertilisés par leurs mains, et laissé, au nom de la liberté, la charrue pour l'épée.

On jouait à quelques tables. Le plaisir de la conversation suffisait dans d'autres groupes, où les Milanais, avides des récits des Français, écoutaient avec un enthousiasme calculé tout ce qui avait rapport au général Bonaparte. La vieille comtesse, à demi couchée sur un riche sofa, expliquait à un jeune républicain, qui la regardait avec un naïf étonnement, l'utilité des gros grains de son rosaire de perles. Mais un tableau plus gracieux se faisait remarquer dans une autre partie du salon. Helena, assise sur une pile de carreaux élégamment recouverts, venait de quitter sa harpe dorée, d'où elle avait tiré des accords mélodieux en chantant un air de son pays, la terre natale de l'harmonie. Ses doigts blancs et délicats étaient encore suspendus aux cordes de l'instrument ; elle était d'une beauté ravissante ; tout en elle était grâce et séduction ; un sourire charmant, que semblait inspirer une pensée riante et virginale, adoucissait l'expression un peu sévère de sa physionomie régulière, et dont la perfection rappelait à la fois le coloris frais et délicat de l'Albane, et les lignes merveilleusement belles du Corrége. Cependant on retrouvait dans l'ensemble de sa physionomie quelque chose de sa patrie ; le feu des passions italiennes brillait dans son regard vif et quelquefois dédaigneux ; il y avait de la fierté sur son front élevé, et un sentiment indéfinissable de volupté et d'amour dans sa pose pleine de noblesse et d'abandon. Elle parlait le français avec facilité; le léger accent qu'elle conservait ajoutait encore au charme piquant de sa conversation.

Le comte Leoni, d'une taille plus élevée que celle des Italiens en général, se promenait dans le salon, tantôt seul, tantôt avec un Français qui lui adressait la parole, et allait ensuite augmenter l'un des groupes dont nous venons de parler. Cet homme avait une de ces physionomies que, sur une terre esclave, une longue habitude de dissimulation rend tout-à-fait impassible. Il était difficile de lire dans ses traits froids, et comme couverts d'un masque immobile, les sensations de plaisir ou de peine qu'il pouvait éprouver. Sa pensée demeurait ensevelie dans les replis de son cœur. Il avait à sa disposition un sourire affectueux, qui s'exprimait par le mouvement imperceptible de ses lèvres minces, sans que les autres muscles de son visage en éprouvassent aucune modification. Il était vêtu d'un frac de couleur sombre et tout uni; sans doute que, pour ne pas éveiller la susceptibilité républicaine de ses hôtes, il avait momentanément déposé les rubans d'ordres et les crachats qui brillaient habituellement sur sa poitrine.

De temps en temps un domestique, qui paraissait être à la tête de sa maison, car Leoni l'écoutait avec une sorte de déférence qui dérogeait un peu de la fierté nobiliaire, venait lui adresser quelques mots à l'oreille; il l'écoutait, lui répondait brusquement, puis il continuait sa promenade, en jetant autour de lui un étrange regard.

Il y avait auprès d'Helena un jeune officier qui la contemplait avec une sorte de ravissement extatique. Ses traits étaient nobles et beaux, et bien qu'il n'occupât pas dans l'armée un grade très élevé, on remarquait, dans ses manières d'une politesse exquise, quelque chose qui le séparait de ses compagnons d'armes. Soit hasard, soit sympathie naturelle entre des personnes d'un rang supérieur, suivant les préjugés, Helena l'accueillait avec une distinction particulière, et quand elle lui adressait la parole, sa voix, agitée d'un tremblement léger, perdait un peu de sa fermeté.

— Signora, lui disait-il avec émotion, et de manière à n'être entendu que d'elle seule, que l'Italie est belle, et combien les miracles qu'elle étale à mes regards dépassent ce que j'en attendais!

— Et cependant, répondit-elle en souriant, cette pauvre Italie que vous admirez espère bien que votre enthousiasme pour elle ne vous fera pas oublier votre France, qu'on dit si grande, si peuplée, si féconde!

— Hélas, signora, vous nous traitez avec une courtoisie perfide, et vous voudriez déjà voir bien loin ces hôtes incommodes que le hasard vous a donnés! Mais personne ne fait des vœux plus ardens que moi pour la liberté de votre pays!

— Oh! ce n'est pas de cela qu'il s'agit! Mais les chefs-d'œuvre de nos grands maîtres, qui pourra jamais nous les rendre?

Elle reprenait alors sa harpe, et ses doigts agiles en parcouraient toutes les octaves avec une étonnante rapidité, comme si elle eût voulu bannir une idée importune et triste. Le jeune homme gardait le silence en exhalant un profond soupir, qui se confondait avec les sons de l'harmonieux instrument.

Le bruit du tambour se fit tout-à-coup entendre. A ce signal d'alarme, les officiers républicains ceignirent aussitôt leur épée, et prirent en grand nombre congé de leur hôte. Quelques uns d'entre eux, qui paraissaient habiter le palais, se contentèrent de prier leurs camarades de les faire avertir, dans le cas où ce bruit inattendu signalerait quelque danger; mais cela n'était pas probable. Un coup de fusil parti du fort, peut-être par hasard, avait occasioné un mouvement parmi les troupes qui en formaient le blocus; mais cet incident n'eut pas de suite, et le repos de Milan ne fut pas troublé durant le reste de cette nuit.

Dans ce moment le domestique dont on a déjà parlé vint annoncer au comte Leoni une nouvelle qu'il parut recevoir avec satisfaction, car il quitta aussitôt le salon sans parler à personne, et sans remarquer que la douairière s'était retirée déjà depuis long-temps. Bientôt le plus profond silence régna dans cette salle naguère si brillante et si animée; Helena demeurait seule avec l'officier français, que ses talens et sa beauté avaient fasciné.

Le comte traversa rapidement de longs corridors, ouvrit plusieurs portes masquées par des tableaux, arriva dans une partie éloignée de son palais, et il pénétra enfin dans un cabinet où un escalier dérobé, et qui aboutissait à une rue déserte, permettait de parvenir sans passer par l'entrée principale. Deux moines qui portaient le costume de l'un des quatre ordres mendians l'attendaient dans ce lieu isolé et secret, où ils avaient été probablement introduits par l'homme de confiance du noble Milanais.

L'un de ces deux personnages était dans la force de l'âge, et ses yeux qui brillaient comme ceux du hyène sous deux épais sourcils, donnaient à sa physionomie vulgaire et repoussante une expression de malice et de méchanceté que ne démentaient pas son sourire railleur et ses traits hardis et décidés. Son compagnon était immobile à quelques pas de lui; les bras croisés sur sa poitrine et son capuchon gris entièrement rabattu sur son front. Leoni fit en entrant un geste de surprise, et il attendit prudemment avant de parler que le moine dont il recevait la visite lui expliquât un incident qui paraissait le contrarier. Le franciscain devina sur-le-champ sa pensée.

— Dieu vous bénisse, Excellence, dit-il en s'inclinant avec tous les dehors d'un profond respect; le frère Pietro qui m'accompagne doit la faveur insigne d'être admis en présence de votre illustre Seigneurie, à la surdité complète dont il est atteint par la volonté de Dieu et l'intercession de saint François. Suivant la règle de notre couvent, je ne pouvais sortir seul, et j'ai dû choisir ce très pieux frère, qui n'entendra pas un mot de notre conversation.

Leoni fixa sur le moine des regards ardens et soupçonneux, mais celui-ci soutint l'examen avec une audace qui convainquit le comte de la véracité de son assertion. D'ailleurs il s'approcha du franciscain silencieux, et souleva hardiment les larges bords de son capuchon; il découvrit un visage si triste, et sur lequel la stupidité était empreinte à un tel degré qu'il ne pouvait conserver aucun doute.

— *Ave Maria!* dit celui-ci d'une voix grêle et tremblante.

— C'est fort bien, mon père, reprit alors le comte, vous me pardonnerez si dans les circonstances où nous sommes je prends ainsi des précautions, que dans tout autre temps mon entière confiance en vous pourrait vous faire trouver injurieuses.

— Que Dieu me garde, Excellence, de nourrir de pareilles pensées! répondit le moine, qui laissa échapper un sourire sardonique, peu d'accord avec l'humilité de ses paroles ; je suis prêt à écouter avec la soumission respectueuse due à votre Seigneurie les ordres qu'elle voudra bien me donner dans l'intérêt de notre sainte foi.

— Laissons ces formes obséquieuses, Georgio, nous nous connaissons depuis long-temps, et vous savez bien que mon intention n'est pas de vous donner des ordres, mais de nous entendre en francs Italiens, sur des choses qui intéressent la noblesse du pays, et, comme vous le dites, notre sainte foi.

— C'est vrai, c'est vrai, Excellence, dit le moine qui fit entendre un éclat de rire étrange.

— Eh bien ! reprit Leoni, que dit-on des Français à Binasco et à Pavie ?

— Il est écrit, Excellence, que le triomphe des méchans sera de courte durée, et celui de ces hérétiques, de ces indignes profanateurs approche de sa fin. Le feld-maréchal Beaulieu va recevoir à Mantoue des renforts nombreux, et, avec la protection du Dieu des armées, il reprendra bientôt l'offensive contre cet infernal Bonaparte.

— Ont-ils agi à Pavie de manière à indigner le peuple, qui malheureusement ami de la nouveauté a d'abord été au-devant de ces brigands, avec un enthousiasme qui nous avait tous alarmés? Mais depuis deux jours tout va bien à Milan.

— Tout va bien à Pavie, Excellence, et nos campagnards surtout, que saint François en soit béni! qui n'entendent rien à ces grands mots inventés par l'enfer, de liberté et d'indépendance, sont tout prêts à se soulever. Une sourde rumeur agite la ville. Il nous est venu là un chef de condotieri qui s'appelle Augereau : il a toujours le blasphème et l'injure à la bouche, il a osé porter une main coupable sur les châsses des saints, sur les biens de la sainte Église! le bien des pauvres, Excellence!

— Ils ont agi de même à Milan, dit Leoni avec amertume, quoique nous fussions protégés par la présence du général en chef. Ces imbéciles Milanais l'ont accueilli en triomphateur, mais il leur a fait payer cher leur admiration. Elle nous coûte vingt millions! Le peuple n'a pas souffert de cette exaction, les infâmes ont eu l'air de le ménager, et c'est la noblesse qui a supporté tout le poids de l'oppression. Ils ont dépouillé les autels, et fondu les vases sacrés pour diminuer d'autant les charges publiques. Oui, ils l'ont fait, Georgio!

— Vengeance! malédiction! s'écria le moine avec une fureur concentrée. J'ai confessé hier deux cents paysans: demain, chaque jour, chaque nuit, je travaillerai à cette œuvre. Moi je ne suis pas de ces faibles lévites, qui n'emploient contre les hérétiques et les sacriléges que les armes de la parole; un seul Français est venu visiter notre couvent, le croiriez-vous? il a osé s'agenouiller sur les marches de l'autel où brille l'image de saint François le bienheureux! Sa prière était sans doute un outrage pour ce grand saint, car il m'a inspiré la pieuse résolution de le châtier. Le révérend prieur m'a chargé de le reconduire: il n'est point sorti de l'enceinte du couvent, il n'en sortira plus!...

— Hé! comment? dit Leoni, qui frissonna en regardant le moine.

— Par ce moyen-là, Excellence, répondit Georgio en montrant un poignard caché dans la large manche de sa robe.

— Il faut modérer votre zèle, Georgio, reprit froidement le comte : ce ne sont pas nos mains qui doivent accomplir cette tâche ; armons la vile populace contre ces mécréans, j'y consens ; mais laissons-la seule exposée à des représailles, qui, si elles tombaient sur nous, causeraient à la religion des pertes trop cruelles.

— Chacun a sa manière de servir la cause de Dieu, reprit le moine avec un peu d'humeur. Puis il ajouta d'un ton presque railleur : Par exemple, j'ai su comment le noble Leoni avait accueilli les Français ; mais ce n'est pas moi, Excellence, qui me suis mépris sur vos intentions. Que saint François vous assiste !

— *Amen!* dit le comte, qui n'eut pas l'air de s'apercevoir de ce sarcasme. Devais-je seul, entre tous les nobles milanais, fermer les portes de mon palais à ces étrangers détestés ? Moine ! ne m'avez-vous pas toujours dit qu'il fallait pour mieux tromper les hommes savoir flatter leurs passions ? Aucun de ces Français ne peut supposer maintenant qu'à cette heure je médite leur ruine, et qu'ils n'ont pas d'ennemi plus acharné que le noble Justiniano Leoni. Oh ! je les ai bien trompés ! Le croiriez-vous ?

Georgio, ils m'avaient imposé à dix mille florins, moi! J'en ai donné vingt mille, pour conserver mon rang.

— Sempre bene! Excellence, voilà qui est pousser la dissimulation aussi loin que mon zèle. Mais laissons cela, et voyons quels sont nos moyens d'exterminer ces ennemis de Dieu et du Saint-Empire. Croyez-vous que le séjour des Français à Milan doive durer long-temps encore?

— On l'ignore. Ils y sont depuis cinq jours, et rien ne transpire sur les projets du général en chef.

— A quoi s'occupe Bonaparte? demanda le moine qui secoua la tête et serra les lèvres d'une manière expressive

— Il travaille constamment. Il a plusieurs secrétaires qu'il lasse, dit-on. Il visite nos monumens, et surtout nos bibliothèques: il a fait demander à l'Ambroisienne une grande quantité de manuscrits, qui ont tous rapport à l'Égypte et à l'Orient.

— A l'Orient! Aime-t-il les femmes et les plaisirs de la table?

— On le dit cérémonieux et froid avec le sexe: il ne paraît pas se plaire dans les bals et les fêtes qu'on lui offre, il a souvent refusé d'y assister. Il est sobre, et ne demeure pas à table plus de huit minutes.

— Justiniano Leoni! dit le moine en secouant de nouveau la tête comme un lion qui se joue avec sa crinière; cet homme est bien dangereux!... Oh! si un bras dévoué... Il murmura quelques paroles qu'on n'entendit pas, et porta la main sur son poignard!

— Au nom de tous les saints! Georgio, s'écria Leoni épouvanté, abandonnez ce projet insensé. Les républicains sont enthousiastes de leur chef, il a l'audace et le courage qui caractérisent cette race de reprouvés: Milan, toute l'Italie, seraient offerts en holocauste à ses mânes; c'est vraiment un homme extraordinaire.

— Oui, dit le moine avec effort et en laissant tomber sa tête sur son sein. Enfin, reprit-il après quelques momens de silence, on ne peut rien tenter avant le départ de Bonaparte. L'activité dont il a fait preuve jusqu'à ce jour n'annonce que trop qu'il ne sera point séduit par les délices de Milan. En vérité, je vous le dis, cet homme a de grands projets, et il ne se reposera pas s'il peut les accomplir.

— Nous avons un moyen, ajouta Leoni, un moyen que je crois excellent de connaître d'avance les projets de Bonaparte. Un des officiers attachés à sa personne demeure dans mon palais; oui, Georgio, et je crois qu'il a osé lever les yeux sur Helena. Que l'astre brille à ses yeux, pourvu qu'il soit consumé par ses rayons!

— Voilà une bonne nouvelle, reprit le moine en souriant; il faut, après le départ des Français, que tout ce qui a un cœur italien et religieux se dévoue pour la gloire de Dieu. Les Français, placés entre une insurrection et la forte armée du feld-maréchal, ne pourront échapper à leur destinée, qui fut en tout temps de trouver un tombeau en Italie. Mais êtes-vous sûr de Milan?

— Il faudrait, Georgio, que le peuple, déjà préparé par de saintes prédications, indigné de l'impiété des Français et du peu de respect qu'ils montrent aux femmes, éprouvât quelque dommage plus grave encore, et qui touchât de plus près à ses intérêts matériels.

Le moine baissa la tête, croisa ses bras sur sa poitrine, et parut réfléchir profondément.

Tout-à-coup il quitta cette posture, et se frappant le front avec joie :

— Par saint François! s'écria-t-il, le seul parti qui soit à prendre pour amener cet heureux résultat n'est-il pas entre les mains de la noblesse? La moitié de la population de Milan est attachée à son service ; il faut que tous les patriciens, le même jour et à la même heure, congédient leurs serviteurs. Le reste nous regarde !

— Je ferai part de cet avis à mes amis, Georgio : le Saint-Esprit est avec vous! dit Leoni avec satisfaction.

— Dieu bénisse Votre Excellence ! il est temps de nous séparer. Redites bien aux nobles que, s'ils n'adoptent cette idée, le ferment révolutionnaire ne tardera pas à bouillonner dans les cœurs italiens, et qu'ils perdront tout, tant leur cause est liée à celle de la sainte Église. Adieu, Excellence !

Il frappa sur l'épaule de son compagnon, qui était demeuré immobile à la même place.

— *Ave, Maria*, dit-il, et ils s'éloignèrent par l'escalier dérobé dont Leoni leur ouvrit la porte.

La belle Helena était demeurée un instant

pensive et rêveuse, à demi penchée sur sa harpe, semblable ainsi, dans cette pose poétique, à la vierge de Morwen songeant au blond Oscar. Elle s'aperçut enfin de la solitude dans laquelle elle se trouvait avec un jeune homme, que ses titres de Français et d'officier républicain ne devaient pas recommander à sa confiance. Elle se leva et s'approcha avec embarras de la draperie qui voilait le portique ouvert sur le jardin. Le Français l'examina d'abord en silence, et se levant enfin comme pour prendre congé d'elle :

— Signora, lui dit-il, combien je remercierais le ciel de la faveur qu'il m'accorde ce soir, si je ne lisais dans vos regards que je vous suis importun ! Vous connaissez donc bien peu le pouvoir de vos charmes, ou cet habit que je porte vous inspire de trop cruelles préventions !

— Et qui vous donne le droit, monsieur le citoyen, répondit Helena d'un ton d'enjouement qui ne cachait point le trouble qu'elle éprouvait, de scruter ainsi le fond de ma pensée ? C'est porter un peu trop loin les droits de la conquête.

— Oh ! si j'avais, signora, quelque prétention aux droits dont vous parlez, je n'envierais point les lauriers de Bonaparte lui-même; il y aurait assez de gloire, assez de bonheur pour moi sur la terre! Mais ce sont là de vaines illusions. Je crois faire un songe dans ce moment, et je crains que l'apparition délicieuse qui vient me bercer d'une décevante espérance ne passe devant moi comme une ombre que l'éclat du jour fait évanouir.

Helena ne répondit pas à cette attaque inattendue, mais elle éprouva une vive émotion, et faisant jouer les cordons de soie qui retenaient la draperie, elle promena ses regards agités sur la scène merveilleuse qui se déployait autour d'elle.

— La belle nuit! s'écria-t-elle dans une sorte d'extase rêveuse; la lune blanche et majestueuse inonde de ses clartés la superbe Milan. Comme le dôme s'élance avec orgueil sous la voûte scintillante du ciel! de légères vapeurs ondulent autour de sa croix d'or; ce sont les seuls nuages qu'on aperçoive dans cette vaste étendue. Comme l'air est pur et parfumé!

— Voyez, signora, dit le jeune homme qui s'était rapproché de la belle Italienne : voyez comme ces arbres inclinent leur feuillage devant cette brise odorante! Il manque seulement sous ces allées de charmille dont les rayons de la lune ne percent qu'à de longs intervalles la verdoyante épaisseur, une de ces figures fantastiques dont l'imagination aime à peupler les sites de vos contrées poétiques!

— Qui êtes-vous donc, seigneur Français? dit brusquement Helena en regardant avec étonnement l'officier républicain.

— Et à quoi servirait cet aveu? signora. Je serai toujours pour vous un de ces hommes qui sont venus porter dans votre beau climat les agitations de leur pays. Pardonnez-moi si j'ai mêlé ma voix à la vôtre; mais votre enthousiasme a réveillé le mien, avec des souvenirs qui remplissent mon cœur.

Helena étouffa un soupir, puis elle fit quelques pas en dehors du portique.

— Seriez-vous assez indulgente, signora, reprit le jeune homme, pour excuser mon audace si je vous offrais mon bras?

— C'est mon devoir, seigneur Français, répondit-elle, de me conformer à vos désirs, dans tout ce qui pourra ajouter à l'hospitalité du palais Leoni.

L'officier sentit avec une joie indicible la pression du bras d'Helena. Ils entrèrent sous un couvert de charmilles, mais tous deux timides et embarrassés d'un tête-à-tête qu'ils avaient peut-être secrètement désiré, n'osaient troubler le silence de cette promenade délicieuse. Ils étaient dans cette situation de l'âme qui a des angoisses et des joies inexprimables, lorsque, entraînés par une passion dont nous ne pouvons prévoir le résultat, le hasard nous rapproche tout-à-coup de ce que nous aimons, sans espérance. Dans le monde, on a de l'assurance, l'espoir de cacher un secret qui est notre seul bien nous donne la force de surmonter ces craintes vagues et indéfinissables qui nous assiègent en présence d'un objet aimé. Dans le tête-à-tête, l'amour qui absorbe les pensées craint d'abord de s'exprimer ; mais il se découvre même dans ce silence mystérieux, dans des regards inquiets, dans ces soupirs brûlans qui se perdent sur les lèvres. La noble Italienne, dont le cœur était pur de tout souvenir, de toute pensée d'amour, qui avait passé sa jeunesse solitaire avec les beaux-arts, dont l'enthousiasme avait trompé jusqu'alors cette organisation pleine d'ardeur et de sensibilité, cédait du moins à une impulsion irrésistible en s'abandonnant à l'intérêt que lui inspirait l'officier étranger. Dès le moment où il lui avait été présenté, elle comprit qu'il existait en elle un mystère dont la révélation était nécessaire au bonheur de sa vie. Elle accepta cette subite impression d'un sentiment encore vague, mais passionné, en véritable Italienne. Aussi ce fut elle qui rompit la première le silence rêveur dans lequel ils demeurèrent un moment plongés tous deux.

— Seigneur Français, dit-elle d'un ton de voix qui trahissait une secrète émotion, vous avez parlé tout à l'heure avec sensibilité des souvenirs que mon amour pour mon pays a réveillés dans votre cœur; ne trouvez-vous pas que cette nuit paisible, le parfum de ces fleurs, la fraîcheur de ces ombrages, disposent l'âme à une confiance plus intime que celle dont vous m'avez honorée? La terre où vous êtes né renferme-t-elle de plus douces séductions? A-t-elle ces brises fraîches après de brûlantes journées? a-t-elle tous ces charmes qui nous environnent?

— Se peut-il, signora! répondit le jeune

homme que le bruit de ces bienveillantes et douces paroles fit tressaillir. Se peut-il que la plainte d'un malheureux étranger ait retenti dans votre âme! Oui, noble Helena, mon pays aussi a de grandes beautés, mais son aspect est plus sévère. La maison de mes pères est située non loin d'un fleuve majestueux, à l'entrée d'une riche vallée que de sombres et hautes montagnes bordent de toutes parts. Ne croyez pas cependant que cette sympathie puissante qui attache l'homme à son berceau se grandisse des accidens du climat; non, cet amour peut être éprouvé avec une énergie sans égale par le sauvage Islandais. Les orages qui bercent son sommeil, les glaces éternelles qui bruissent poussées par l'Océan, autour de son île chérie, ont plus de charmes à ses yeux que les vallées riantes et les bois de myrte de la belle Italie!

— Oh! je comprends bien ce noble sentiment, reprit Helena; aussi suis-je certaine que vous avez laissé en France ou de grands malheurs...

— Ne faites pas d'autres suppositions, signora, ajouta rapidement l'officier; mes blessures sont encore saignantes, et il y a peu de place dans ma mémoire pour tout ce qui n'est pas amertume et douleur.

— Je vous crois et je vous plains, seigneur Français, dit Helena, d'autant plus qu'il est difficile de douter que vous n'ayez reçu une éducation qui semble vous séparer des autres officiers de la république française.

— Signora, répondit le jeune homme, les troubles sanglans dont la France a été le théâtre ont renversé, vous n'en doutez pas, de brillantes existences. Une foule d'hommes qui auraient voulu verser leur sang pour leur patrie sous une autre bannière, ont été contraints de fuir, dans les rangs de l'armée républicaine, des persécutions qui révoltent l'imagition. Voici, noble Helena, une partie de mon secret...

Alors il ajouta à voix basse des détails qui lui étaient personnels; Helena les apprit avec une satisfaction qu'elle ne chercha point à dissimuler.

— Hé quoi! s'écria-t-elle, vous avez été à cette cour brillante de Louis XVI, dont j'ai tant entendu parler dans mon enfance? Vous avez vu cette belle reine, si malheureuse, si grande dans son infortune! c'est un sang noble qui coule dans vos veines!... Oh! je le savais... il me semble que je le savais; vous ne faites que confirmer des pressentimens que cet aveu devait justifier.

— Et maintenant, signora, vous me connaissez, vous possédez un secret que le général en chef a seul pu m'arracher parmi mes compagnons d'armes, mais, dites, en serai-je moins malheureux?... Helena! noble enchanteresse, qui vous êtes emparée de toutes les facultés de mon âme; sur les champs de bataille, où je vais chercher la mort, emporterai-je un de vos regrets? Le souvenir de cette nuit délicieuse sera du moins présent alors à ma pensée, c'est un bien que vous ne me ravirez plus.

— Pourquoi cherchez-vous à me tromper, seigneur Arthur, en employant une ruse indigne de vous et de moi? vous m'avez trop comprise! Mais est-il bien vrai?... n'oubliez pas que votre réponse décidera la mienne, que l'espérance la plus douce et le regret le plus amer sont suspendus à vos lèvres, est-il bien vrai que, à part vos infortunes privées, vous n'avez rien laissé en France qui puisse y rattacher votre souvenir?... N'avez-vous donc jamais aimé?...

Si le feuillage épais des charmilles n'eût ajouté son rideau sombre à l'obscurité de la nuit, l'impétueuse Italienne aurait vu pâlir l'imprudent jeune homme, que les passions lui livraient. A cette question inattendue, Arthur ne fut pas maître de son agitation; Helena la prit pour un frémissement de joie et de bonheur, c'était un remords dévorant qu'elle venait de réveiller. Dans ce moment, une femme, abandonnée lâchement, une femme, malheureuse et dévouée, s'offrit à sa pensée avec toutes les grâces de son amour et de son dévouement. Il hésita; mais Helena était si belle, il y avait tant de naïveté et tant de passion dans cette étrange question, qu'il oublia tout pour elle.

— Non! non! s'écria-t-il en pressant convulsivement sur son cœur la main tremblante de l'Italienne. Il était libre avant d'être à vous.

— Et j'y régnerai seule! et il est à moi tout entier! Arthur! écoutez bien ceci: on ne doit pas jouer avec le cœur d'une jeune fille; c'est, au reste, l'action d'un homme vil et méprisable;

et non pas celle d'un noble chevalier. L'amour est toute la vie, entendez-vous? pour une âme italienne, et la fille de Leoni vous aime...

Une grande ombre, debout à l'extrémité de l'avenue, s'offrit alors à leurs regards. Arthur porta la main sur son épée.

— C'est mon père, reprit Helena. Que faites-vous? je ne songe point à le tromper.

Ils s'approchèrent rapidement de lui; il salua froidement le Français, et réprima avec peine un mouvement d'impatience et de dédain.

— Tous nos hôtes nous ont-ils donc déjà quittés? demanda-t-il d'une voix sombre. Je dois alors des remerciemens à monsieur de vous avoir honorée si long-temps de sa compagnie.

— Mon père, répondit Helena, je vous présente le comte Arthur de Saint-Vallier. Je l'aime...

Elle saisit la main de Leoni étonné, la baisa avec respect, et elle disparut au travers du salon.

Huit jours s'étaient écoulés depuis l'entrée des Français à Milan, et déjà l'armée avait repris position au-delà de l'Adige. Bonaparte porta son quartier-général à Lodi.

Le jour même de son départ, les nobles Milanais, s'appuyant avec ironie sur les principes d'égalité proclamés par les Français, avaient congédié leurs nombreux domestiques; le comte Leoni imita leur exemple. La veille, un grand nombre d'officiers étaient réunis dans les salles de son palais.

— C'est donc demain que Milan va vous perdre, illustres guerriers? avait-il répété plusieurs fois; demain aussi, je quitte avec ma famille une cité que vos armes ne pourront plus protéger aussi efficacement: je pars pour ma villa.

En se séparant d'eux le noble comte retrouva le fanatique Georgio dans son cabinet. Cette fois il y avait un grand nombre de prêtres et de patriciens: l'extermination des Français était résolue, et les vêpres milanaises devaient commencer le lendemain.

Après plusieurs siècles d'un sommeil douloureux, maintenu par l'oppression la plus cruelle et la plus dégradante, l'Europe a vu la Grèce désolée relever son front glorieux, et redemander à la victoire, sous l'étendard de la croix, les journées de Salamine et de Marathon. Malgré l'intervention hypocrite de la diplomatie européenne, l'héroïque persistance des Hellènes a triomphé du courage féroce des Osmanlis et de la pitié des rois chrétiens. La liberté revient à son berceau ; son esprit ne peut s'éteindre dans les poétiques contrées où il a enfanté tant de grandes choses. Ses souvenirs sont partout ; dans les ruines du Capitole comme dans celles du Parthénon, il y a des traditions que le temps ne peut effacer. Il était impossible que, dans son profond abaissement, l'Italie n'eût pas conservé quelques étincelles du feu sacré. A l'époque de ses plus grandes misères, on vit toujours se réveiller dans ce pays, créé comme la Grèce pour le gouvernement républicain, quelques hommes énergiques et passionnés qui protestaient en faveur de la liberté et de la nationalité de leur patrie. Durant le moyen âge, et quand toute l'Europe, plongée dans la barbarie, subissait l'anarchie féodale et se courbait sous la glèbe, la république faisait fleurir les beaux-arts, et conservait le dépôt de la civilisation dans la plus grande partie des cités italiennes. Étrange destinée du catholicisme !

On le vit d'abord prendre les intérêts des peuples contre les rois et les nobles. Religion de liberté et de progrès, on le vit protéger les arts, et prêcher aux nations les paroles de délivrance que, pour preuve de sa haute mission, le Christ prononçait sur la croix. Seul, il osa lutter contre la puissance du glaive, et pour montrer aux peuples le néant des rois, il joua avec leurs couronnes, et se fit suzerain de tous les trônes. Mais tout-à-coup son esprit a changé; le catholicisme répudie son origine et son principe; il s'allie avec la tyrannie pour étouffer en tous lieux les lumières et la liberté; il veut régner sur des races d'hommes dégénérés, flétris par l'oppression. Il crée l'inquisition contre la pensée, et se fait l'auxiliaire des tyrans et des bourreaux. L'Italie retombe alors dans l'esclavage et dans l'ignorance, et le fanatisme abject de quelques peuplades misérables devient le seul appui de la religion sainte du Christ.

Que si l'on me demandait une preuve plus éclatante encore de la chute du catholicisme, et de sa profonde insuffisance sociale, je me contenterais de nommer la péninsule espagnole. Voyez comme ce peuple a usé le sang de ses pères; comme il végète, plante étiolée, sur un sol fécond que sa paresse laisse vierge! Voyez ses campagnes arides, ses villages misérables; voyez cette Espagne si dévote et si fière : pour vivre au milieu de nous elle a besoin de tous ses souvenirs; elle ne rêve que du passé; elle n'a ni industrie, ni commerce, ni activité morale. La vie privée, dans ce pays dégradé, ressemble à la vie des cloîtres, au sein desquels les superstitions les plus basses s'allient à la débauche la plus crapuleuse. Il ne reste un peu de vie dans cette nation que lorsque les passions politiques viennent y réchauffer une lave presque éteinte; et alors l'homme dans son aveugle fureur, qu'aucune idée morale ne peut assoupir, y descend au-dessous de la bête féroce; le bourreau, le prêtre et le brigand, voilà les seuls types sociaux qui soient restés vivans dans le cercueil où le catholicisme a plongé l'Espagne!

La présence des Français à Milan avait donné de l'audace et du nombre au parti national italien, pour qui notre grande révolution avait d'abord été un signal d'espérance. Le bas peuple, dont les préjugés et les haines n'avaient pas été remués, semblait accéder à ce mouvement, et répétait avec enthousiasme le cri d'indépendance. Les patriotes comptaient sur l'intervention immédiate des Français en leur faveur; Bonaparte les loua de leurs beaux sentimens, leur donna quelque espoir, mais il ne put rien promettre de trop positif. Ainsi, sous le rapport politique, le parti autrichien composé des nobles et des prêtres, et qu'il était si facile à ces deux classes d'augmenter des innombrables prolétaires placés sous leur dépendance, n'avait pas des motifs bien graves de récriminations contre l'occupation républicaine. Mais, dans tous les pays, le caractère essentiel de l'aristocratie, c'est une aveugle confiance en elle-même, et une implacable haine de tout ce qui peut porter ombrage à ses préjugés. L'invasion des idées républicaines devait sans doute lui être funeste à Milan; mais c'était sur le champ de bataille et les armes à la main qu'il était de son devoir et de son honneur de leur disputer le terrain. Cette aristocratie italienne, avilie par une longue soumission à l'étranger, dégénérée de ses ancêtres, ne se souvenait plus d'avoir tiré l'épée. Elle devait avoir recours à des moyens dignes des *bravi* dont elle achetait les poignards pour venger ses injures privées.

Le clergé romain, beaucoup moins éclairé en Italie que son influence européenne et sa position comme pouvoir permettrait de le supposer, ne voyait dans les Français, qui avaient brisé les autels dans leur patrie, que des brigands armés contre l'ordre social et la religion. Rien ne devait coûter à sa haine fanatique pour repousser l'orage qui venait fondre sur lui; mais l'aristocratie et le clergé surent cacher leurs sinistres projets sous le voile de la plus humble condescendance aux volontés du vainqueur. Tandis que des prêtres insensés parcouraient les campagnes le crucifix à la main, et cherchaient, par de coupables prédications, à soulever des populations ignorantes, ils entouraient à Milan les chefs de l'armée républicaine des démonstrations du dévouement le plus absolu. Bonaparte y fut trompé. Il avait voulu rester neutre entre tous les partis, afin de pouvoir les diriger ou les combattre avec plus de chances favorables, quand le séjour des Français en Italie, et l'irrésistible influence de leur caractère et de leurs sentimens politiques auraient pu former un esprit public moins incertain et moins divisé que celui qui régnait au moment de la conquête.

L'imagination des Italiens de tous les rangs avait été profondément frappée par l'éclat merveilleux qui environnait le général en chef. Les conjurés redoutaient à la fois la haute sagacité de cet homme inspiré, sa parole brève et sévère, son caractère bizarre, mélange de simplicité et de grandeur; car jamais le pouvoir n'avait revêtu des formes aussi graves et aussi bienveillantes pour imposer à la multitude ou pour la séduire.

Bonaparte fut donc accompagné hors des murs de Milan par les acclamations perfides qui avaient salué son entrée triomphale. Aucun symptôme de mécontentement ne se manifesta sur son passage. Des fleurs, de longues branches de verdure, des visages rians qui semblaient animés du plus pur enthousiasme, s'offrirent seuls à ses regards; il n'entendit que des cris d'amour et de joie, et il marchait dans le cratère d'un volcan que la lave brûlante allait bientôt sillonner.

A peine les drapeaux français eurent-ils disparu à l'horizon que l'œuvre de ténèbres, méditée avec tant de dissimulation, éclata enfin au grand jour. Les nombreux domestiques congédiés par les nobles se répandirent dans les campagnes voisines de Milan, où ils étaient nés pour la plupart. Privés de toute ressource, ils se présentent chez leurs parens déjà irrités des exactions qui avaient pesé sur eux. On sait dans quel dénuement se trouvait l'armée d'Italie, Bonaparte n'avait pas encore eu le temps d'établir dans ses rangs cette discipline sévère que les troupes impériales firent admirer dans la suite, partout où les conduisit la victoire. Les habitans des campagnes avaient dû souffrir des exigences des soldats; Bonaparte avait voulu prévenir ce malheur en promettant le paiement de toutes les réquisitions en nature qui seraient faites pour le service de l'armée, il n'avait pas encore été en son pouvoir de tenir sa parole.

Tout-à-coup le tocsin sonne dans Milan, on y répand le bruit de l'arrivée prochaine du prince de Condé, dont les colonnes, disait-on, débouchaient par la Suisse sur le Tésin. Le feld-maréchal Beaulieu avait reçu des renforts considérables, et il reprenait le chemin de la Lombardie à la tête de quatre-vingt mille hommes. Exaltée par ces absurdes nouvelles, excitée d'ailleurs par ses prêtres et ses nobles, cette population d'esclaves, comptant sur l'humiliation prochaine des vainqueurs de l'Italie, inonde les places et les rues de Milan en vociférant les plus horribles menaces. Elle ose insulter le drapeau tricolore, elle arrache l'arbre de la liberté que naguère elle avait planté elle-même en remplissant l'air de cris de joie et d'indépendance. Les soldats français isolés sont insultés ou assassinés par cette populace frénétique.

— Aux armes! vive la religion! mort aux jacobins!

L'insurrection étend au loin ses ailes sanglantes, elle se propage comme un incendie. Les moines, le crucifix dans une main et le poignard dans l'autre, se jettent au milieu de la multitude effrénée; on baise avec respect le bas de leurs robes, on s'agenouille devant le signe de la rédemption, de toutes parts on crie aux armes! Six mille paysans réunis sous les ordres de Georgio entrent dans Pavie, et forcent la faible garnison de trois cents hommes, la plupart blessés, de se retirer dans la citadelle, où ils résistent avec leur intrépide habituelle à ce premier élan d'un peuple égaré.

Le général républicain Despinois, l'un de ces hommes dont l'apostasie politique a depuis fait effacer le nom des fastes de notre gloire militaire, commandait dans Milan le faible corps de troupe chargé de maintenir le blocus de la citadelle. Aux premières manifestations de la révolte, cet officier concentre ses forces, il les divise ensuite en deux parties, dont l'une est destinée à empêcher toute communication de la garnison assiégée avec la ville, le reste forme des patrouilles qui marchent à la baïonnette contre les rebelles. Une poignée de Français suffit pour rétablir le calme dans la ville, mais la populace qui fuit lâchement devant eux se rassemble à la porte de Pavie, où l'on dit que de nombreux corps de paysans insurgés arrivent de toutes parts au secours de la cité. Les tambours battent la charge, les républicains attaquent avec fermeté ces masses habituées à trembler devant eux, elles ne tiennent pas un moment, et la baïonnette des soldats de Lodi venge le drapeau national outragé. Despinois, entièrement maître de la ville, informe aussitôt le géné-

DEMI-BRIGADE. 295

ral en chef de cet évènement si inattendu.

Bonaparte était déjà arrivé à Lodi quand cette nouvelle lui parvint. Il n'y avait pas à hésiter, cette imprudente levée de boucliers, comprimée immédiatement, pouvait ajouter à la puissance morale des Français; traitée avec ménagement, elle devait avoir les conséquences les plus désastreuses. Le général en chef, indigné d'une trahison que la conduite si modérée de son armée était loin de justifier, déplorant le meurtre de quelques uns de ses braves soldats, lâchement surpris et assassinés par des bandes de paysans révoltés, déclara qu'il allait faire un exemple terrible, mais nécessaire. Aussitôt il rebroussa chemin à la tête d'un corps de cavalerie et d'un bataillon de grenadiers, commandé par l'intrépide Lannes. C'étaient les mêmes hommes qui avaient vaincu au pont de Lodi; le petit nombre de ces troupes, choisies avec soin, devait ajouter à la profonde terreur que la prompte répression du désordre exciterait en Italie. Comme César, Bonaparte a toujours appelé au secours de ses armes la puissance inévitable des impressions morales.

Le général en chef reparait tout-à-coup aux

portes de Milan, on aurait dit que sa justice terrible avait des ailes comme les braves soldats qui suivaient la cavalerie au pas de charge. La plus profonde consternation règne dans la cité; et les chefs de la rébellion, retirés pâles et tremblans au fond de leurs palais et de leurs couvens, attendent avec anxiété la punition que le vainqueur justement irrité va leur imposer. Bonaparte approuve les premières dispositions de Despinois, mais il est nécessaire d'en prescrire de nouvelles, et sa volonté puissante va éclater en sévérités rigoureuses. Tous les individus pris les armes à la main, prêtres, nobles ou prolétaires sont à l'instant fusillés par ses ordres. Le corps municipal est réuni, l'archevêque de Milan, vieillard respectable qui vient au nom de la religion invoquer la clémence du général, les principaux membres du clergé et de la noblesse sont subitement mandés au sein de cette assemblée. Bonaparte y paraît : un calme effrayant règne sur son front triste et sévère, il promène autour de lui ce regard imposant dont il est difficile de supporter l'éclat.

— Les Milanais, dit-il d'une voix accentuée par la colère, ont payé de la plus noire ingratitude la modération des Français. Après les avoir accueillis en libérateurs, ils ont osé croire qu'on pouvait outrager impunément les vainqueurs de l'Italie. Mes soldats ont été frappés par derrière leur sang généreux ne pourrait être payé trop cher. Mais je ne puis mesurer la punition à l'offense. Un certain nombre de coupables ont déjà expié leur crime. Deux cents otages choisis parmi les familles les plus importantes de Milan me seront immédiatement livrés et conduits en France. La municipalité imposera trois francs d'amende à chaque habitant par domestique congédié. C'est à ce prix que j'oublierai la plus injuste, comme la plus coupable agression; et vous tous qui m'écoutez, nobles, membres des chapitres, moines, magistrats, songez que je vous rends responsables de la tranquillité publique.

Ces ordres absolus n'admettent point de réplique, et Bonaparte prend aussitôt le chemin de Pavie, où les rebelles paraissaient avoir concentré leurs forces et être devenus plus audacieux, par suite du succès éphémère qui avait couronné leurs premières manifestations.

Milan renfermait un grand nombre de patriotes italiens qui, dans cette douloureuse circonstance, ne trahirent point les sentimens d'affection qu'ils avaient voués aux Français, desquels au reste ils attendaient la réalisation de leurs espérances, pour la prochaine émancipation de leur pays. Bonaparte fut forcé de sortir en leur faveur de la réserve qu'il s'était imposée, et de s'appuyer sur un parti qui avait de vives sympathies pour la révolution française. On devait aussi aux patriotes la facilité avec laquelle les désordres de Milan avaient été apaisés, et, certains désormais de trouver dans les armées françaises une protection qui leur avait manqué, ils s'organisèrent en clubs, convoquèrent des assemblées primaires, et, faisant un appel aux passions démocratiques, jetèrent les premiers fondemens de la république cisalpine.

Cependant l'insurrection n'avait pas trouvé dans le reste de la Lombardie la même opposition : elle faisait de rapides progrès. Le tocsin sonnait dans tous les villages qui peuplent les bords du Pô et du Tésin, et à chaque instant de nombreux détachemens de révoltés entraient dans Pavie en proférant des cris de mort contre les Français.

Un moine entreprenant et hardi commande dans cette cité désolée. Au nom de la religion il organise le meurtre et le vol, pour prouver sans doute que les idées républicaines sont des idées de désordre et de violence. En conséquence, des listes de proscription furent dressées et reçurent les noms de tous les citoyens soupçonnés de professer des principes libéraux, ou de ceux qui avaient accueilli les Français avec trop d'empressement : leurs maisons furent pillées, par la populace, aux cris de vive la religion ! mort aux Français !

Ces bandes dévastatrices, ivres de colère et de vin, échauffées par le meurtre et le pillage, parcouraient les rues de Pavie, semant sur leur passage la terreur et la destruction. Pendant ces horribles exécutions, le son lugubre des cloches annonçait au loin que la cause de la révolte n'avait pas cessé de triompher.

On a vu que trois cents Français seulement avaient été laissés à Pavie par Augereau. C'étaient, pour la plupart, des soldats en convalescence, et dont les blessures étaient à peine fermées ; ils avaient été mis sous les ordres d'un capitaine. Comme ce mouvement n'avait pu être prévu, car le caractère ferme et l'âpreté révolutionnaire d'Augereau en avaient imposé à Pavie, la faible garnison, retirée dans la citadelle, n'avait ni vivres ni munitions. La fureur de la populace déchaînée se tourna contre cette poignée de braves : elle investit le fort, en remplissant les airs de ses vociférations effrayantes. Les Français repoussent facilement cette première agression; un feu de file, exécuté avec calme et à propos, surprend les assaillans, qui reculent épouvantés. Tout-à-coup un officier-général nommé Haquin, qui traversait Pavie pour se rendre au quartier-général, est entouré, arrêté par les rebelles. Il est conduit devant le moine qui présidait à ces saturnales sanglantes; là, cent poignards sont suspendus sur sa poitrine, et on arrache, à la crainte de la mort affreuse dont il est menacé, un ordre pour la garnison de rendre la citadelle. Les rebelles accourent en rugissant ce funeste écrit à la main, ils demandent à parlementer; quelques uns d'entre eux sont introduits dans le fort, et le malheureux capitaine a la faiblesse d'obéir à un ordre que le général Haquin n'avait aucun droit de lui donner.

Aussitôt les soldats français sont désarmés, liés deux à deux, et conduits au milieu d'une foule délirante, qui les accable d'injures et de mauvais traitemens, jusqu'à l'Hôtel-de-Ville. Le corps consulaire de Pavie, composé d'hommes peu disposés en faveur des Français, mais que leur éducation et leur position sociale devaient rendre plus circonspects que la multitude déchaînée, les prend sous sa protection, et déclare qu'il quittera à l'instant la ville, si les menaces cruelles dirigées contre les prisonniers étaient mises à exécution. Ces braves n'étaient pas les seuls dont la vie dépendait alors d'une populace fanatique, qui, dans toutes les contrées méridionales, porte loin la jactance et la cruauté quand elle se croit victorieuse. Un grand nombre de Français, soldats ou employés de l'armée, qui marchaient isolés et avaient été arrêtés dans les campagnes voisines, les Italiens suspects dont les biens avaient été pillés, devaient subir le même sort.

Soudain les rugissemens et les cris tumultueux de la foule annoncent l'arrivée à Pavie d'un personnage important : c'était le vénérable

Visconti, archevêque de Milan, que son âge, ses cheveux blancs, le caractère sacré dont il était revêtu, le sang des anciens souverains du Milanais qui coulait dans ses veines, devaient rendre sacré à la populace rebelle. Il venait avec des paroles de conciliation et de paix prescrire une prompte soumission à ses frères égarés, et leur annoncer l'arrivée prochaine du général Bonaparte. A peine a-t-on compris le sens de ses exhortations, que cette voix, naguère si respectée, est méconnue. Des moines, le crucifix à la main, parcourent les rangs agités de la multitude.

— Italiens, s'écrient-ils, au nom du Dieu vivant et de saint François de Binasco, ne vous laissez point amollir par ce prélat corrompu : ne voyez-vous pas qu'il a fait alliance avec les jacobins? Eh bien! s'il le faut, dévouons-nous au martyre, mais méritons la vie éternelle, en offrant à Dieu le sang détesté des hérétiques. Mort aux étrangers! mort aux Italiens indignes qui renient leur Dieu et leur patrie!

Ces prédications insensées produisent un effet incendiaire. La foule plus irritée, plus avide de sang que jamais, la foule rebelle, qui depuis deux jours n'a pas vu paraître les républicains, et qui croit au bruit de leur défaite, répandu à dessein, se porte de nouveau à l'Hôtel-de-Ville, et demande à grands cris qu'on lui livre les prisonniers, dont elle a juré l'extermination ; mais là elle retrouve le vénérable archevêque, entouré des membres de la municipalité. Véritable ministre du Seigneur, le vieillard supplie ces furieux de ne pas commettre un attentat que de terribles représailles ne tarderaient pas à suivre. Vaines supplications ! La mort ! la mort ! tels sont les seuls cris qui se fassent entendre, au bruit du tocsin et à la clarté funèbre des torches. Le saint homme s'humilie devant ces lâches assassins, il s'agenouille en versant des larmes, et en levant vers le ciel ses mains tremblantes.

Il va être foulé aux pieds, la multitude s'avance en blasphémant contre son pasteur; un grand attentat va être consommé, le sang va couler!... Mais quel pouvoir suspend tout-à-coup la marche des rebelles ? quel souffle glacé a répandu la terreur sur ces visages sinistres ? quel nouvel incident fait tomber le poignard de leurs mains ?

Du haut des remparts de Pavie l'horizon paraît embrasé, un immense incendie projette vers le ciel des torrens de flamme ; bientôt des hommes couverts de sang et de poussière entrent dans Pavie, et racontent les détails d'une exécution terrible, à laquelle ils ont échappé par miracle. Dans ce premier moment de terreur et d'agitation, ce fut en vain que les sombres chefs de l'insurrection voulurent essayer de nouveau leur influence sur les malheureux qu'ils avaient égarés; les noms de Bonaparte et de Binasco glaçaient d'épouvante les plus audacieux.

Le général en chef, à la tête de l'escorte qui avait rétabli l'ordre dans Milan, se portait rapidement sur Pavie. Sa marche fut arrêtée à Binasco, bourg populeux, situé sur une colline fertile, entre ces deux villes. Le voisinage d'un couvent en grande vénération dans la contrée, l'influence de quelques nobles, avaient déterminé sur ce point une insurrection dont la violence et l'intensité dépassaient le délire même des rebelles de Pavie. Les habitans de Binasco, augmentés de tous les mécontens sortis la veille de Milan, et d'une foule avide de pillage, s'étaient conduits avec l'audace la plus insolente et la plus criminelle. Un faible détachement de Français, tombé entre leurs mains avait été impitoyablement égorgé, et à l'approche des troupes de Bonaparte, n'espérant rien de sa clémence, ils résolurent de résister au vainqueur de Beaulieu. Leur arrêt fut immédiatement prononcé, Lannes et ses braves grenadiers se mirent en devoir, quoique avec douleur, d'exécuter les ordres sévères de leur général. Ils gravissent la colline sous le feu des insurgés, ministres intrépides, mais silencieux de la justice républicaine, ils abordent Binasco à la baïonnette sans tirer un coup de fusil, sans proférer aucun cri. Les insurgés ne résistent pas un instant au choc de cette redoutable colonne, ils tombent sous ses coups, et ceux qui peuvent échapper un moment, vont périr plus loin sous le sabre des cavaliers. On met à part les femmes, les enfans, les vieillards: mais tous ce qui est homme, tout ce qui a pu porter les armes, est fusillé sur-le-champ. Un moment après, la flamme qui dévore Binasco annonçait à Pavie que l'heure de la justice approchait aussi pour elle.

Durant cette nuit d'attente et d'angoisse, les moines ont repris sur la populace une partie de leur influence.

— Le sort de Binasco, disaient-ils, ne peut vous atteindre, braves Italiens; Pavie renferme une population vingt fois plus nombreuse; vous êtes armés, vous combattez pour la cause du ciel, Dieu sera pour vous.

Cependant les républicains arrivent sous les murs de cette ville, qu'ils trouvent couverts de paysans armés. Des grenadiers vont, avec leur admirable sang froid habituel, clouer sur les portes même une proclamation véhémente du général en chef qui rappelle les insurgés à la soumission. Une autre tentative du même genre n'est point accueillie. La multitude que le courage du désespoir commence à animer a repris sa première insolence, en voyant le petit nombre de Français qui s'avancent pour la combattre. Le général en chef n'hésite plus. Tandis que six pièces de canon, habilement pointées, font un feu meurtrier et balaient les remparts, Lannes s'élance contre les portes, qui sont abattues à coups de hache. Les grenadiers pénètrent dans Pavie au pas de charge, dispersent tout ce qui veut s'opposer à leur passage, et le sang des rebelles inonde les rues où résonne le tambour français. La cavalerie tombe alors comme la foudre sur ces masses qui fuient en jetant leurs armes; elle les poursuit dans les plaines voisines, et le silence de la mort règne quelques heures après sur cette malheureuse cité.

Alors le vénérable Visconti, escorté par les magistrats et les principaux habitans qui avaient lutté comme lui, avec une généreuse énergie, contre la populace déchaînée, pour sauver la vie des prisonniers, se présente le front découvert devant le vainqueur. Les soldats français échappés à la mort marchent sur ses pas, et le peuple attend à genoux et en silence l'arrêt que le général va prononcer.

Il était à cheval, silencieux et préoccupé, les bras croisés sur sa poitrine. Trois fois, écrivit-il au directoire, trois fois l'ordre de mettre le feu à la ville expira sur mes lèvres! Mais il fut attendri à la vue de ses soldats qui venaient embrasser leurs libérateurs et leurs frères.

— Illustre général, s'écria l'archevêque dont le visage vénérable était inondé de larmes, Dieu, qui vous a donné le glaive pour punir, a mis aussi dans votre cœur la clémence pour consoler les bons et inspirer le repentir aux méchans. Voyez ces citoyens désolés, qui viennent embrasser vos genoux au saint nom de la patrie, au nom de votre gloire immortelle. Détournez de nos fronts les foudres de votre juste colère. Epargnez l'antique Pavie qui a été la reine du Milanais, qui est le séjour des lettres et des arts !...

Bonaparte cache, sous le masque imposant de son visage austère, la profonde émotion qu'il éprouve ; il saisit la main de l'archevêque, mais ne lui adresse encore aucune réponse.

— Qu'on fasse l'appel des soldats qui composaient la garnison, dit-il d'un ton bref.

Cette opération recommencée deux fois avec le plus grand soin, donne pour résultat l'assurance qu'il ne manque personne, et qu'aucun soldat n'a succombé.

— Citoyens, reprit-il alors, si le sang d'un seul Français, d'un seul de mes braves compagnons de danger et de gloire eût été répandu, j'aurais fait élever, des ruines de Pavie, une colonne sur laquelle j'aurais fait écrire : *Ici fut la ville de Pavie !* Les magistrats qui n'ont pas pu empêcher la révolte méritent tous la mort ; cette cité coupable n'a aucun droit à ma clémence !...

La foule émue et consternée attend, avec une déchirante anxiété, le rigoureux arrêt que ces paroles redoutables font pressentir ; Bonaparte donne avec calme des ordres qui sont exécutés sur-le-champ. Il fait placer des sauvegardes aux portes du Musée, de Spallanzani, de Volta, et d'autres savans professeurs de l'université de Pavie, puis se tournant vers ses soldats, il leur dit :

— Pavie sera livrée au pillage ! je vous donne deux heures ; mais tout meurtrier sera puni de mort ! Soldats, n'oubliez pas que la cruauté peut déshonorer l'arrêt le plus juste.

CHAPITRE IX.

LA VILLA DI LEONI.

— Allons, voilà bien des façons pour si peu de chose ; jamais nœud coulant n'a mieux été préparé cependant, mon jeune maître.
— Ecoute donc, l'ami, c'est que je n'ai jamais été pendu.

WALTER SCOTT.

Il faut donc, dit Lamor, que je tombe comme un arbre décrépit qui s'élevait sur la cime d'un rocher, et que les vents ont aisément renversé. On verra mon ombre errer sur mes collines, pleurant la honte de mon jeune Hidallan.

OSSIAN.

Non loin de Binasco, dont les ruines fumantes attestent les fureurs de la guerre, et à peu de distance de la route qui conduit de Pavie à Milan, on rencontre une de ces riantes demeures que le luxe italien se plaît à embellir de tous les chefs-d'œuvre des arts et de toutes les productions d'un beau climat. Le marbre de Carrare et l'albâtre de Toscane en décorent la façade classique, et composent la colonnade élégante qui la revêt de sa poétique ceinture. Des peupliers majestueux, dont les têtes sveltes et pyramidales se perdent dans les nues, ombragent le cours d'un ruisseau large et limpide qui circule autour de ce séjour enchanté. Le parc, planté de sycomores et de platanes, s'étend au loin dans la plaine, qui semble fuir et qui disparaît à l'horizon sur les bords de l'Adda, il est défendu par une haie de grenadiers dont les belles fleurs rouges décorent la verdure. C'est du haut de la terrasse couverte d'arbustes parfumés que le noble Leoni a pu voir, le cœur brisé par la crainte et par la douleur, la chute de ses sinistres projets. Les flammes rougeâtres de Binasco se sont réfléchies dans les parois de marbre de sa villa, et les cris déchirans de la foule, mêlés aux détonations de la mousqueterie, ont retenti à son oreille.

Justiniano Leoni, cœur égoïste et froid, dégénéré de ses pères comme tant d'hommes qui succombent sous le poids de leur nom, n'a de conviction que celle de l'orgueil et des préjugés. Il a sans doute admiré le courage des Français, non pas avec ce sentiment noble et passionné qui réveille dans notre âme de généreux transports, mais avec cet étonnement vague et triste qu'excite dans un esprit faible l'invasion d'un orage. Le noble Milanais n'a retrouvé un peu d'énergie que pour lutter dans l'ombre contre les dominateurs de son pays, et exciter contre eux les passions turbulentes d'une multitude abrutie par la misère et l'esclavage.

Sa fille Helena vaut mieux que lui; sa mère était une Visconti, et ce noble sang a conservé dans ses veines quelques étincelles du feu italien. Elle a deviné en frémissant les secrets desseins de son père, et elle a vainement essayé de le rappeler à de plus généreux sentimens. Ses paroles ont expiré sans écho au fond du cœur glacé de Leoni, qui l'a exilée dans son appartement comme une fille rebelle.

Le lendemain de l'exécution militaire de Pavie, Leoni, pâle et défait, est ramené par la crainte sur la terrasse de sa demeure, d'où l'on découvre au loin le théâtre de ces douloureux évènemens. Ses regards effarés cherchent, au travers des flots de poussière qui s'élèvent sur la route, si les Français vainqueurs ne viennent pas lui demander compte du sang qui a été répandu pour venger la foi publique si outrageusement violée; mais il ne voit sur la colline où fut

Binasco que quelques figures pâles errantes parmi des décombres : ce sont les veuves ou les filles de ceux qui sont morts pour satisfaire les indignes passions de leurs prêtres et de leurs nobles, race implacable et cruelle qui s'est toujours abreuvée des larmes du peuple. On apercevait aussi de temps en temps quelques détachemens isolés de soldats français qui rejoignaient leurs corps. Le jour s'était levé calme et pur sur cette scène de deuil et de destruction, et le silence sombre qui régnait autour de la villa n'était troublé que par les refrains patriotiques dont ces soldats égayaient leur voyage.

Il se promenait avec agitation ; le bruit le plus léger le faisait tressaillir ; les sons de voix humaines, que le vent du matin apportait par intervalle à son oreille, l'arrachaient de temps en temps à ses méditations. Quelles devaient être les suites d'un évènement auquel il n'avait pris que trop de part ? Ce Georgio, ce moine fanatique dans lequel il avait si imprudemment mis sa confiance, ne pouvait-il pas le trahir ? La justice sévère des Français n'allait-elle pas s'appesantir surtout sur les chefs secrets de l'insurrection ? Cette idée lui donnait des vertiges de crainte, et il tremblait comme un lâche en songeant à la mort dont le cri de sa conscience le menaçait; Leoni se repentait surtout d'avoir accueilli avec une froideur peu encourageante les vues d'Arthur de Saint-Vallier sur sa fille. Ce jeune homme, d'une haute naissance, attaché à la personne du général en chef, aurait pu le protéger dans ces graves circonstances, et son alliance d'ailleurs n'avait rien qui pût alarmer l'orgueil patricien. Cependant, suivant une habitude instinctive de dissimulation, il se souvint, avec une sorte de joie, qu'il ne s'était pas prononcé d'une manière définitive. Les devoirs militaires qu'Arthur avait à remplir, la situation du pays, qui, malgré les progrès des Français, n'avait encore aucune stabilité, lui avaient servi de prétexte pour demander du temps. Il se proposa donc d'écrire immédiatement à Arthur que, certain désormais de toute la vivacité de l'attachement d'Helena, il ne pouvait reculer davantage le bonheur de sa fille bien-aimée. Une alliance avec ce Français, pensait-il, doit éloigner de moi tout soupçon; et plus tard... *il tempo e galantuomo !*

Cette idée lui arracha un sourire sombre et railleur, mais elle lui rendit un peu de repos, et il se prépara à prévenir Helena de la résolution qu'il venait de prendre. Tout-à-coup il entendit le galop d'un cheval qui lui sembla longer le mur extérieur de la villa. Il écouta avec anxiété... un coup de feu retentit, le galop cessa de se faire entendre, mais des cris nombreux et confus s'élevèrent aussitôt, et il distingua au milieu du tumulte qui paraissait régner auprès de sa demeure, des imprécations familières aux Français. Il descendit précipitamment pour connaître la cause de cet incident.

A peine Leoni était-il entré dans le salon principal situé au rez-de-chaussée de la maison, qu'un homme vêtu d'un costume religieux souillé par la poussière et taché de sang, se présenta à lui, en ouvrant brusquement la porte opposée. Il tenait à la main une carabine dont il frappa le parquet avec une sorte de joie féroce quand il aperçut le comte.

— A moi, noble Leoni! s'écria-t-il, saint François vous protège puisqu'il a permis que vous habitiez votre villa au moment où l'un de ses plus humbles enfans vient y chercher un refuge.

— Un refuge! ici, à vous? Georgio! dit le

comte en pâlissant. Cela ne se peut pas, vous ne deviez pas y compter.

— Et si nos projets eussent réussi, si le démon qui protège ces enragés de Français n'eût pas renversé notre œuvre pieuse, m'eussiez-vous fait un pareil accueil? reprit le moine en jetant son capuchon sur ses épaules et se relevant comme un serpent dans toute la hauteur de sa taille. Justiniano Leoni, il me faut un asile, et tu me cacheras, fût-ce dans ton propre lit.

— Moine, sortez, sortez, je ne vous connais pas.

— Par ici, camarades! ici, sergent Gilbert! l'assassin est pris.

A ces mots prononcés par un jeune grenadier de la trente-deuxième, une douzaine de soldats du même corps entrèrent dans le salon par diverses issues. Se précipiter sur le moine, le désarmer, fut pour eux l'affaire d'un moment.

— Caporal, dit un soldat, et ce grand maigre, qu'en ferons-nous?

— Un moment, je vais l'interroger en l'absence du sergent, qui est sans doute auprès de l'officier assassiné!... Ah! gredin! ton affaire est bonne, ajouta-t-il en secouant vigoureusement Georgio.

— Vous vous trompez! dit le moine avec assurance, je ne suis coupable d'aucune mauvaise action, et je ne comprends pas la violence que vous exercez contre moi.

— Ah! tu n'es pas coupable, infâme assassin! reprit le jeune homme. Ose donc démentir ce témoin. Il souffla dans le canon de la carabine, et un peu de fumée s'échappa encore par la lumière de la batterie. C'est toi qui as tiré, ajouta-t-il, j'ai vu tomber l'aide-de-camp du général en chef, j'ai aperçu ta robe au travers de la haie, je t'ai poursuivi jusqu'ici, je te le déclare, tu ne mérites pas de mourir de la main d'un soldat, mais nous n'avons pas de temps à perdre, et nous allons te fusiller. Quant à toi, réponds avec franchise si tu peux : comment ce brigand se trouve-t-il ici?

— Citoyen Français, dit Leoni, je ne connais point cet homme, je suis un noble Milanais, un ami de la république française.

— Les nobles, répondit le caporal, ne sont guère les amis de la république. Moine, ce que dit cet aristocrate est-il vrai?

— Il ment, dit le moine; c'est un lâche qui veut me perdre pour se sauver...

— Que Dieu lui pardonne ce blasphème,

reprit Leoni en joignant douloureusement ses mains tremblantes.

— Quelle caverne d'aristocrates! fusillons-les tous, caporal, dirent les soldats.

— Ça serait assez mon avis, mais voilà Gilbert, qui est un garçon prudent, et qui va décider l'affaire. Ne lâchez pas ce gredin de moine, en attendant.

Le sergent Gilbert, aidé par un de ses soldats, soutenait dans ses bras le jeune officier que la balle meurtrière avait atteint à la poitrine.

— Cela ne sera rien, Jacques, dit le blessé d'une voix faible; rassure-toi, mon frère.

— Oh! votre sang sera vengé, Arthur, répondit Gilbert avec tristesse. Devais-je vous revoir dans un pareil moment!

— Que vois-je? s'écrie Leoni, le capitaine Saint-Vallier! c'est lui que ce misérable a assassiné! Du secours! du secours!...

Il se jette sur le cordon d'une sonnette, et quelques domestiques accourent aussitôt.

— Que l'un de vous monte à cheval, dit-il précipitamment, qu'il vole à Milan, et qu'il ramène ici le signor Andrea, le chirurgien de notre maison. Dix écus romains de récompense par chaque minute qu'il pourra gagner. Qu'on prépare à l'instant un lit pour le blessé, qu'on prévienne la comtesse et la signora Helena !

Et puis il s'approcha d'Arthur, et prit, avec toute l'apparence du plus vif intérêt, ses mains, qui déjà devenaient froides.

— Est-ce un rêve? dit celui-ci d'une voix mourante ; je suis chez le noble Leoni, je vais revoir Helena... Il s'évanouit.

— Il paraît que l'aristocrate est de la connaissance du capitaine, murmura le caporal ; nous allions faire de la belle besogne !

— Ne laissez point échapper ce moine assassin, dit Leoni à l'oreille de Gilbert ; c'est un homme dangereux, et l'instigateur des troubles que vous venez heureusement de réprimer. Je vais veiller pour vous auprès du blessé.

Arthur fut aussitôt transporté dans l'appartement qu'on venait de préparer pour lui, et Leoni jeta en sortant un regard dédaigneux sur le prisonnier.

— Tête et mort ! dit le moine en frappant du pied, cet infâme Leoni va me laisser périr. Holà! mes braves, qui commande le détachement?

— C'est moi, répondit Gilbert; et pourquoi fais-tu cette question?

— Je demande à être conduit devant le général Bonaparte ; j'ai à faire des révélations importantes : je lui nommerai tous les chefs de la révolte. Braves Français, croyez-moi, je ne cherche point à reculer inutilement de quelques heures le sort qui m'est réservé ; non, je ne crains pas la mort. Vous êtes entourés d'ennemis et de traîtres.

— C'est possible, dit le sergent, mais ce que tu demandes n'est pas en mon pouvoir. Cyprien Dufour, es-tu bien sûr que ce soit l'assassin ? et quand tu l'as arrêté, avait-il encore l'arme dont il s'est servi ? N'oublie pas que le sang innocent porte malheur à celui qui le répand !

— Allez toujours, Gilbert, et soyez bien tranquille ; il a d'abord voulu le nier, mais il ne l'ose plus maintenant. N'est-ce pas, moine, que c'est bien toi qui as voulu tuer un officier ?

— Je l'avoue, reprit Georgio avec fierté ; mais vous me traitez cruellement en ne m'accordant pas une faveur bien légère. Au reste, je suis prêt à mourir ; que saint François me protège ! J'ai voulu venger ma religion et mon pays : vous êtes vainqueurs, je dois me soumettre à ma destinée.

— Voilà qui nous raccommode, moine, dit le caporal; c'est dommage que tu ne sois qu'un meurtrier.

— Paix, Dufour, ajouta le sergent d'un ton sévère, ceci est une affaire grave. Moine, nous avons le droit de te mettre à mort, et comme il est juste que tu en sois bien convaincu, je vais te lire l'arrêté du général en chef: « Tous » ceux qui seront pris les armes à la main se- » ront immédiatement fusillés. » Tu reconnais avoir fait feu sur un Français, tu as été pris les armes à la main, nous ne pouvons t'épargner. Non, moine, nous ne sommes pas cruels!... Dufour, je retourne auprès du capitaine; je ne puis pardonner à celui qui a versé le sang de mon frère, mais je ne le verrai pas mourir. Je te charge de tout.

— Merci, Gilbert, cela ne sera pas long. A nous deux, maintenant, camarade; si tu crois en Dieu, recommande-lui ton âme, car tu vas paraître devant lui. Garde à vous! Portez armes! Pas accéléré, marche!

Le moine suivit fièrement les soldats au milieu desquels il était placé. En affectant une résignation qui était loin de son esprit, il avait eu l'espoir de toucher les Français, et de gagner du temps, s'ils avaient accédé à sa demande. Il avait moins le désir de conserver sa vie, que celui de satisfaire le sentiment de haine et de vengeance allumé dans son cœur par la basse trahison de Leoni. On le conduisait au supplice, mais cette idée de perdre son lâche complice lui donnait un nouveau courage, et il ne désespérait pas encore de tromper la crédulité des soldats chargés de lui donner la mort.

— Écoute, jeune homme, dit-il à voix basse au caporal, je veux te faire part d'un secret d'où dépend ta fortune et ton bonheur.

— Tu ferais beaucoup mieux, moine, de songer que dans un instant tu paraîtras devant quelqu'un qui sait tous les secrets. Cependant je suis bien aise de te voir calme en présence de la mort.

— Je te remercie, mais il sera temps de suivre ton conseil quand tu m'auras écouté. Es-tu riche?

— Tu me fais là une drôle de question : je suis caporal dans la trente-deuxième demi-brigade, ça vaut mieux que d'être aristocrate italien.

— N'as-tu donc laissé dans ton pays aucune

personne qui mépriserait moins que toi les dons de la fortune?

— Que le diable t'emporte! c'est-à-dire, moine, je te demande pardon, ta position exige plus de respect; mais aussi je n'ai pas besoin de m'attendrir, et tu viens de me rappeler une pauvre vieille femme, la mère de ma mère, qui m'a élevé, et que j'ai abandonnée pour servir la république. Tiens, ne parlons plus de cela.

— Ton cœur est bon, tu es un jeune homme sensible et généreux, et s'il dépend de toi d'épargner un peu de sang, et de devenir riche avec tes camarades, pourquoi n'accepterais-tu pas mes offres? Écoute bien: au moment de l'insurrection, les moines de Binasco ont enfoui leur trésor dans un endroit qui n'est maintenant connu que de moi, car le père abbé a été tué par vos soldats : ce trésor est à toi, si tu le veux, et, de retour dans ton pays, aucun officier républicain ne portera la tête aussi haut que toi.

— Halte! dit le caporal. Un éclair de joie sillonna les traits pâles de Georgio.

— Tu ne me connais pas, moine, continua-t-il. Quand tu remplirais d'or la place de Milan jusqu'au faîte du dôme, tu ne me séduirais pas. Les soldats de la république n'ont besoin que de fer pour punir les tyrans. Tiens, vois-tu ce sang? c'est celui du capitaine! c'est ici qu'il faut s'arrêter. Je t'avais dit de te préparer à la mort, es-tu prêt? nous n'avons pas de temps à perdre.

— Mourir! s'écria le condamné avec désespoir, mourir!...

— Eh bien! ne vas-tu pas pleurer maintenant? je te croyais plus brave. Peloton: garde à vous! A propos, veux-tu qu'on te bande les yeux? c'est un service que je puis te rendre, et qu'il est de mon devoir de t'offrir.

— Non! non!... Français! ne me tuez pas.

— Apprêtez vos armes! Moine, songe donc à ton Dieu!

— Eh bien! oui! donnez-moi quelques heures... Grâce!... grâce!...

— Feu!

— Vive la république! s'écrièrent les soldats, quand le moine tomba percé de balles.

Après cette exécution les soldats rentrèrent à la villa, où Leoni s'empressa de leur faire un accueil hospitalier. La mort de Georgio le délivrait de toute inquiétude, et cet incident, qui avait failli lui devenir si funeste, le servait admirablement dans la nouvelle ligne politique qu'il s'était promis de suivre. Arthur de Saint-Vallier, chargé d'une mission du général en chef, revenait de Milan à Pavie ; l'espoir d'entrevoir Helena, que, depuis la nuit où il avait reçu d'elle un aveu inespéré, il n'avait pu rencontrer dans le palais de son père, l'engagea à parcourir les environs de la villa. Il fut, dans ce moment, frappé par Georgio, qui, échappé à la catastrophe de Binasco et à la déroute des rebelles à Pavie, s'était introduit dans le parc, avec l'espoir que Leoni n'oserait lui refuser un refuge sous son toit. Le coup de feu qui avait frappé Arthur avait été entendu par un détachement de soldats de la trente-deuxième, commandé par Gilbert, et qui retournait à Milan pour y recevoir de nouveaux volontaires incorporés dans la demi-brigade. Telles sont les circonstances principales d'un incident qui se passa avec une rapidité dont ce récit n'a pu donner une idée.

En adressant par un de ses soldats au général en chef les dépêches dont Arthur était porteur, et en lui faisant part du fâcheux évènement qui ne permettait pas à cet officier de continuer son service, le sergent Gilbert implorait la faveur de demeurer auprès de son frère de lait, tant que ses jours paraîtraient en danger. Cette permission lui fut accordée, et le jeune Cyprien Dufour, devenu grand et fort, et caporal dans la compagnie, fut chargé par Gilbert de conduire le détachement à Milan.

Le signor Andrea annonça que la blessure d'Arthur, quoique dangereuse, n'était pas mortelle si aucun accident ne se déclarait durant les premiers jours du traitement. Mais il allait procéder à une opération cruelle, et déployait déjà la fatale trousse pour couper les chairs autour de la blessure et en extraire le sang déjà corrompu et coagulé. Jacques Gilbert entendit cet arrêt, et secoua la tête avec tristesse. Il était au pied du lit où gisait Arthur encore évanoui; debout, les bras croisés sur sa poitrine, et regardant dans un sombre et douloureux silence ce grand et beau jeune homme, que l'art allait disputer à la mort. Helena, dans une émotion qui ajoutait à sa beauté en répandant une teinte suave de tristesse et de mélancolie sur ses traits réguliers, s'était penchée sur le blessé, comme pour recueillir le souffle léger qu'il exhalait et le bruit imperceptible des battemens de son cœur. Leoni, froid et calme maintenant, attendait en silence les prescriptions du docteur.

— Et qu'allez-vous faire, citoyen docteur? demanda Gilbert alarmé de quelques préparatifs qui lui paraissaient de mauvais augure.

— Citoyen français, répondit le docteur en essayant légèrement dans la paume de sa main le tranchant d'un scalpel, il faut couper toutes ces chairs et élargir la blessure, afin qu'une congestion sanguine ne s'opère pas dans cette région. Comprenez-vous cela?

— Parfaitement, citoyen. Mais cette opération est-elle donc absolument nécessaire?

— Absolument, à moins que quelqu'un n. suce la plaie, ce que je ne conseillerais a personne.

— Pourquoi cela? reprit vivement Gilbert en s'appuyant sur le lit.

— Parce que la balle peut être empoisonnée. Arrêtez! que faites-vous? Voilà, seigneur Leoni, un homme d'un courage héroïque, je me fais partisan des Français des ce moment. Non, les dangers du champ de bataille ne sont rien en comparaison de celui-là. Brave, digne soldat!...

Tandis que le docteur exprime ainsi son admiration, Gilbert, après avoir levé les yeux vers le ciel en lui confiant une dernière pensée pour son père et pour son pays, s'est jeté sur le corps glacé d'Arthur, et froissant sa blessure sous ses lèvres, il aspire un sang noir et épais qu'il rejette dans un vase préparé par le docteur. Bientôt le blessé ouvrit les yeux, et un soupir douloureux s'échappa avec effort de sa poitrine oppressée.

— Assez, assez! généreux jeune homme... s'écria le docteur; qu'on lui donne de l'eau, du vinaigre!...

Gilbert se rinça la bouche avec la préparation indiquée par le docteur, et revint froidement se replacer en souriant au pied du lit du malade. Helena, immobile et glacée d'étonnement, regardait le soldat républicain dans une muette admiration, tandis que le docteur plaçait sur la blessure le premier appareil, et faisait signe au malade, qui jetait autour de lui des regards ardens et curieux, de ne prononcer aucune parole.

— Maintenant, dit le docteur en se lavant les mains dans une riche aiguière d'argent que lui présenta Leoni, le plus profond silence doit régner dans cette pièce. Si le malade parle, on ne devra pas lui répondre, il ne faut pas qu'il éprouve la plus légère émotion de tristesse ou de joie.

—Je me charge, citoyen docteur, de faire respecter la consigne, répondit Gilbert, car vous n'espérez pas que je le quitte un instant. Quant à vous, citoyen, ajouta-t-il en s'adressant à Leoni, et à cette belle et jeune fille, je vous remercie de tout mon cœur de ce que vous avez fait pour mon officier... pour mon frère! Vous paraissez le connaître, je l'ignorais, mais votre générosité ne mérite pas moins ma reconnaissance.

— Camarade, reprit le docteur, voulez-vous m'honorer en mettant votre main dans la mienne?

—C'est une faveur que j'allais vous demander, citoyen, répliqua Gilbert, l'action que vous m'avez vu faire est simple et naturelle; tous les hommes peuvent exposer leur vie pour sauver celle d'un autre qui leur est bien plus chère, mais tous n'ont pas la science qui éloigne l'instant de la mort. Rendez-moi mon frère de lait, le compagnon de mon enfance, et votre nom ne sortira jamais de ma mémoire!

Huit jours se sont écoulés, la blessure du jeune officier ne présente plus aucun danger pour sa vie. Gilbert, fidèle à sa parole et plus encore au dévouement fraternel dont il avait donné tant de preuves à Arthur, n'avait point quitté le chevet de son lit un seul instant. Aussi long-temps que les nuits du malade avaient pu être troublées par la fièvre, il avait refusé de prendre aucune espèce de repos, sa barbe noire et touffue avait été négligée, son visage était devenu pâle et maigre, et ses yeux roulaient enflammés sous ses paupières flétries.

Une douleur plus accablante, plus cruelle que la fatigue, avait brisé le cœur du soldat. Cet homme simple et bon, dont la bienveillance était extrême, avait tout-à-coup montré un caractère triste et bizarre. Il prenait à peine quelque nourriture légère, ne parlait à personne, et allait quelquefois, aux approches du soir, promener dans le parc sa rêverie sombre et solitaire.

— Jacques, dit un jour Arthur, les précautions du docteur sont trop sévères : je suis mieux, tout-à-fait mieux. Oh! combien je serais heureux si je pouvais respirer sous ces grands arbres que je n'aperçois qu'au travers de ces draperies, l'air pur et bienfaisant de cette contrée ! Aide-moi, veux-tu ?

— Non, Arthur, cela ne se peut pas, répondit froidement Gilbert, mais je vais entr'ouvrir ces rideaux, et l'air pénètrera dans la chambre.

— Oh ! merci, merci, mon excellent Jacques... vois comme ce soleil couchant produit à l'horizon d'admirables effets ! Le beau ciel ! Mais regarde-moi donc, Jacques, on dirait que tu crains de me voir. Que t'ai-je fait ? Je te dois tout, mais je t'aime... Viens, assieds-toi auprès de moi, et raconte-moi tout ce qui m'est arrivé depuis que ce moine... A propos, qu'en a-t-on fait ?

— On l'a fusillé !

— Fusillé !... j'en suis fâché.

— C'était l'ordre. Allons, calmez-vous. Je suis assis auprès de vous, que voulez-vous maintenant ?

— Mon pauvre Jacques, comme te voilà changé ! Qu'as-tu donc ?

— J'ai du chagrin, Arthur : ma blessure est plus profonde que la vôtre, mais nous en parlerons peut-être... plus tard.

— Je parie que tu es amoureux : conte-moi

cela, je t'en prie ! Il se mit à rire, puis il ajouta avec plus de gravité : Heureuse la femme qui recevra ta foi, elle règnera sur un cœur pur et généreux...

— Je vous remercie, Arthur, mais ne parlons pas de moi, vous ne me comprenez pas encore, et vous vous reprocheriez plus tard le mal que vous me faites.

— Ce n'est point mon intention. Je te salue, mon frère Jacques, et je t'obéis, car tu es l'aîné de notre berceau. Eh bien ! donne-moi donc quelques détails sur l'évènement qui m'a cloué dans ce lit. Quelles personnes sont venues, et ont eu pitié de moi ?

— Le maître de la maison d'abord, un homme qui ne me plaît guère, et j'aimerais mieux le voir au bout de ma baïonnette que d'être obligé de le remercier de son hospitalité, mais c'est pour vous...

— C'est du comte Leoni que tu parles ainsi, Jacques ? et je ne comprends pas ta haine. Ensuite...

— Le docteur qui vous soigne, le seigneur Andrea, celui-là m'a l'air d'un honnête homme : il vous a guéri !

— Je dois donc te remercier de la bonne

opinion qu'il t'a inspirée, si tel en est le motif. Mais il m'a semblé qu'une autre personne...

— Cela est vrai, une jeune femme est venue bien des fois, quand vous étiez mal, très mal : maintenant elle s'arrête sur le seuil de la porte, je lui fais signe que vous vous portez mieux, et elle s'éloigne.

— Oh ! c'est Helena sans doute, je ne m'étais donc pas trompé, je croyais ne l'avoir vue qu'en rêve ! N'est-ce pas, Jacques, qu'elle est belle !

— Cela dépend des goûts, je n'aime pas les Italiens.

— Oh ! sans doute tu préférerais une grosse et simple jeune fille de nos vallées, au teint bruni par le soleil...

— Une fille de mon pays ! s'écria Gilbert qui regarda Arthur avec une attention sévère, oui, je la préférerais à tout ce qu'il y a de plus beau et de plus riche sur la terre, surtout si je lui avais promis de l'aimer, et si j'avais emporté son souvenir dans mon cœur.

Arthur tressaillit, et parut un moment réfléchir ; un sourire triste comme une espérance vague et incertaine effleura les lèvres de Jacques.

— Tu n'as jamais aimé, Jacques, reprit Arthur, le sentiment que tu éprouves est une exception. Tu n'as pas vécu comme moi au milieu des femmes les plus belles, les plus brillantes, les plus folles de France. Tu n'as pas passé ta jeunesse au sein des fêtes, des plaisirs les plus piquans, renouvelés tous les jours. Tu ne peux donc pas comprendre ce qu'il y a de séduisant dans une belle étrangère qui vous aimerait avec toute l'ardeur, toute la passion qu'inspirent d'autres mœurs et un autre climat.

— C'est vrai, dit Jacques tristement et en examinant Arthur avec une sorte de pitié; ce n'est pas sa faute, ils ont gâté son cœur! Je vous laisse, Arthur, ajouta-t-il brusquement, car voici ce Leoni avec sa fille. Nous reprendrons cette conversation plus tard, cela est nécessaire.

Le soleil avait disparu derrière les pitons les plus élevés de l'Apennin, un vent frais et balsamique agitait légèrement le feuillage des arbustes de la villa di Leoni. Jacques Gilbert était descendu dans le jardin, il se promenait silencieux et triste sous les ombrages pleins de fraîcheur de cette demeure enchantée. Mais le riant tableau qui se déroulait sous ses yeux, et le spectacle imposant du soleil couchant dont les rayons à demi perdus sous des flots de nuages couleur de pourpre, semblaient quitter à regret cette belle contrée que le Pô et l'Adda sillonnent dans leurs mille détours, ne pouvait chasser de son cœur déchiré une désolante pensée, que quelques paroles échappées à Arthur venaient de lui rendre encore plus décevante et plus triste. Le frôlement d'une robe de soie se fit entendre derrière lui, il détourna la tête involontairement, et reconnut Helena, qui paraissait venir de son côté. Son premier mouvement fut de s'éloigner en suivant une autre allée du parterre, mais il n'eut pas le temps de mettre ce projet à exécution. Ce fut la belle Italienne qui l'aborda avec toute la grâce d'une politesse exquise. Le soldat de la république ne pouvait dans cette circonstance démentir le caractère national, il porta la main à son chapeau, et salua Helena avec gravité, mais avec toute la courtoisie que pouvait admettre l'égalité républicaine.

— Vous me pardonnerez, dit-elle, de troubler votre promenade; j'espère que votre santé ne souffre pas de votre généreux dévouement,

— Citoyenne, répondit Gilbert avec embarras, je vous remercie de l'intérêt que vous prenez à moi; et quant au dévouement dont vous parlez, il ne mérite ni les éloges, ni l'attention de personne; c'est une affaire de famille.

— Mon intention n'est pas de vous importuner; mais permettez-moi de croire que celui qui est assez heureux pour inspirer des sentimens aussi nobles que les vôtres est au moins doué de toutes les qualités de l'âme et de l'esprit qui peuvent distinguer un homme bien né.

— Cela est possible, répliqua Jacques en soupirant. Ne croyez pas cependant, citoyenne, qu'un attachement sincère soit toujours la suite d'un semblable calcul. Les cœurs qui raisonnent ne se donnent pas... Au surplus, permettez-moi de vous saluer; la conversation d'un soldat brusque et ignorant doit peu convenir à une personne comme vous, à qui on a fait croire qu'il y avait une race d'hommes supérieure à l'autre.

— Vous êtes la preuve, monsieur, que ce préjugé est injuste; mais si vous désirez m'obliger, je pense que vous voudrez bien m'accorder quelques instans de plus. Ma demande est intéressée, il est vrai; cependant je ne serais jamais effrayée de ce que vous appelez votre brusquerie.

— Ah! dit Jacques; et il s'appuya contre le socle d'une statue, au pied de laquelle l'Italienne s'assit sur un tertre de gazon qui l'environnait.

— Votre attachement pour Arthur de Saint-Vallier, reprit Helena en froissant dans ses mains le ruban bleu qui lui servait de ceinture, remonte-t-il à une époque bien éloignée?

— Au souvenir de la première enfance; nous nous sommes séparés jeunes; il était appelé à ce qu'on nommait alors la cour, moi je devais cultiver les champs de mon père; la révolution nous a réunis.

— Et si votre ami renonçait à la France, s'il se décidait à habiter notre pays, s'il y formait un lien que la mort seule peut rompre?...

— Je le plaindrais, citoyenne, répondit brusquement le soldat; mais moi je retournerais dans nos montagnes, en supposant qu'une balle autrichienne ne m'en ôtât pas pour toujours le pouvoir. Alors je mourrais sur cette terre étrangère; je mourrais en regrettant mon beau pays, mon père, et ma sœur Thérèse qui est belle aussi!... Je crois que je ne garderais pas une pensée à celui qui aurait renoncé volontairement à sa patrie, pour n'écouter qu'une passion de jeune homme.

— Mais Arthur de Saint-Vallier n'a plus rien qui l'attache à sa terre natale, reprit l'Italienne en arrêtant ses regards brillans sur Jacques Gilbert; il n'a pas comme vous un père, une sœur bien-aimée. N'est-ce pas que tout est triste pour lui dans sa patrie, et qu'aucun doux souvenir ne peut l'y ramener?

— Rien! s'écria Jacques avec feu. Arthur vous a dit qu'aucun sentiment ne lui rappelait la France! Il n'a donc jamais rêvé du château de ses pères? Il ne se souvient donc plus de ceux qui l'ont aimé?... Écoutez, citoyenne, reprit-il tout-à-coup, Arthur de Saint-Vallier, s'il a du sang de ses ancêtres dans les veines, peut seu. répondre dignement à votre question. Depuis quelque temps je me suis convaincu que je ne devais pas compter sur l'ancienne sympathie de nos cœurs.

— Vous avez raison, dit Helena en se levant; quelque honorables que soient vos sentimens, il est possible qu'Arthur ne se rappelle pas avec autant de vivacité les objets qui les nourrissent en vous. L'éducation refait notre cœur, et le cœur est égoïste. Je ne dois pas vous laisser ignorer que ce gentilhomme a demandé ma main à mon père, et que ses vœux ont été accueillis. J'aurais été heureuse de vous voir demeurer auprès de mon époux; mais j'espère encore que votre choix n'est pas fait; vous n'abandonnerez pas au sein du bonheur celui que vous avez aimé dans les mauvais jours.

Elle s'éloigna après avoir fait à Jacques Gilbert une révérence gracieuse. Lui ne répondit pas; aucune émotion ne se manifesta dans ses traits pâlis par la fatigue : il demeura appuyé contre le piédestal, immobile et froid comme la statue qui le surmontait. Les dernières paroles d'Helena étaient tombées sur son cœur comme un poids accablant. Il semblait alors plongé dans un profond sommeil, et Helena, avec ses formes aériennes, était comme la vision qui s'éloignait de lui.

— Ingrat! s'écria-t-il enfin d'une voix émue, lui, ingrat!... Il ne reviendra pas avec moi, et je me présenterai seul devant mon père quand la guerre sera finie. — Et Arthur? — Il vous a oublié, mon père! oui! il vous a oublié : il est noble, et la reconnaissance n'est faite que pour le peuple. Pleure, ma Thérère, pleure sur lui, car il est bien plus coupable envers toi. Tu l'aimais, n'est-ce pas? tu l'aimais tendrement, et il t'a trompée! Mais dans ces lettres, que le hasard a fait tomber entre mes mains, il y a un mystère que je ne comprends pas. La sueur inonde mon front... s'il avait osé!... oh! non, cela n'est pas possible, et ce n'est qu'un ingrat. Arthur de Saint-Vallier, moi je t'aimais aussi comme un frère, malgré l'orgueil de ton sang : tu me rappelais notre enfance, tu me rappelais le vieux château, les grands arbres, les collines où nous avons grandi ensemble. Adieu donc tout cela! je suis faible... oh! ce sera la dernière fois.

Jacques essuya quelques larmes qui sillonnaient son visage mâle et guerrier, et, luttant contre l'émotion profonde qu'il avait éprouvée, il prit une résolution qui lui rendit un peu de calme et d'espérance.

En cherchant dans la valise d'Arthur les dépêches dont il était chargé, Jacques Gilbert avait trouvé quelques lettres, la plupart en mauvais état et rangées avec peu de soin, qui portaient le timbre de Valence. Il reconnut avec étonnement l'écriture de Thérèse, car Arthur ne lui avait jamais fait part de cette correspondance. Son premier mouvement, inspiré par les principes d'une austère probité, avait été de respecter un secret qu'on avait craint de lui confier; mais il se décida à en prendre connaissance par un entraînement plus fort que la curiosité. Il espérait y trouver l'explication du silence que sa famille gardait avec lui, et ce fut en tremblant que le brave grenadier de la trente-deuxième parcourut les lettres de sa sœur. Elles étaient d'une date déjà ancienne, puisqu'elle remontait aux premiers mois qui avaient suivi le départ d'Arthur. La malheureuse jeune fille n'y parlait que de son amour, et des saintes promesses du noble Arthur. La pudeur avait retenu sa plume, et elle ne s'expliquait sur sa position qu'en termes tellement vagues, que l'honnête Gilbert n'en comprit pas toute la portée. Une fois cependant la vérité lui apparut tout entière; il frémit, et porta convulsivement la main sur la poignée de son sabre; mais en jetant les yeux sur le lit où Arthur reposait, en examinant ces traits nobles et beaux, que leur extrême pâleur rendait encore plus remarquables et plus intéressans, il repoussa, comme une mauvaise idée, le douloureux soupçon qui était venu l'assaillir. Néanmoins la révélation de cet amour, à laquelle il était loin de s'attendre, rapprochée de l'étrange conduite d'Arthur depuis plusieurs mois, lui causa un chagrin réel. Telle avait été la cause du changement qui s'était opéré en lui, et de la douloureuse rêverie à laquelle il s'abandonnait.

Voici l'heure où le riche Italien, nonchalamment étendu sur de moelleux coussins, savoure les charmes du repos que la chaleur accablante de ces climats lui rend nécessaire. La famille Leoni est réunie dans un salon qui ressemble à un riant parterre; de toutes parts des vases d'albâtre chargés de fleurs en parfument la voûte dorée. Un épais rideau de soie intercepte les rayons du soleil, et n'y laisse pénétrer qu'un demi-jour agréable. La vieille comtesse lit avec recueillement dans un livre d'Heures; Helena travaille négligemment à un ouvrage de tapisserie auprès d'Arthur, à demi couché sur un divan, et dont une légère pâleur rappelle seule l'accident. Leoni, sombre et silencieux, les examine d'un air distrait et rêveur. Tout-à-coup la porte s'ouvre brusquement, et Jacques Gilbert s'avance du pas mesuré d'un soldat. Son uniforme est brossé et boutonné avec soin, toutes les parties de son équipement ont reçu un lustre nouveau; il a son havre-sac sur le dos, et il frappe légèrement le sol de la crosse de son fusil.

— Où comptes-tu donc aller ainsi, Jacques? s'écria Arthur avec surprise; vas-tu passer une revue, ou bien veux-tu me quitter?

— Cela dépendra de vous, capitaine, répondit gravement le sergent : votre cheval est sellé, je vais vous accompagner au quartier-général, ou retourner seul à Milan.

— Ah! tu disposes ainsi de moi sans me consulter! reprit Arthur en souriant. Vous le voyez, signora, mon fidèle Jacques joue le rôle de Mentor, il veut arracher Télémaque aux délices de l'île de Calypso... Rassurez-vous, cela n'est plus possible.

— Je ne comprends point ce langage, Arthur, continua Jacques avec le même sang-froid; je ne suis pas aussi savant que vous; mais j'ai le droit d'être peu satisfait de votre réponse.

— J'ignore, mon cher ami, ajouta Arthur rapidement, les raisons qui te font agir ainsi; je suppose que c'est par intérêt pour moi, et je t'en remercie. J'espère pouvoir, dans quelques jours, reprendre mon service; si tu ne peux pas m'attendre, je n'ai aucun moyen de te retenir.

— Il y a de la froideur dans vos adieux, capitaine, et peut-être méritais-je mieux de votre part. Je ne vous avais point vu depuis Millesimo ; vous n'aviez pas cru devoir me faire connaître votre nouveau grade ; je vous ai cherché partout au milieu de nos rangs, je vous ai demandé à tous les champs de bataille ; vous m'aviez oublié, moi je vous pleurais... je vous croyais mort, parce que je vous aimais. Je vous retrouve dans une affreuse circonstance, je crains une nouvelle séparation, et vous n'avez plus que des sarcasmes pour me rassurer ! Arthur, cela est affreux !

— Je n'oublie pas, Jacques, s'écria Arthur avec emportement, tout ce que je dois à votre famille et à vous ; mais je ne souffrirai pas que vous me reprochiez vos services avec tant d'amertume.

— Nos services ! répliqua Jacques en serrant convulsivement son arme ; vous appelez cela des services ! Ainsi vous n'êtes pas guéri de cet orgueil insultant qui vous a attiré tant de malheurs ! Oh ! vous ne m'imposerez pas silence. Il n'y a plus de différence entre nous que celle du grade; je suis soldat de la république et vous aussi; soyez un ingrat, mais gardez-vous de vouloir m'humilier.

— O ciel! dit Helena, cette scène...

— Pardonnez, signora, reprit Arthur; l'excellent cœur de Jacques est égaré dans ce moment par quelque motif que je ne puis soupçonner; mais il sentira qu'une explication aussi inconvenante ne peut pas durer plus longtemps. Jacques, l'état de ma santé ne me permet pas de partir aujourd'hui; si vous persistez à me quitter, je ferai tous mes efforts pour vous donner plus tard des preuves de ma reconnaissance.

— Vous aurais-je donc offensé, Arthur? dit Jacques avec sensibilité. Oui, peut-être ai-je été trop loin; mais vous connaissez ma franchise et l'âpreté de mon caractère. Quittez cette maison, je vous en supplie! nous ne ferons qu'une lieue par jour si la route vous fatigue. J'ai répondu de vous à mon père, et je dois remplir mon mandat. Et puis, Arthur, n'y a-t-il donc personne à Saint-Vallier qui attende votre retour? Descendez dans votre cœur...

— Assez, Jacques, assez, répondit Arthur d'un ton péremptoire, mais avec une émotion visible ; en acceptant les bienfaits de votre père, je n'ai pu me condamner à renoncer à ma liberté. Mon intention dans ce moment n'est pas de rentrer jamais en France. Je m'expliquerai sur ma position avec le général en chef qui connaît ma naissance et mon rang. En prenant ce parti, j'ai consulté mon cœur, et si dans l'entraînement de la jeunesse j'ai pu donner à quelqu'un le droit de faire ainsi un appel à mes affections, je ne dois compte à personne de ma résolution.

— Capitaine Saint-Vallier, recevez donc mes adieux, répliqua Jacques avec dignité ; je n'ai pu découvrir que la moitié d'un secret qui existe entre quelqu'un de ma famille et vous. Ne vous effrayez pas, mon intention n'est pas de le révéler. Je ne suis pas noble, moi, je ne suis qu'un homme ; mais je suis aussi fier que l'aristocrate le plus insolent. D'autres pleureront sur vous ; ils n'auront pas supporté comme moi votre froideur et vos mépris ; ils ne me croiront pas !...

— Jacques, finissons cet entretien douloureux ; c'est la première fois que vous osez me parler ainsi.

— J'espère que ce sera la dernière : on n'éprouve pas deux fois une aussi amère déception. Je finis et je pars. Adieu ; vous avez bien fait de reprendre votre nom ; vous en répondrez seul maintenant !

CHAPITRE X.

VIVE LA RÉPUBLIQUE!

> A ces vastes desseins un seul homme préside.
> Le jour, c'est le nuage où leur céleste guide,
> Invisible et présent, conduisait les Hébreux ;
> La nuit, il est encor la colonne enflammée,
> Dans l'ombre du désert par Dieu même allumée,
> Pour éclairer leur route et marcher devant eux.
> P.-F. Tissot.

Rome, Naples, Venise, orgueilleuses cités ! la renommée des Français a retenti dans vos murs comme un présage funeste, comme une voix prophétique. Vainement vous essayez encore, ainsi que des courtisanes flétries par la débauche, de cacher les rides profondes que le temps a imprimées sur vos fronts, vous ne réussirez pas à voiler votre faiblesse, vous ne tromperez pas l'inexorable destin qui doit peser sur vous ! Voici venir les invincibles soldats de la liberté, s'avançant pour venger les injures des peuples, et briser dans leurs mains comme un faible roseau vos sceptres humilians! Oui, l'orage qui descend de l'Apennin doit gronder dans vos murailles.

Les conjurations du serviteur des serviteurs de Dieu ont perdu leur pouvoir; elles n'arrêteront point aux portes de Rome les Français, justement irrités du meurtre de leur représentant, lâchement assassiné. Ils iront s'asseoir sur les ruines du Capitole, et réjouiront ses vieux échos des mâles accens de la liberté; mais ils ne réveilleront pas les enfans dégénérés du peuple-roi, qui, pâles, exténués par la misère et l'esclavage, errent encore comme des ombres parmi les tombes de leurs ancêtres.

Naples verra s'exhaler vainement les fureurs capricieuses de son infâme souveraine. Qu'elle s'essaie donc à braver la tempête au milieu de ses impudiques orgies, cette reine cruelle, digne et fidèle image de cette légitimité fangeuse qui lutte encore comme un fléau contre la civilisation! Ivre de falerne, lassée mais non rassasiée de voluptés, qu'elle organise l'assassinat, et dépasse tout ce que la tyrannie a d'odieux, d'immoral! qu'elle arme ses lazzaroni, esclaves plus audacieux du moins que ses lâches soldats! qu'elle flatte, qu'elle séduise, qu'elle emploie l'or ou le bourreau! Messaline ou Locuste, il faudra qu'elle fuie devant le drapeau tricolore!

Et toi, superbe Venise, qui outrageas si long-temps la liberté, en lui empruntant le nom de république, les beaux jours de saint Marc sont passés, et ton humiliation sera si grande, qu'elle descendra sur toi comme le châtiment dû aux crimes de ton oligarchie sombre et impitoyable. Les inquisiteurs d'état et le conseil des Dix, dont le nom seul imprimait la terreur et glaçait les paroles sur les lèvres de tes citoyens, tomberont comme de vieilles images arrachées aux murailles du palais de tes doges. Sur ce pont fatal des soupirs, dont le nom sinistre révélait d'horribles mystères, on n'entendra plus les gémissemens que les tortures arrachaient aux victimes du plus hideux despotisme qui ait jamais pesé sur des hommes. A mort, Venise! à mort pour tant de forfaits!

Le feld-maréchal Beaulieu, accablé sous le poids de vingt défaites successives, s'était retiré sur le Mincio à la tête d'une armée découragée. Il avait organisé sur ce point une ligne de défense respectable, mais d'une trop grande étendue; elle comprenait tout le cours de cette rivière, depuis la tête du lac de Garda jusqu'à Mantoue. Le général autrichien avait été obligé de s'emparer par surprise de Peschiera, forteresse vénitienne. Bonaparte, qui, pour la réussite de ses projets ultérieurs, avait résolu d'occuper Vérone et de porter sur l'Adige ses lignes d'opération, ne fut pas fâché d'apprendre cette circonstance, qui annulait la déclaration de neutralité de la sérénissime république vénitienne. L'armée s'avançait rapidement sur le Mincio, mais les Autrichiens étaient maîtres de trois ponts par où son passage aurait pu s'effectuer.

Il s'agit donc encore de tromper Beaulieu. Bonaparte fait remonter et descendre le fleuve par quelques corps de son armée, et se jette rapidement, avec le gros de ses divisions, sur Borghetto, au centre des lignes autrichiennes. La cavalerie républicaine met en fuite les Autrichiens, qui repassent le pont en désordre; mais ils ont le temps d'y mettre le feu. Tandis que les pontonniers français réparaient avec peine cet accident imprévu sous le feu de la mitraille ennemie, le brave général Gardanne, cédant à l'impatience des grenadiers qu'il commande, se jette intrépidement dans le fleuve avec cinquante d'entre eux. Le sabre dans les dents, le fusil soutenu au-dessus de leur tête, les républicains, triomphant de la rapidité du fleuve et du feu de l'ennemi, parviennent sur la rive opposée. Est ce la terrible colonne de Lodi qui s'avance de nouveau ? Les Autrichiens, épouvantés de cet excès d'audace, se replient en désordre, et vont attendre la bataille à deux lieues environ des rives du Mincio, entre Valeggio et Villafranca. Mais le pont a été promptement rétabli, et les Français marchent au pas de charge à une victoire assurée ; encore une fois Bonaparte est obligé de calmer leur fougue impétueuse. La cavalerie seule s'ébranle par son ordre ; elle avait sa renommée à faire. Celui qui la commande est le jeune Murat, intrépide et terrible au milieu des dangers, bouillant et beau comme Achille. Il se précipite au-devant des escadrons ennemis, qui depuis lors le verront souvent le sabre à la main, se jouant avec la mort sur leur ligne de bataille, brisée par les cavaliers qu'il conduit à la victoire.

L'armée autrichienne fuit devant les Français : l'infortuné Beaulieu ne peut plus tenter le destin des combats; il évacue précipitamment Peschiera, Vérone, et se retire dans le Tyrol, où il attendra que le conseil aulique lui donne un successeur. Le combat de Borghetto a mis fin à la lutte glorieuse des Français contre l'armée de l'Empire; l'Italie est à eux, l'Autriche n'y conserve plus que Mantoue et le fort de Milan, et le drapeau républicain flotte sur les Alpes tyroliennes. Bonaparte fait investir Mantoue, assure ses positions sur l'Adige, et, revenant sur ses pas, se dispose à organiser sa conquête, et à punir les princes italiens qui ont osé élever contre sa fortune une voix menaçante.

Pendant que Masséna surveille les mouvemens des Autrichiens, que Serrurier se couvre de gloire dans quelques combats partiels sous les murs formidables de Mantoue, Bonaparte songe à châtier le pape et le roi de Naples. L'hostilité de ce dernier n'était pas douteuse, mais, faible et timide, peut-être eût-il mieux préservé ses états en se renfermant dans une honteuse abnégation, qu'en cédant aux menées imprudentes de sa femme dirigée par un favori sans talens. Avant la prise de Milan, Beaulieu, à la tête d'une belle et nombreuse armée, inspirait aux ennemis de la république des espérances exagérées. On ne doutait pas à Naples que le jour des Français ne fût arrivé; et la joie frénétique de la cour dissolue de Ferdinand IV se manifestait par les plus extravagantes démonstrations. Les chaires et les confessionnaux retentissaient d'imprécations contre les Français. La foudre républicaine grondait dans le lointain, et les soldats napolitains, ivres des passions de leur reine, se vantaient de pouvoir réparer les échecs de Beaulieu, si le sort des combats lui était encore contraire. On armait les paysans des Calabres et des Abruzzes aux cris de mort aux Français! et ce peuple, qui doit sans doute à son mauvais gouvernement les honteuses pages de son histoire militaire, avait le front de partager l'enthousiasme de sa reine frénétique, et de vouloir se mesurer avec les vainqueurs de Millesimo et de Lodi!

Cette effervescence se calma promptement, quand les Français eurent franchi le Pô et l'Adda; le découragement et les craintes les plus indignes d'un peuple qui avait songé à tirer l'épée succédèrent à ces élans chevaleresques; ils s'évanouirent comme la fumée du Vésuve que le vent dissipe dans les airs. La cour de Naples, si belliqueuse et si vaine, quitta le langage conquérant qu'elle avait eu l'audace de prendre, et s'humilia devant Bonaparte. Le prince Pignatelli fut chargé de conclure un traité entre ce faible gouvernement et la république. Bonaparte devait se contenter d'humilier Naples en tirant d'elle des subsides, en lui imposant le désarmement de ses troupes; il adhéra à ses propositions.

Augereau a reçu l'ordre d'entrer dans les légations pontificales avec le corps d'armée qu'il commande. Le Saint-Siége, abandonné de tous ses alliés que le fanatisme religieux n'a pu soutenir contre la baïonnette française, se dispose aux sacrifices les plus douloureux. Bonaparte rejoint Augereau dans Boulogne, et les troupes romaines n'osent seulement reconnaître l'avant-garde des Français, qui, accueillis dans toutes les villes du domaine de saint Pierre aux acclamations du peuple, se présentent devant Ferrare, Faenza, et menacent déjà la capitale du monde chrétien. Le vénérable et malheureux pontife se livre au plus violent désespoir, ne pouvant compter ni sur le zèle des populations, que les cris de liberté rappellent à leur ancienne indépendance, ni sur le courage de ses troupes, dont le nom seul amène un sourire sur les lèvres du soldat français : il envoie l'ambassadeur d'Espagne au-devant du chef républicain. Un traité onéreux fut imposé au Saint-Père ; comme à Parme, comme à Modène, comme à Milan ; Bonaparte y stipula le prix de sa gloire en tableaux et en statues.

Tandis que dans le sud de la Péninsule italique, Naples, Rome, la Toscane, subissaient le joug des Français, les armes de la république étaient menacées de revers aussi inouïs que leurs succès, sur ces rives de l'Adige nouvellement soumises à leur puissance. Le cabinet de Vienne, remarquable par sa persistance dans ses desseins, se résolut à de nouveaux sacrifices, et sa haine contre la France lui suggéra une sorte d'héroïsme dont le sang des peuples devait nourrir l'aveugle obstination. Le feld-maréchal Wurmser fut appelé à remplacer Beaulieu. Il était Français comme lui, et était aussi arrivé au terme d'une longue carrière. Ce général avait quatre-vingts ans. Mais l'armée dont il allait prendre le commandement avait été trois fois décimée dans les batailles, ce qui restait de tant d'hommes envoyés à son secours avait perdu cette confiance militaire, esprit public des armées sans lequel il n'y a point de victoire à espérer pour elles. L'empereur fit un nouvel appel à ses peuples, et au nom des malheurs de l'état réveilla dans tous les cœurs le vieux patriotisme germanique. La jeunesse de Vienne donne le signal du départ et l'exemple du dévouement; elle se forme en bataillons, et reçoit des mains de l'impératrice les drapeaux que son enthousiasme se promet de faire sanctifier par la victoire. Animée encore du courage belliqueux de ses pères, la noblesse des états héréditaires répond de toutes parts à l'appel du souverain. Ces troupes, pleines d'espérance et d'ardeur, se réunissent aux vingt-cinq mille vieux soldats que le cabinet autrichien distrait de son armée du Rhin, et débouchent des gorges du Tyrol, confiantes dans la justice de leur cause, dans leur valeur, et surtout dans les talens de l'illustre vétéran dont le jeune Bonaparte était appelé à humilier les lauriers.

L'armée républicaine forte d'environ quarante mille hommes était disséminée sur une ligne immense. Elle avait dû fournir des garnisons dans les villes principales de la haute Italie et des légations. La citadelle de Milan avait capitulé, mais Mantoue occupait un grand nombre de braves. D'odieux assassinats commis dans les fiefs impériaux sur des soldats isolés, par des brigands qu'on appelait les *barbets*, soudoyés ou du moins excités en secret par le sénat de Gênes, avaient exigé une prompte répression. Lannes avait été détaché avec ses grenadiers pour apaiser ces mouvemens séditieux qui compromettaient l'armée sur ses derrières. Wurmser se trouvait à la tête de soixante mille hommes, et les Français ne pouvaient pas, en concentrant toutes leurs forces, leur opposer la moitié de ce nombre. Augereau était sur le bas Adige, Masséna occupait Vérone et Rivoli, le général Sauret, avec une faible division, s'appuyait à Salo sur le lac de Garda. Le feld-maréchal, après avoir parcouru ses avant-postes, et s'être rendu compte de la position des Français, résolut d'écraser Masséna, qui occupait avec les forces principales le centre de leurs lignes.

Une troisième armée plus nombreuse que celles qu'ils avaient vaincues menaçait ainsi les soldats de la république; elle fondait sur eux comme un orage imprévu du haut des montagnes du Tyrol, et l'aigle impérial revenait irrité et étendait ses larges ailes sur les belles provinces ravies à sa domination. Un corps d'armée sous les ordres du général Davidowitch descend sur la rive gauche de l'Adige, une autre colonne marche sur Vérone, Wurmser se porte sur Monte-Baldo avec le gros de son armée, Melas manœuvre sur le revers de cette montagne, et Quasdanowitch à la tête d'un corps considérable s'avance sur la rive droite du lac de Garda, avec l'ordre de prendre Brescia et d'éclairer ainsi la route de Milan.

De toutes parts les républicains sont enveloppés par des masses imposantes, et Bonaparte est absent !... Le brave Joubert commande l'avant-garde de Masséna; il résiste à l'attaque des Autrichiens aussi long-temps que la valeur républicaine peut supporter le choc de toute l'armée autrichienne. Compromis dans cette lutte inégale, il n'est sauvé que par l'intrépide dévouement d'une compagnie de carabiniers. Toutes les lignes de Masséna sont bientôt forcées, et ce guerrier indomptable, que l'ennemi n'a jamais vu fuir, est forcé d'opérer sa retraite sur Rivoli. Quasdanowitch attaque en même temps, à Salo, la division Sauret. Ce général, malgré le petit nombre de ses troupes, marche à l'ennemi, et l'arrête pendant deux heures à deux lieues de cette ville; mais son héroïsme et celui de ses soldats ne peuvent rien contre le nombre; il replie ses colonnes, et conçoit le projet de se défendre au moins dans Salo. Une division autrichienne l'occupait déjà; les Français n'hésitent pas un instant; placés ainsi entre deux feux, il faut mettre bas les armes ou mourir; ils se précipitent sur la ville, la traversent au pas de charge en passant sur le corps des Autrichiens, saisis d'étonnement et d'admiration. D'étonnans faits d'armes signalent encore cette journée. Quatre cents soldats de cette héroïque division, coupés dans leur retraite en avant de Salo, s'embusquent dans un château en ruines, qui porte le nom de Martinenque, et là, sans vivres et réduits à un petit nombre de cartouches, se défendent pendant quarante heures, jusqu'à ce que la victoire ramenât à leur secours une division de l'armée. Les Autrichiens pénètrent dans Brescia.

Bonaparte apprend à Castel-Novo les premiers mouvemens de Wurmser, mais il a besoin d'étudier le plan de son adversaire, et ne donne aucun ordre, jusqu'à ce qu'il ait pu deviner le but de ce mouvement dont il n'apprécie pas la gravité. Bientôt il sait que la ligne de l'Adige est rompue, et que trois de ses plus braves lieutenans n'ont pu résister à Wurmser, et sont en pleine retraite. L'ennemi va payer cher ces succès éphémères; le général en chef a cessé de méditer, et débordé de toutes parts, il vient cependant de décider la destruction de l'armée de Wurmser.

Nous ne pouvons, dans ce rapide récit des évènemens les plus extraordinaires et les plus compliqués, suivre avec une grande fidélité la glorieuse armée républicaine dans tous les détails stratégiques de ses marches multipliées. Ce sont surtout les résultats de nos belles journées dont nous essayons de former un faisceau pour faire comprendre cette généreuse admiration qui unit, d'une manière si intime, Bonaparte à l'armée française.

Le siége de Mantoue est levé, les divisions républicaines se concentrent par l'ordre du général en chef.

Masséna rejoint Bonaparte à Castel-Novo; les troupes de Serrurier viennent augmenter la division d'Augereau et occuper Pazzolo. Le général Sauret, qui s'était distingué au combat de Salo, reçoit l'ordre de courir au secours des braves qui sont enfermés dans les ruines de Martinenque. Le général Quasdanowitch marche sur Brescia, et son lieutenant Ocskay s'empare de Lonato. Il importe à la réussite des projets de Bonaparte que cette dernière ville soit occupée par les républicains. Dallemagne part aussitôt avec l'ordre d'en chasser les Autrichiens. La tentative de Sauret fut couronnée du plus heureux succès, et ce bataillon français qui, depuis quarante-huit heures, soutenait la lutte la plus sanglante et la plus inégale, voit, du haut des ruines consacrées désormais par sa rare valeur, les Autrichiens fuir devant les Français, laissant entre leurs mains des drapeaux et des prisonniers.

Ocskay n'attend point derrière les remparts de Lonato l'attaque impétueuse des Français; il sait que les redoutes les plus meurtrières ne font qu'exalter leur irrésistible courage, et il se range bravement en bataille à quelque distance de la ville. Le combat s'engage; les républicains, habitués à se mesurer contre des ennemis supérieurs en nombre, se précipitent sur les Autrichiens avec leur intrépidité accoutumée; mais l'ennemi, dont quelques succès d'avant-postes ont retrempé le courage, soutient l'attaque avec fermeté. La lutte se prolonge avec des chances variées; mais Ocskay, voulant profiter de tous les avantages que lui donne sa force numérique, fait traverser Lonato à une partie de ses troupes, qui ont l'ordre de tourner le champ de bataille, et de mettre les Français entre deux feux. Dallemagne devine son projet; il se replie en bon ordre, et les Autrichiens, poussant un cri de victoire, se jettent imprudemment à sa poursuite. Tout-à-coup une colonne républicaine, placée en réserve, et qui était masquée par une colline, se précipite au-devant d'eux : c'est la trente-deuxième demi-brigade. Les Autrichiens étonnés veulent continuer le combat; mais abordés à la baïonnette, ils couvrent la terre de leurs morts. La trente-deuxième les poursuit et vole à la rencontre des troupes qui traversent Lonato; elles sont écrasées dans la ville. Les débris du corps d'Ocskay vont jeter la terreur dans les rangs de la division Quasdanowitch. Quand

Bonaparte reçut la dépêche de Dallemagne qui lui annonçait ce brillant fait d'armes, il dit à ceux qui l'entouraient : — J'étais tranquille, la brave trente-deuxième était là! Telles étaient les paroles qui servaient alors de récompense aux intrépides soldats de la république.

Maintenant Quasdanowitch, séparé par le lac de Garda du corps de Wurmser, ne peut échapper à la baïonnette républicaine, mais Bonaparte a résolu d'étonner l'Italie où le bruit de ses dangers réveille déjà des haines mal assoupies, et d'arrêter tout d'un coup la marche triomphante du feld-maréchal. Pour exécuter un des plans les plus étonnans que puisse concevoir le génie militaire, Bonaparte a besoin de compter sur ses lieutenans et son armée. Il lui faut le dévouement le plus absolu, le courage le plus aveugle. Il affecte un découragement qui n'est pas dans son cœur, tient un conseil de guerre, et parle de retraite. L'armée républicaine, irritée d'un jour de revers, ne sanctionnera pas une pareille résolution. Cette nouvelle est accueillie par elle avec un désespoir qui comble de joie le général en chef. Ses braves compagnons le supplient de renoncer à ce douloureux projet, Augereau lui-même, dont le cœur de soldat est incapable de contenir long-temps un sentiment peu généreux, oublie ses préjugés et sa jalousie, et promet la victoire à Bonaparte, en faisant un appel à son génie, et aux beaux souvenirs de Millesimo et de Lodi. Le général en chef passe devant le front de la division d'Augereau; un cri universel, formidable, s'élève du sein de cette brave armée. — Point de retraite! en avant! vive la république! Quelques soldats entraînés par la vivacité de leur patriotisme et de leur courage, montrent à Bonaparte les champs de Castiglione, et lui disent dans leur généreux enthousiasme:

— C'est là que nous attend la victoire! Souvenez-vous de Lodi, et comptez sur nous!

Bonaparte, ému et satisfait, ne peut plus résister à l'entraînement de ses soldats; il est bien certain qu'ils seront fidèles à leur promesse.

— A demain donc, dit-il, vous verrez l'ennemi en face!

Déjà l'armée autrichienne a perdu de son assurance, les Français ont repris Brescia, Lonato, Dezenzano, et toute l'aile droite de

Wurmser gravement compromise est menacée d'une entière destruction. Le feld-maréchal arrive pendant ces actions mémorables sous les murs de Mantoue; il trouve notre artillerie enclouée, les caissons jetés dans les marais, et toutes les lignes du siége empreintes de la précipitation avec laquelle les Français les ont abandonnées. Il ne doute plus que, frappés d'une terreur suffisamment motivée par le nombre de ses soldats, les républicains ne soient en pleine retraite, et il veut laisser à ses lieutenans le soin d'achever leur défaite. La nouvelle de l'échec éprouvé par Quasdanowitch ne tarde pas à tirer le général de l'empire de sa funeste sécurité. Il songe alors à secourir son aile droite, et il marche avec toute son armée sur Castiglione. Un général français occupait ce poste important, qu'il avait reçu l'ordre de défendre jusqu'à la dernière extrémité. A la vue des masses qui abordent Castiglione, il perd la tête et s'enfuit lâchement; mais telle était alors la puissance des sentimens patriotiques de nos illustres défenseurs, que les soldats abandonnés par leur chef résistent seuls à l'ennemi, lui font éprouver des pertes considérables, et opèrent leur retraite en bon ordre.

Chaque jour est consacré à une lutte acharnée et sanglante; les républicains, dirigés par le génie inépuisable de Bonaparte, se roulent aux bords du Mincio, sur le front des colonnes impériales, comme cet immense et courageux reptile des savanes américaines, autour du tigre qu'il veut étouffer. Les mêmes localités donnent leur nom à plusieurs combats. Deux et trois fois Lonato, Solo, Dezenzano, Monte-Chiaro, Castiglione, sont témoins de leur valeur et de leurs nombreuses marches stratégiques dont Bonaparte a le secret. Toutes ces rencontres fatales aux impériaux sont illustrées par des faits d'armes qui étonnent l'imagination. Les vainqueurs de l'Italie se surpassent eux-mêmes. Lonato est pris, abandonné et repris après les actions les plus meurtrières. Dezenzano devient le théâtre d'une affaire mémorable, où le jeune et intrépide Junot, aide-de-camp du général en chef, fait des prodiges de valeur. C'est surtout sur ce terrain si fécond en batailles que les républicains, saisis d'admiration, se plaisant à exécuter les manœuvres les plus périlleuses, conçoivent pour les talens de leur général en chef, cette intime confiance qui renferme le germe d'un si grand avenir! (1)

Cependant tout se prépare pour la journée décisive rêvée par Bonaparte, et dont ces mille combats ne sont que le prélude. Un de ces incidens extraordinaires, dont les fastes de la guerre se sont rarement enrichis, a produit sur l'armée républicaine une impression favorable au général en chef, plus vive, plus entraînante peut-être que l'ivresse de la victoire. Bonaparte était à Lonato avec un petit nombre de soldats, lorsqu'une colonne autrichienne, qui errait à l'aventure et cherchait à rejoindre Quasdanowitch, se présente devant cette ville et la somme de se rendre. Le général en chef fait conduire le parlementaire devant lui ; le bandeau qui couvrait ses yeux tombe, et Bonaparte lui dit avec fermeté :

— Allez dire à votre général que je lui donne huit minutes pour poser les armes, et que

---

(1) Les marches et contre-marches qui précédèrent la défaite de Wurmser à Castiglione offrent des mouvemens tellement compliqués, que les écrivains qui ont fait l'histoire spéciale de cette campagne, quoiqu'ils aient pu entrer dans les plus grands détails, invitent continuellement leur lecteur à avoir recours aux cartes pour en saisir l'ensemble. On voudra bien se rappeler cette difficulté que j'avais à vaincre, si cette esquisse laissait quelque chose à désirer.

vous avez vu le général Bonaparte au milieu de l'armée républicaine.

A ce grand nom, l'officier étranger se retire, épouvanté de l'audace de son chef. Déjà les grenadiers entonnaient la Marseillaise et demandaient à marcher contre un ennemi si supérieur en nombre : cette manifestation achève d'en imposer aux Autrichiens, qui jettent leurs armes et se rendent à Bonaparte.

Enfin Wurmser a manœuvré dans le sens des prévisions de son jeune rival, impatient de délivrer l'Italie de cette troisième armée autrichienne, si nombreuse, si fière, si dévouée à l'empereur. La division Serrurier, commandée en ce moment par le général Fiorella, s'est portée, par une marche rapide, sur les derrières de l'armée autrichienne, et lui coupe le chemin de Mantoue : Bonaparte, en attendant que ce mouvement soit complètement opéré, fait faire au centre de l'ennemi une attaque simulée. Le feld-maréchal, voyant les Français se retirer devant lui, porta toutes ses forces sur la gauche, commandée par Masséna, dans l'espoir d'opérer sa jonction avec Quasdanowitch, dont il ignorait les derniers revers. C'était précisément ce que désirait Bonaparte.

L'adjudant-général Verdier avec trois bataillons de grenadiers, appuyés par douze pièces de canon dirigées par Marmont, attaque aussitôt la redoute de Medolano : elle fut emportée en peu de temps; tandis qu'une colonne de cavalerie, profitant des avantages qu'assure aux Français ce brillant fait d'armes, s'avance sur les derrières de l'armée ennemie, où Fiorella arrive immédiatement. La marche rapide de ce corps a secondé merveilleusement les desseins de Bonaparte; tandis qu'il pénètre, sans rencontrer d'obstacles, jusqu'au quartier-général de Wurmser, qui s'échappe avec peine, le général en chef donne le signal de l'attaque sur toute la ligne. Masséna et Augereau s'ébranlent en même temps, et chargent l'ennemi sur tout son front de bataille. Ce dernier général fait des prodiges de valeur; rien ne résiste à son impétuosité et à l'enthousiasme qu'il a communiqué à sa brave division. Aux cris de vive la république! vive Bonaparte! les républicains se précipitent sur l'ennemi, le culbutent de toutes parts, et le voient enfin fuir devant eux. Le feld-maréchal, frappé de douleur et d'étonnement, ordonne la retraite, repasse le Mincio, fait couper les ponts derrière lui, et perd dans cette fuite tumultueuse un grand nombre de soldats, qui tombent sous les coups de la division Fiorella.

Tel est le résumé rapide de cette grande campagne de cinq jours, dont les succès éclatans furent couronnés par la victoire de Castiglione. Cinq jours auparavant, soixante mille Autrichiens étaient descendus du Tyrol sur les bords du Mincio : ils avaient d'abord repoussé les Français au-delà de ce fleuve, débloqué Mantoue, et déblayé la route de Milan, et maintenant ils fuyaient en désordre; ils avaient perdu soixante-dix pièces de canon, tous les caissons et les bagages; ils laissaient douze mille prisonniers entre les mains des Français, et six mille morts sur les champs de bataille!

Les républicains, excédés de fatigue, reprirent dès le lendemain la poursuite de l'ennemi, à qui Bonaparte ne voulait pas donner le temps de se retrancher. Wurmser fut encore battu à Peschiera; le terrible Masséna foudroya ses soldats à la Corona et au Monte-Baldo, où il effaça ainsi le souvenir des revers qu'il y avait éprouvés les jours précédens. Mantoue fut de nouveau investie, et le feld-maréchal, à la tête d'une armée formidable encore, mais entièrement découragée, rentra dans les lignes que Beaulieu occupait précédemment.

Wurmser est vaincu, mais son armée n'est pas détruite; les Français ont repris cette ligne de l'Adige, à la conservation de laquelle Bonaparte attache le plus grand prix; mais Mantoue, ravitaillée par les Autrichiens, doit occuper une partie de l'armée républicaine, dont le sang s'épuise au milieu des victoires, et qui compte un nombre considérable de malades et de blessés. Après tant de combats et de fatigues si héroïquement supportés par les républicains, une sorte d'armistice sans condition sembla enchaîner quelque temps le courage des vainqueurs, et donner aux vaincus le temps de réorganiser leurs bataillons dispersés.

Plus que jamais les opérations de l'armée d'Italie se coordonnaient avec celles de l'armée du Rhin. Le plan gigantesque dont les victoires de Bonaparte avaient décidé l'adoption était sur le point de s'accomplir. Les Français poursuivaient les Autrichiens dans les Alpes tyroliennes, et ils allaient bientôt apparaître sur leur versant germanique; mais avant d'arriver à ce grand résultat, Bonaparte avait d'immenses travaux à achever. Rome, Naples et Venise, humbles ou insolentes, suivant que la fortune favorise ou trahit les armes de la république, ont besoin d'une leçon sévère; et toute l'Italie, qui demande la liberté, aspire à recevoir de l'illustre chef des Français les institutions et l'organisation nécessaires.

Si Bonaparte attache de l'importance à l'occupation de la ligne de l'Adige, le conseil aulique n'a pas moins que lui l'opinion que cette position est la clef de l'Italie. Wurmser, avec de nouveaux renforts, a reçu des instructions et un plan de campagne élaboré dans le conseil, qui ont pour but de reprendre à tout prix ces lignes si bravement disputées. Davidowich est chargé de garder le Tyrol, tandis que Wurmser doit descendre dans la plaine par la vallée de la Brenta, et passer l'Adige à Vérone. Bonaparte a déjà pris des dispositions qui neutraliseront ce plan. Il laisse une réserve à Vérone et une division devant Mantoue, tandis qu'avec Masséna, Augereau et Vaubois, il entre dans le Tyrol. Son intention était d'écraser Davidowich, et de se porter aussitôt dans la vallée de la Brenta au-devant de Wurmser,

Les braves soldats de la république se jettent avec enthousiasme dans ces gorges du Tyrol, où la guerre aura pour eux des dangers nouveaux et multipliés. L'ennemi battu à Seravelle se concentre à Roveredo. Cette position, à la tête d'un défilé étroit, est défendue par une artillerie formidable. Bonaparte reconnaît l'importance de ce poste, et il ordonne à la division Masséna de l'attaquer à la baïonnette. Une batterie, qui prend Roveredo en écharpe, favorise la charge impétueuse des Français. Les Autrichiens ne peuvent soutenir le choc, et font un mouvement rétrograde qui redouble l'ardeur de nos soldats. Les canonniers de Davidowich sont tués sur leurs pièces, et ce corps ennemi, chassé d'une position inexpugnable, fuit en désordre, abandonnant les défilés du Tyrol à ses intrépides adversaires. Masséna, qui venait d'ajouter à sa gloire ce fait d'armes digne d'admiration, entra le lendemain dans la ville de Trente. Davidowitch a repris position à Davis. Nos soldats acharnés à sa poursuite, passent le pont qui la commandait, et renouvellent le beau jour de Lodi. Cette partie du Tyrol, mise sous la garde de vingt-cinq mille hommes de Davidowitch, tomba ainsi en notre pouvoir.

Wurmser, qui ignore les revers de son lieutenant, continue sa marche sur Mantoue, par Bassano et Vicence. L'œil de Bonaparte le suit au milieu de ces montagnes, et le vieux capitaine n'échappera pas à l'activité dévorante de son rival. La division Augereau attaque les Autrichiens, et les met en déroute à Primolano, après des prodiges de valeur. En ce temps d'héroïsme, les soldats républicains luttaient ensemble à qui ferait les plus belles actions; le fait d'armes de la veille était égalé et souvent surpassé par celui du lendemain. Les deux divisions immortelles se réunissent pour attaquer Wurmser, dont l'armée est rangée en bataille devant Bassano. Les républicains marchent au pas de charge sur les deux rives de la Brenta, Augereau sur la rive gauche et Masséna sur la rive droite. Murat, à la tête de la cavalerie, sabre l'avant-garde autrichienne, tandis que l'infanterie enlève à la baïonnette les retranchemens et le pont qui conduit à Bassano. Après un combat acharné dans lequel l'ennemi déploie un courage qui tient du désespoir, les Français entrent dans la ville aux cris de vive la république! vive Bonaparte!

Le feld-maréchal ne parvint à quitter Bassano qu'à la faveur du généreux dévouement des vieilles bandes du Rhin qui font à leur infortuné général un rempart de leurs corps, et il fuit jusqu'à Vicence, désolé, épouvanté de ses défaites. Quasdanowitch, qui commande une forte division de l'armée autrichienne, coupé, écrasé par la division Masséna, se retire dans le Frioul. Tant de succès ne satisfont point Bonaparte; ses intrépides soldats, à qui il semble avoir communiqué son ardeur belliqueuse et l'activité de son génie, ne demandent point de repos; ils dorment deux heures sur le champ de bataille, et se précipitent à la poursuite de l'ennemi. Après les mémorables engagemens de Legnago et de Montebello, où le jeune Lannes déploya une rare valeur, Wurmser parvint à entrer à Mantoue à la tête de dix mille hommes, épuisés de fatigue, abattus, découragés. Le maréchal dut ce triste succès, qui causa néanmoins à Bonaparte un vif désappointement, à la mollesse du général chargé du blocus de Mantoue. Mais il était écrit que cette citadelle imprenable ne tomberait qu'un peu plus tard devant les Français; le destin leur réservait, avant le jour où le vieux Wurmser remettrait son épée entre leurs mains, des dangers et des succès dignes des soldats de la grande république.

L'investissement de Mantoue donna lieu à de brillantes rencontres militaires; il y a tout une épopée dans ces luttes glorieuses, qui rappellent les mêlées de l'antiquité où le courage personnel décidait seul du destin des batailles. Wurmser, dont la vieillesse était destinée aux regrets les plus amers qui puissent déchirer le cœur d'un soldat, déploya vainement, au milieu des revers qui avaient trompé son courage toute l'activité d'un jeune homme, tous les talens d'un grand capitaine. Ce fut sous les murailles de Mantoue que les jeunes héros de la république mirent, en présence de Bonaparte, le sceau de l'immortalité à leur brillante renommée. Tous les corps de cette illustre armée d'Italie y conservèrent dignement l'éclat de leurs nombreuses victoires. La brave trente-deuxième continua à y mériter l'admiration du général en chef et de la France, où le récit de tant de hauts faits remuait puissamment les imaginations. Ce fut elle qui, au combat de Due-Castelli, sauva, en se formant en carré, la division Masséna, engagée malheureusement dans des marais où la cavalerie autrichienne l'avait chargée à l'improviste.

Après les combats de Saint-George et de la Favorite, Wurmser, resserré dans les murs de Mantoue, soumise à un blocus sévère, ne fut plus en état de continuer même cette guerre de sorties qui n'était pas sans résultat pour lui, puisqu'elle occupait une partie de l'armée républicaine. Encore une fois Bonaparte fut obligé de modérer l'audace et la fougue impétueuse de ses soldats, qui demandaient à être conduits à l'assaut. Les miracles qu'ils avaient accomplis donnaient sans doute une haute idée de leur valeur, peut-être auraient-ils ajouté un fait d'armes de plus à la longue liste de leurs hauts faits; mais ils n'auraient pu s'emparer de Mantoue de vive force sans éprouver une perte considérable. Bonaparte fut inflexible.

Ainsi l'Autriche, après avoir usé ses meilleurs généraux et sacrifié ses plus braves armées, ne possède plus en Italie qu'une citadelle, où les maladies et la faim dévorent avec une effrayante rapidité quelques milliers de soldats. Sans doute la constance héroïque de Wurmser, au milieu de tant d'infortunes, honore encore sa vieillesse; mais combien ses vertus guerrières et la bravoure des troupes autrichiennes rendent plus belle la gloire républicaine ! Tout fut grand et admirable dans cette lutte mémorable ; vainqueurs et vaincus déployèrent tour à tour une grandeur d'âme et un courage sublimes, qui consolent l'humanité de la perte de tant de braves hommes, dont la terre d'Italie a bu le sang généreux.

Après la destruction de l'armée de Wurmser, Bonaparte revint dans la haute Italie ; et assez puissant alors pour substituer ses volontés à celles du directoire, il tendit la main aux peuples italiens, et commença une campagne plus mémorable encore que celle qui venait de lui acquérir tant de renommée. Il organisa la république dans les Légations, le Modenais et le Milanais. A une administration arbitraire et oppressive, il substitua partout au sein de ces populations, qui l'adoraient maintenant comme un dieu tutélaire et bienfaisant, une administration légale et régulière. A sa voix, l'ordre et la civilisation semblaient sortir du sein de cette terre, long-temps affligée et abandonnée au despotisme sans grandeur d'une foule de princes, dont il brisa d'un seul mot les sceptres odieux. Il envoyait en France le superflu des contributions qu'il avait été en droit d'imposer, et délivrait en même temps la Corse, son pays, de l'oppression anglaise.

L'admiration, l'enthousiasme, ne trouvaient plus d'expressions pour raconter les travaux de cet homme prodigieux, qui se montrait terrible, invincible dans les combats, et dont les loisirs avaient de si heureux résultats pour l'humanité. Son nom retentissait dans les chants nationaux des Italiens; son génie était celui de la victoire et de la liberté; et les peuples, s'inclinant avec vénération devant ce jeune homme inexplicable, s'habituèrent, d'un commun accord, à regarder son passage sur la terre comme le résultat d'une volonté spéciale de Dieu. Le peuple en fit un homme providentiel, et le peuple eut raison. Ses cendres, glorieuses et sacrées, ont été jetées par un orage sur une plage lointaine, à plusieurs milliers de lieues de sa France tant aimée; mais il a déposé au sein de la civilisation européenne un germe de révolution, que le douloureux trépas de son fils unique n'empêchera pas de devenir fécond!

Comment la généreuse armée républicaine aurait-elle seule résisté à l'entraînement qu'inspirait autour d'elle son général en chef? Elle était assez éclairée pour apprécier la grandeur de ses travaux politiques, elle était seule capable de comprendre son génie militaire. Comme il avait su frapper l'imagination du soldat, il avait su aussi gagner sa confiance tout entière. Il respectait et observait l'égalité républicaine, sans descendre à une familiarité qui lui aurait fait perdre l'ascendant dont il avait besoin. Sévère, inflexible même pour les fautes contre la discipline, il était bon et généreux dans toute autre circonstance, et on ne le vit jamais ordonner une punition militaire avec violence et emportement. Les républicains, fiers de leur jeune et héroïque chef, dont ils aimaient la simplicité austère et la dignité modeste, s'attachèrent à sa personne, et commencèrent avec lui cette union intime et sacrée, que la destinée ne brisa qu'à Waterloo. Aux cris de vive la république! qu'ils proféraient dans les grandes circonstances, ils ajoutèrent celui de vive Bonaparte! que bientôt une nation enthousiaste, imprudente dans sa confiance et sa reconnaissance, devait adopter comme un cri de ralliement, de victoire et de paix.

Cependant le cabinet autrichien n'a point renoncé à reconquérir le Milanais; et il va tenter de nouveaux efforts pour arracher l'Italie aux Français, dont les succès, chèrement achetés, ont épuisé les forces. Alvinzi, à la tête de quarante mille hommes, auxquels il faut joindre les vingt mille que commande Davidowitch qui s'est recruté dans le Frioul, est chargé de reprendre l'offensive, et de rétablir l'ancienne renommée des armées impériales. Il a reçu l'ordre de pénétrer sur l'Adige par la vallée de la Brenta; Davidowitch, appuyant ce mouvement dans les hautes vallées du Tyrol, doit se réunir à lui sous les murs de Vérone. Ces deux généraux, après avoir obtenu ce succès, devaient débloquer Mantoue, et marcher sur Milan après s'être réunis à Wurmser.

Voici donc un nouvel orage qui va fondre sur les Français. Enfans de la patrie! soldats républicains! au premier bruit de cette nouvelle, votre noble constance faillit un moment, vous craignîtes, avec une juste douleur, de perdre en peu de jours le fruit de vos travaux et de tant de combats où vous aviez contraint la victoire à s'attacher à vos drapeaux; mais ce n'est pas votre général en chef, que vous nommez dans vos murmures et dans votre indignation : vous savez qu'il a constamment demandé au directoire des secours qui lui ont été refusés. Oui! la patrie ingrate semble vous abandonner, et ses premiers magistrats oublient de quel prix vous avez payé vos victoires. Mais Bonaparte est encore à votre tête; c'est vers lui que vous tournez vos regards, c'est en lui que reposent toutes vos espérances. Peut-être y a-t-il dans les profondeurs de son génie une pensée encore inconnue, qui en jaillira toute-puissante pour sauver vos lauriers de la tempête qui les menace, et ajouter une page immortelle à votre histoire. Aux armes donc! L'armée qui descend du Tyrol ne sera pas plus invincible que celles qui l'ont précédée!

Bonaparte, en rassemblant toutes ses divisions, n'avait guère plus de trente mille combattans à opposer aux soixante mille hommes d'Alvinzi: cette armée compte un grand nombre de malades et de blessés, qui, apprenant les dangers de leurs frères, ont quitté en foule les hôpitaux et sont rentrés dans leurs bataillons sans attendre leur convalescence. L'armée républicaine est partagée entre trois divisions, Vaubois sur le haut Adige, surveille Davidowitch, Augereau et Masséna étaient sur la Brenta en présence de l'ennemi. Le général en chef, avec ses deux lieutenans qui commandent aux plus intrépides soldats du monde, espère arrêter la marche d'Alvinzi, et commencer cette nouvelle campagne par un de ces coups d'éclat qui décident du succès. L'engagement a lieu aussitôt, et l'ennemi recule de toutes parts; le lendemain il doit y avoir une grande bataille qui donnera pour la seconde fois le Tyrol aux Français. Mais Vaubois n'a pas été heureux sur le haut Adige, il recule devant Davidowitch, et Bonaparte est forcé d'opérer sa retraite sur Vicence pour n'être pas mis entre deux feux.

Vaubois rallie ses troupes à Rivoli, et Alvinzi arrive à trois lieues de Vérone. Il prend à Caldiero une position formidable, d'où, après un combat acharné, les Français dûrent renoncer à l'espoir de le chasser. Bonaparte rentre dans Vérone, et l'armée comprend avec une sorte de stupeur la gravité des dangers auxquels elle est abandonnée. La gauche n'était forte que de huit mille hommes, qui avaient à se défendre contre le corps deux fois plus nombreux de Davidowitch. L'armée, qui ne se compose maintenant que des seules divisions Augereau et Masséna, ne s'élève pas à plus de quinze mille hommes, et elle a en tête toutes les forces d'Alvinzi. La cavalerie était en partie démontée, l'artillerie avait été abandonnée, faute de chevaux, dans les marais et les routes boueuses du Mantouan. C'est cependant au milieu de ce péril extrême, dans cette situation désespérante, que Bonaparte médite un plan de bataille, dont les légions conquérantes de César n'auraient pu exécuter les manœuvres étonnantes.

Le général en chef ne communique à personne son audacieux projet, le génie qui l'a conçu peut seul en préparer l'exécution. Aux approches de la nuit, les Français, consternés et croyant battre en retraite, sortent de Vérone par la porte de Milan. Mais à peu de distance de cette ville, ils exécutent un à-gauche, et suivant les bords de l'Adige, ils les parcourent durant plusieurs heures, et trouvent à la Ronca un pont de bateaux, préparé par l'ordre de Bonaparte : ils le franchissent, et se trouvent de nouveau au-delà du fleuve.

Il fallait à Bonaparte un champ de bataille

étroit où les masses d'Alvinzi ne pussent se mouvoir, et où par conséquent l'avantage appartenant au courage, il devait demeurer aux républicains. Vérone était occupée par quinze cents Français seulement, mais Alvinzi ne pouvait ni rester à Caldiero, ni marcher sur cette première ville sans s'exposer à être attaqué sur ses derrières. Il devait donc venir combattre Bonaparte sur une étroite chaussée entourée de marais. On dit que l'armée républicaine comprit aussitôt les intentions de son général, et que, pleine d'espérance, elle battit des mains à l'aspect de ce champ de bataille.

A la pointe du jour Masséna est en observation sur la digue de gauche, et Augereau s'avance sur la digue de droite. En face de Ronca, mais un peu au-dessus en remontant l'Adige, l'Alpon se jette dans ce fleuve, et Augereau avait à le passer à Arcole pour continuer sa marche sur cette rive. Il lance son avant-garde contre la tête du pont, mais un corps nombreux de Croates, protégé par une artillerie formidable, en défend bravement l'approche. Alvinzi envoie aussitôt à Arcole une forte division, qui débouche par le pont : les soldats d'Augereau, déjà ralliés, se précipitent sur elle, enfoncent ses rangs, et en culbutent dans les marais la plus grande partie. Les Autrichiens fuient en désordre; mais les Français, qui veulent passer le pont en même temps, sont forcés de reculer devant un feu d'artillerie qui couvre la digue de boulets et de mitraille. Ce fut vainement que l'intrépide Augereau essaya de ramener ses soldats en les précédant un drapeau à la main : le pont était inabordable.

Bonaparte arrive, il veut exciter par sa présence l'ardeur de la brave division Augereau; comme son lieutenant il saisit un drapeau, et s'élance sur le pont en s'écriant :—Suivez votre général ! Une foule de braves entourent le général en chef, Lannes est dangereusement blessé, et le jeune Muiron, aide-de-camp de Bonaparte, tombe frappé d'un coup mortel en lui faisant un rempart de son corps. Tant de courage et de dévouement furent inutiles, le fatal pont d'Arcole ne fut pas franchi par les Français, et Bonaparte cédant à un mouvement en arrière, tombe dans un marais; il est entouré d'Autrichiens; mais ses soldats accourent, le dégagent, et l'emportent sur leurs épaules. L'Alpon a été franchi au-dessus d'Arcole, mais Alvinzi a eu le temps de se précautionner contre les manœuvres de Bonaparte, les Français ne peuvent plus arriver sur ses derrières.

Le lendemain, la bataille recommence sur les deux rives de l'Adige; les colonnes autrichiennes sont vivement attaquées et jetées dans les marais. La nuit suspend la lutte, qui se renouvelle le troisième jour avec plus d'acharnement. Le sang inonde les étroites chaussées du fleuve; le carnage est épouvantable; jamais l'héroïsme et la valeur des Français ne s'élevèrent plus haut; et cependant la victoire est encore incertaine, une colonne française, dont le général vient de succomber, est repoussée et mise en déroute; sa fuite peut compromettre le sort de l'armée. Tout-à-coup la brave trente-deuxième s'élance sur l'ennemi, et débusque d'un marais où Bonaparte l'avait placée. Les Autrichiens tombent par milliers sous son feu terrible; elle marche à la baïonnette, et, semblable à ce vent du désert dont le souffle impétueux porte avec lui la destruction et la mort, elle renverse des bataillons entiers, met l'ennemi en déroute complète, et se jette à sa poursuite aux applaudissemens de la brave armée républicaine! Telles furent les mémorables journées d'Arcole et de la Ronca.

Joubert est chargé par Bonaparte d'achever la défaite d'Alvinzi, et de se jeter au-delà de la Brenta, lui avec Masséna; et Augereau, rentrant dans Vérone par la porte opposée à celle d'où il était sorti trois jours auparavant, marche au secours de Vaubois, et force Davidowitch à rentrer dans le Tyrol. L'armée républicaine, placée par l'inertie du directoire dans la position la plus équivoque, a repoussé en trois jours les efforts de soixante mille hommes; elle en a tué dix mille et fait cinq mille prisonniers!

Alvinzi, vaincu, n'a pas été détruit, et bientôt il va redescendre des montagnes pour recommencer une lutte qui sera la dernière. Durant le court intervalle de repos que les républicains ont conquis, des renforts sont venus réparer les vides de leurs rangs décimés par la mitraille autrichienne. Animés d'une impatiente ardeur, nos bataillons vont encore voler à de nouveaux dangers, à de nouvelles victoires, et les demi-brigades qui arrivent à l'armée d'Italie vont mériter en peu de temps l'honneur d'y déployer leurs héroïques drapeaux.

C'est en débouchant par le haut Adige que

l'armée impériale, sous les ordres d'Alvinzi, revient pour la dernière fois essayer de résister à la fortune du drapeau républicain. Un corps de vingt mille hommes commandé par Provera descend par la vallée de la Brenta pour manœuvrer sur le bas Adige et se mettre en communication avec Mantoue, où le feld-maréchal Wurmser tient encore, malgré la profonde détresse de sa garnison réduite à manger les chevaux. Bonaparte a bientôt découvert le champ de bataille sur lequel l'ennemi veut l'attirer; il accepte.

Le plateau de Rivoli, détaché du Monte-Baldo, est situé entre le lac de Garda et l'Adige; cette position occupée par les Français domine à la fois les routes de Vérone et de Milan: c'est là que se portèrent tous les efforts d'Alvinzi. Joubert est à Rivoli à la tête de dix mille hommes, Bonaparte accourt avec la trente-deuxième, et deux autres demi-brigades de la division Masséna, tandis qu'Augereau marche contre Provera. Le 25 nivôse, avant le jour, Bonaparte donne le signal du combat, les troupes qu'il amenait au secours de Joubert ne sont point encore arrivées. Les avant-gardes autrichiennes sont culbutées en un moment, et l'action s'engage de toutes parts. L'ennemi montre du courage et de la détermination. Les républicains les repoussent en chantant la Marseillaise. Tout-à-coup la gauche des Français attaquée par des forces supérieures faiblit et recule en désordre, et les Autrichiens pénètrent sur ce plateau célèbre où Bonaparte voit toute l'Italie. Mais le terrible Masséna arrive dans ce moment ; il prend avec la trente-deuxième la place des troupes qui se rallient sur ses derrières, et il renverse tout ce qui se présente devant lui.

Tandis que l'héroïque trente-deuxième rétablit le combat sur ce point, la droite est forcée par une forte colonne de grenadiers autrichiens, qui, malgré les efforts de Joubert, gravissent le plateau. Bonaparte ne réfléchit que durant quelques secondes ; il rassemble son artillerie légère et sa cavalerie, il ordonne une charge générale sur le débouché envahi, elle est exécutée avec l'intrépidité républicaine. Le jeune Joubert perd son cheval, il prend son fusil, et marche à la tête des demi-brigades. L'artillerie plongeant sur le défilé, prend au centre et en queue la colonne envahissante qui est écrasée en tête par la cavalerie. En ce moment solennel le cri de vive la république! retentit sur ce plateau sanglant, et les soldats d'Alvinzi mitraillés, brisés par le fer et le feu des Français, couvrent de leurs cadavres mutilés les âpres chemins où ils se sont imprudemment engagés. Le soleil brillait encore sur l'horizon et l'armée autrichienne, culbutée, fuyant dans le plus grand désordre, n'a plus un seul corps qui puisse reprendre en entier le chemin du Tyrol. La foudre n'a pas été plus prompte que la volonté de Bonaparte et le courage de nos immortels soldats. Cependant tandis que Joubert se met à la poursuite d'Alvinzi, Bonaparte, guidant la division Masséna, court avec la rapidité de l'éclair sur le corps de Provera, qui, après avoir perdu beaucoup de monde, arrive malgré Augereau, sous les murs de Mantoue. Il met bas les armes à Saint-Georges, et le bataillon de Vienne avec son beau drapeau brodé par l'impératrice tombent entre les mains des Français. Ainsi ce fut encore en trois jours que l'armée d'Alvinzi fut détruite; en trois jours dix mille morts et vingt mille prisonniers: des drapeaux nombreux, un immense parc d'artillerie, payèrent le sang de nos braves! Wurmser se rendit: Bonaparte, touché de ses malheurs et de sa bravoure, lui accorda une capitulation honorable qui arracha des larmes de reconnaissance au vieux et brave maréchal.

L'infatigable Bonaparte, pâle, exténué, pouvant à peine se tenir à cheval, dévoré par la fatigue et par une maladie inconnue, ne prend pas un moment de repos, il va punir Rome de ses trahisons; puis se rejetant dans le Tyrol, il triomphe de nouveau sur le Tagliamento, à Tarwis, à Neumarckt, prononce l'arrêt de Venise, et s'arrête à Leoben, d'où l'armée triomphante d'Italie peut apercevoir les clochers de Vienne.

Nous avons esquissé à grands traits les principaux faits d'armes de cette campagne immortelle; le cœur gonflé d'enthousiasme, et les yeux pleins de larmes, nous avons suivi nos intrépides soldats de batailles en batailles, de victoires en victoires. Souvent nous avons cru entendre les chants républicains des Français retentissant dans les gorges de l'Apennin, dans les marais de la Ronca, sur le plateau de Rivoli, et leur cri de ralliement a expiré sur nos lèvres... Oh ! puissent ces glorieux souvenirs être toujours présents à l'esprit des Français, et briser dans les cœurs faibles d'indignes préjugés, qui, venant encore se jeter entre la civilisation et la liberté, obscurcissent le soleil qui doit un jour se lever sur la France libre et toujours glorieuse.

La république française offrit à l'armée d'Italie, comme la seule récompense qui fût digne d'elle, un drapeau national sur lequel on avait écrit en lettres d'or la longue liste de ses nobles actions; admirable monument qui résume d'une manière si poétique la plus grande et la plus belle page de notre histoire militaire.

Liberté, Egalité.

La République française à l'Armée conquérante d'Italie.

L'armée d'Italie a fait cent cinquante mille prisonniers ; — elle a pris cent soixante-dix drapeaux, cinq cent cinquante pièces d'artillerie de siége, six cents pièces de campagne, cinq équipages de pont, neuf vaisseaux, douze frégates, douze corvettes, dix-huit galères; — Armistices avec les rois de Sardaigne, de Naples, le Pape, les ducs de Parme, de Modène; — Préliminaires de Léoben; — Convention de Montebello avec la république de Gênes ; — Traités de paix de Tolentino, de Campo-Formio ; — Donné la liberté aux peuples de Bologne, de Ferrare, de Modène, de Massa-Carara, de la Romagne, de la Lombardie, de Brescia, de Bergame, de Mantoue, de Crémone, d'une partie du Véronais, de Chiarenna, de Bormio et de la Valteline; aux peuples de Gênes, aux fiefs impériaux, aux peuples des départemens de Corcyre, de la mer Egée et Ithaque; — Envoyé à Paris les chefs-d'œuvre de Michel-Ange, du Guerchin, du Titien, de Paul Véronèse, du Corrége, de l'Albane, des Carraches, de Raphaël, de Léonard de Vinci, etc.;

Triomphé en dix-huit batailles rangées :

MONTENOTTE, MILLESIMO, MONDOVI,
LODI, BORGHETTO, LONATO, CASTIGLIONE,
ROVEREDO, BASSANO,
SAINT-GEORGES, FONTANA-NIVA,
CALDIERO, ARCOLE, RIVOLI,
LA FAVORITE, LE TAGLIAMENTO, TARWIS,
NEUMARCKT.

Livré soixante-sept combats.

Vive la République !

ÉPILOGUE.

En vérité, je vous le dis au nom de mon père, il sera beaucoup pardonné à cette femme, parce qu'elle a beaucoup aimé.
Jésus le Christ.

Le beau soleil de floréal versait sur la terre une vivifiante chaleur. La noble vallée où l'antique Valence est assise, les pieds dans le Rhône, était brillante de verdure et de fleurs. Le souffle fécondant du printemps repeuplait les collines et les prairies. Ici de folâtres jeunes filles, se tenant par la main et comme enchaînées les unes aux autres, exécutaient de gracieuses farandoles, et remplissaient l'air des éclats d'une joie vive et emportée. Plus loin, des jeunes citoyens s'exerçaient à la lutte, à la course, et au maniement des armes. Des drapeaux tricolores et des guirlandes de fleurs ornaient les façades des maisons de Valence: toute la ville semblait livrée aux plaisirs d'une grande fête. Les citoyens s'abordaient avec satisfaction ; ils célébraient avec enthousiasme les victoires de l'armée d'Italie ; car ce jour-là le peuple français, heureux et libre, rendait grâces au ciel des bienfaits et de la gloire de la république.

Cependant un cortége funèbre, qui circulait lentement autour des murs de Valence, formait un douloureux contraste avec la joie publique. Un grand nombre de femmes, vêtues de blanc et portant de longues ceintures de rubans noirs, suivaient silencieusement un cercueil, que six d'entre elles soutenaient sur leurs épaules. Les lois de la république interdisaient toutes les cérémonies extérieures des cultes ; un magistrat municipal, revêtu de ses insignes, escortait le convoi. On aurait dit qu'il remplissait un devoir plus pénible encore que celui de sa magistrature ; car ses traits, où la bonté était empreinte, étaient pâles et altérés par une vive douleur, et il baissait vers la terre ses yeux mouillés de larmes. Auprès de lui marchait un homme dont les cheveux commençaient à blanchir, et qui était enveloppé dans un long manteau de drap noir ; il cachait sa figure dans ses mains, qui comprimaient un mouchoir sur ses yeux. La marche défaillante du vieillard était soutenue par un soldat qui avait lui-même un bras en écharpe et la tête enveloppée dans des linges ensanglantés. Une foule considérable de citoyens suivait ce cercueil, qui paraissait renfermer où de douces espérances trop tôt flétries, où de grandes douleurs.

On arriva au cimetière, et la bière fut descendue dans la fosse; tous les fronts se découvrirent.

— Ecoutez, dit le municipal d'une voix étouffée par les sanglots. Citoyens! voici la dépouille mortelle d'une jeune fille qui était née pour être la joie de sa famille et le bonheur d'un honnête homme. Elle est morte, desséchée par le chagrin! elle est morte de regrets et d'amour... Pauvre Thérèse! c'est ton vieil ami qui te tient parole, et qui, t'ayant aidée à souffrir, vient t'accompagner à ta dernière demeure. Vous pleurez, jeunes filles, vous pleurez comme moi sur le sort de ma Thérèse, que le ciel vous bénisse! Oh! pleurez... elle fut plus malheureuse que coupable, et victime d'un perfide séducteur... d'un infâme...

— Paix! au nom de Dieu! ne prononce pas

son nom, dit le père en se penchant sur la fosse.

— Eh bien ! reprit le magistrat, entendras-tu aussi ma prière ? Antoine Gilbert, pardonnes-tu maintenant à ta fille...

— Oui, oui, s'écria le vieillard en relevant son front vénérable sur lequel était écrit son profond désespoir, elle a affligé mes cheveux blancs, elle a déchiré mon cœur, mais je voudrais être à sa place dans le cerceuil où la voilà. Thérèse, ma fille, je te pardonne !...

— Merci, père, murmura le soldat à voix basse. Adieu donc, ma sœur !... Pauvre Thérèse! combien tu fus malheureuse !...

La terre tomba dans la fosse, et pendant quelques minutes son choc produisit un bruit sourd qui cessa bientôt entièrement, et ce soir-là, et bien des soirs ensuite, on ne pouvait reconnaître la tombe où Thérèse dormait pour toujours que parce qu'un jeune homme, triste et mélancolique, venait y méditer sous deux saules à longues branches qu'il y avait plantés.

Jacques Gilbert, qui avait quitté le glorieux uniforme de la brave demi-brigade, dans les rangs de laquelle il avait versé son sang pour la France, appuyé sur un bâton noueux, entrait, quelques jours après ce triste évènement, dans les murs de Toulon. Une flotte superbe étalait avec majesté, dans sa rade célèbre, les longues flammes tricolores qui pavoisaient les mille vaisseaux dont elle était composée. Le canon grondait à bord des navires chargés de soldats, et celui des forts répondait par des salves successives à ce signal de départ. C'était le 30 floréal an VI.

— Arriverai-je trop tard? dit Jacques douloureusement en doublant le pas, et en s'appuyant avec force sur son bâton que la lassitude semblait arracher à ses mains.

Il est sur la chaussée élevée qui domine la plage; mais maintenant il n'y a point d'horizon, l'œil se perd sur les mâts élevés des vaisseaux de haut bord qui couvrent la mer à une grande distance. C'est la première fois qu'une flotte française aussi imposante va sillonner les eaux de la Méditerranée. Où transporte-t-elle tant de braves soldats? Sur quelle terre éloignée va donc tomber la foudre des vainqueurs de l'Italie?... la Renommée l'ignore encore, et un secret mystérieux enveloppe sa destinée. Soldats de la république! un jour peut-être j'irai vous demander aux échos des pays lointains; allez avec votre jeune chef porter sur une terre étrangère le grand nom de la France, et saluer en passant les siècles qui vous contempleront du haut des pyramides !

Une salve générale d'artillerie couvre le ciel d'une épaisse fumée ; Jacques Gilbert cherche long-temps, d'un œil inquiet et mouillé de pleurs, un objet inconnu au milieu de ces villes flottantes. Le vent dissipe le nuage qui obscurcissait l'horizon ; il enfle les voiles, et les voix des républicains qui chantent l'hymne patriotique expirent sur le rivage. Enfin Gilbert a fait entendre un cri de joie ; un sourire mélancolique anime ses traits hâlés par la fatigue ; il se découvre avec respect, et incline son front en murmurant quelques paroles. Le brave était venu saluer pour la dernière fois le drapeau de la trente-deuxième demi-brigade.

FIN.

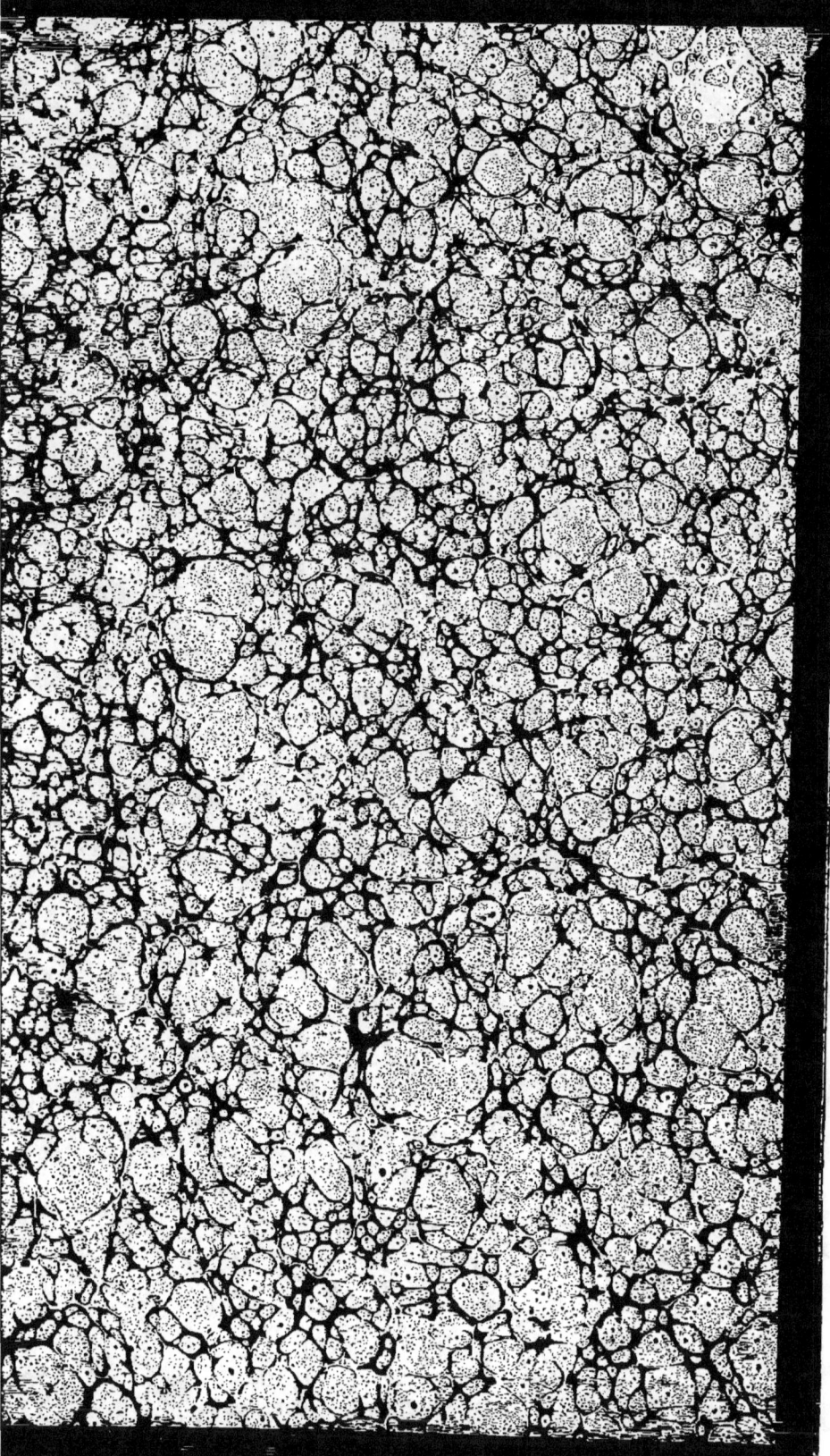

www.ingramcontent.com/pod-product-compliance
Lightning Source LLC
Chambersburg PA
CBHW070613230426
43670CB00010B/1511